分化的逻辑：
职业期望、教育获得与社会流动

The Logic behind Differentiation:
Career Expectation, Educational Attainment and Social Mobility

戈艳霞 著

社会科学文献出版社
SOCIAL SCIENCES ACADEMIC PRESS (CHINA)

图书在版编目(CIP)数据

分化的逻辑:职业期望、教育获得与社会流动 / 戈艳霞著 . -- 北京:社会科学文献出版社,2021.4
(中国社会科学博士后文库)
ISBN 978 - 7 - 5201 - 8140 - 2

Ⅰ. ①分… Ⅱ. ①戈… Ⅲ. ①青少年 - 职业选择 - 研究②青少年教育 - 教育投资 - 研究 Ⅳ. ①C913.2 ②G775③G467.2

中国版本图书馆 CIP 数据核字(2021)第 050607 号

·中国社会科学博士后文库·

分化的逻辑:职业期望、教育获得与社会流动

著　　者 / 戈艳霞

出 版 人 / 王利民

责任编辑 / 宋　静　柯　宓

出　　版 / 社会科学文献出版社·皮书出版分社(010)59367127
　　　　　 地址:北京市北三环中路甲 29 号院华龙大厦　邮编:100029
　　　　　 网址:www.ssap.com.cn

发　　行 / 市场营销中心(010)59367081　59367083

印　　装 / 三河市龙林印务有限公司

规　　格 / 开 本:787mm × 1092mm　1/16
　　　　　 印 张:18.75　字 数:315 千字

版　　次 / 2021 年 4 月第 1 版　2021 年 4 月第 1 次印刷

书　　号 / ISBN 978 - 7 - 5201 - 8140 - 2

定　　价 / 128.00 元

本书如有印装质量问题,请与读者服务中心(010 - 59367028)联系

▲ 版权所有 翻印必究

第九批《中国社会科学博士后文库》编委会及编辑部成员名单

（一）编委会

主　任：王京清

副主任：崔建民　马　援　俞家栋　夏文峰

秘书长：邱春雷

成　员（按姓氏笔画排序）：

卜宪群　王立胜　王建朗　方　勇　史　丹
邢广程　朱恒鹏　刘丹青　刘跃进　孙壮志
李　平　李向阳　李新烽　杨世伟　杨伯江
吴白乙　何德旭　汪朝光　张车伟　张宇燕
张树华　张　翼　陈众议　陈星灿　陈　甦
武　力　郑筱筠　赵天晓　赵剑英　胡　滨
袁东振　黄　平　朝戈金　谢寿光　樊建新
潘家华　冀祥德　穆林霞　魏后凯

（二）编辑部（按姓氏笔画排序）：

主　任：崔建民

副主任：曲建君　李晓琳　陈　颖　薛万里

成　员：王　芳　王　琪　刘　杰　孙大伟　宋　娜
　　　　张　昊　苑淑娅　姚冬梅　梅　玫　黎　元

序　言

博士后制度在我国落地生根已逾30年，已经成为国家人才体系建设中的重要一环。30多年来，博士后制度对推动我国人事人才体制机制改革、促进科技创新和经济社会发展发挥了重要的作用，也培养了一批国家急需的高层次创新型人才。

自1986年1月开始招收第一名博士后研究人员起，截至目前，国家已累计招收14万余名博士后研究人员，已经出站的博士后大多成为各领域的科研骨干和学术带头人。其中，已有50余位博士后当选两院院士；众多博士后入选各类人才计划，其中，国家百千万人才工程年入选率达34.36%，国家杰出青年科学基金入选率平均达21.04%，教育部"长江学者"入选率平均达10%左右。

2015年底，国务院办公厅出台《关于改革完善博士后制度的意见》，要求各地各部门各设站单位按照党中央、国务院决策部署，牢固树立并切实贯彻创新、协调、绿色、开放、共享的发展理念，深入实施创新驱动发展战略和人才优先发展战略，完善体制机制，健全服务体系，推动博士后事业科学发展。这为我国博士后事业的进一步发展指明了方向，也为哲学社会科学领域博士后工作提出了新的研究方向。

习近平总书记在2016年5月17日全国哲学社会科学工作座谈会上发表重要讲话指出：一个国家的发展水平，既取决于自然科学发展水平，也取决于哲学社会科学发展水平。一个没有发达的自然科学的国家不可能走在世界前列，一个没有繁荣的哲学社会科学的国家也不可能走在世界前列。坚持和发展中国特色社会主义，需要不断在实践和理论上进行探索、用发展着的理论指导发展着的实践。在这个过程中，哲学社会科学具有不可替代的重要地位，哲学社会科学工作者具有不可替代的重要作用。这是党和国家领导人对包括哲学社会科学博士后在内的所有哲学社会科学领域的研究者、工作者提出的殷切希望！

中国社会科学院是中央直属的国家哲学社会科学研究机构，在哲学社会科学博士后工作领域处于领军地位。为充分调动哲学社会科学博士后研究人员科研创新积极性，展示哲学社会科学领域博士后优秀成果，提高我国哲学社会科学发展整体水平，中国社会科学院和全国博士后管理委员会于2012年联合推出了《中国社会科学博士后文库》（以下简称《文库》），每年在全国范围内择优出版博士后成果。经过多年的发展，《文库》已经成为集中、系统、全面反映我国哲学社会科学博士后优秀成果的高端学术平台，学术影响力和社会影响力逐年提高。

下一步，做好哲学社会科学博士后工作，做好《文库》工作，要认真学习领会习近平总书记系列重要讲话精神，自觉肩负起新的时代使命，锐意创新、发奋进取。为此，需做到：

第一，始终坚持马克思主义的指导地位。哲学社会科学研究离不开正确的世界观、方法论的指导。习近平总书记深刻指出：坚持以马克思主义为指导，是当代中国哲学社会科学区别于其他哲学社会科学的根本标志，必须旗帜鲜明加以坚持。马克思主义揭示了事物的本质、内在联系及发展规律，是"伟大的认识工具"，是人们观察世界、分析问题的有力思想武器。马克思主义尽管诞生在一个半多世纪之前，但在当今时代，马克思主义与新的时代实践结合起来，愈来愈显示出更加强大的生命力。哲学社会科学博士后研究人员应该更加自觉坚持马克思主义在科研工作中的指导地位，继续推进马克思主义中国化、时代化、大众化，继续发展21世纪马克思主义、当代中国马克思主义。要继续把《文库》建设成为马克思主义中国化最新理论成果的宣传、展示、交流的平台，为中国特色社会主义建设提供强有力的理论支撑。

第二，逐步树立智库意识和品牌意识。哲学社会科学肩负着回答时代命题、规划未来道路的使命。当前中央对哲学社会科学愈发重视，尤其是提出要发挥哲学社会科学在治国理政、提高改革决策水平、推进国家治理体系和治理能力现代化中的作用。从2015年开始，中央已启动了国家高端智库的建设，这对哲学社会科学博士后工作提出了更高的针对性要求，也为哲学社会科学博士后研究提供了更为广阔的应用空间。《文库》依托中国社会科学院，面向全国哲学社会科学领域博士后科研流动站、工作站的博士后征集优秀成果，入选出版的著作也代表了哲学社会科学博士后最高的学术研究水平。因此，要善于把中国社会科学院服务党和国家决策的大智库功能与《文库》的小智库功能结合起来，进而以智库意识推动品牌意识建设，最终树立《文库》的智库意识和品牌意识。

第三，积极推动中国特色哲学社会科学学术体系和话语体系建设。改革开放30多年来，我国在经济建设、政治建设、文化建设、社会建设、生态文明建设和党的建设各个领域都取得了举世瞩目的成就，比历史上任何时期都更接近中华民族伟大复兴的目标。但正如习近平总书记所指出的那样：在解读中国实践、构建中国理论上，我们应该最有发言权，但实际上我国哲学社会科学在国际上的声音还比较小，还处于有理说不出、说了传不开的境地。这里问题的实质，就是中国特色、中国特质的哲学社会科学学术体系和话语体系的缺失和建设问题。具有中国特色、中国特质的学术体系和话语体系必然是由具有中国特色、中国特质的概念、范畴和学科等组成。这一切不是凭空想象得来的，而是在中国化的马克思主义指导下，在参考我们民族特质、历史智慧的基础上再创造出来的。在这一过程中，积极吸纳儒、释、道、墨、名、法、农、杂、兵等各家学说的精髓，无疑是保持中国特色、中国特质的重要保证。换言之，不能站在历史、文化虚无主义立场搞研究。要通过《文库》积极引导哲学社会科学博士后研究人员：一方面，要积极吸收古今中外各种学术资源，坚持古为今用、洋为中用；另一方面，要以中国自己的实践为研究定位，围绕中国自己的问题，坚持问题导向，努力探索具备中国特色、中国特质的概念、范畴与理论体系，在体现继承性和民族性，体现原创性和时代性，体现系统性和专业性方面，不断加强和深化中国特色学术体系和话语体系建设。

新形势下，我国哲学社会科学地位更加重要、任务更加繁重。衷心希望广大哲学社会科学博士后工作者和博士后们，以《文库》系列著作的出版为契机，以习近平总书记在全国哲学社会科学座谈会上的讲话为根本遵循，将自身的研究工作与时代的需求结合起来，将自身的研究工作与国家和人民的召唤结合起来，以深厚的学识修养赢得尊重，以高尚的人格魅力引领风气，在为祖国、为人民立德立功立言中，在实现中华民族伟大复兴中国梦征程中，成就自我、实现价值。

是为序。

中国社会科学院副院长

中国社会科学院博士后管理委员会主任

2016 年 12 月 1 日

摘　要

　　激发困难群众的自我发展动力，促进社会流动，既是社会学研究的核心议题，也是当前亟待解决的现实问题。迄今为止，在调节收入分配政策之外，其他干预策略主张通过教育公平来推动代际社会流动。然而，仍然无法有效解释农村青少年自愿辍学潮的现象。针对这一问题，本研究尝试从价值观的视角，对教育获得和社会流动提出一种新颖的解释，揭示社会转型过程中的职业价值观变化及其在教育获得和代际社会流动中的影响。之所以选择价值观作为研究视角，是因为价值观深刻影响着人们的感知、理解、判断或抉择行为。

　　本研究以职业期望作为职业价值观的可测量变量开展研究。首先对职业期望（职业价值观）的相关概念进行文献收集和梳理，提炼出职业期望的关键特征，并确定了适用于本研究的定义方法和测量量表。在此基础上，选用国内有代表性的纵向追踪调查数据对个体的职业期望构成以及群体差异进行量化分析。特别地，本研究对比父辈与子辈的职业期望，并描述从父辈到子辈职业期望的变化情况，阐明了职业价值体系随经济起飞和社会转型而发生的若干变化。

　　在解释职业价值观的形成机制时，本研究阐述了职业期望的来源、调适与稳定过程，以及主要的影响因素和影响机制。本研究利用生态系统理论将职业期望的形成场所从家庭扩展到学校、社区，同时注重个人性格特质的影响。实证检验结果发现，职业价值观的形成既有超越单一决策者控制的社会力量，也有个人和组织（家庭、学校等）的自觉尝试。职业期望不仅受个人兴趣爱好的影响，而且受到家庭背景、学业成就、文化环境等多重外界因素的显著影响。较高水平的家庭经济资本、社会资本和教育成就，以及学业成就有助于提升职业期望。

在分析职业价值观在教育获得和代际社会流动中发挥的作用时，本研究提出了职业期望是如何与家庭、社会资源相配合共同影响教育获得，进而影响代际社会流动的理论，并利用教育分流模型进行了实证检验。在这些模型中，个人在多种教育渠道之间进行选择，如学术型教育与职业型教育以及管理学与工学、农学等。检验结果发现，在控制其他因素的影响下，职业价值观是预测教育分流和教育成就的有效指标。此外，职业价值观还与家庭背景等因素相配合共同发挥对教育获得和代际社会流动的影响作用。

概括而言，职业价值观通过直接和间接渠道影响教育获得，进而在代际社会流动过程中发挥着不可或缺的作用。在不干预的自然状态下，富裕家庭的孩子职业期望水平较高，贫困家庭的孩子职业期望水平较低。与其他因素相结合，这将导致富裕家庭的社会地位越来越高，贫困家庭的社会地位越来越低，贫富差距和社会地位差距不断扩大，社会两极分化趋势加重。从现实情况看，职业价值观的"马太效应"已经成为当前阶段导致社会阶层分化扩大的一个不容忽视的因素。

特别地，贫困家庭的青少年的职业期望水平普遍较低，倾向于减少教育投资和提前终止教育历程，从而带来代际社会流动中的劣势。在贫困的再生产过程中，职业期望已成为导致贫困代际传递的关键因素之一。同时，在调查中也发现，贫困家庭的青少年普遍存在职业认知匮乏、开蒙晚、定位不明确等问题，这对贫困家庭青少年的教育成就和后期职业发展都极其不利。因此，本研究认为，在阻断贫困的代际传递、激发贫困群众的内在发展动力上，必须将职业期望纳入政策干预领域，才能彻底拔除穷根、消除贫困。习近平总书记也一再强调，"扶贫先扶志"，要扶思想、扶观念、扶信心，帮助贫困群众树立起摆脱困境的斗志和勇气。本研究建议，从初中阶段开始针对青少年开展职业认知教育和开设职业体验课程，通过这些干预措施帮助他们树立摆脱贫困的职业期望，克服思想困难，获得更多的教育，努力让贫困家庭的孩子不输在起跑线上。

关键词：职业期望　教育获得　社会流动　青少年发展　社会公平

Abstract

How to stimulate the internal power of the self-development of the masses and promote the intergenerational social mobility has always been the core issue of sociological research and the practical problem to be solved. So far, in addition to regulating income distribution, relevant policies advocate promoting intergenerational social mobility through education equity. However, it is still unable to effectively explain the phenomenon of voluntary dropout of rural youth. In view of this problem, this study attempts to put forward a new explanation of educational attainment and intergenerational social mobility from the perspective of career values, to reveal the changes of career values in China's social transformation and their impact on educational attainment and intergenerational social mobility. The reason why we choose values as the research perspective is that values have a profound impact on people's perception, understanding, judgment or choice behavior.

We conduct study on career expectations as a measurable variable of career values. Firstly, we collect and sort out the relevant concepts of career expectations (career values), extract the key characteristics of career expectations, and determine the definition methods and measurement scales applicable to this study. On this basis, this study uses the domestic representative longitudinal survey data to make a quantitative analysis of the composition of individual career expectations and group differences. In particular, we compare the career expectations of parents and children, and describe the changes of career expectations from parents to children, and clarify the changes of the career value system with the economic takeoff and social transformation.

In explaining the formation mechanism of career values, this study expounds the source, adjustment and stability process of career expectations, as well as the main influencing factors and mechanisms. This study utilizes ecosystem theory to expand the place where career expectations emerges from family to school and community, and at the same time highlights the influence of individual characters. The results show that the formation of career values has not only the social forces beyond the control of a single decision-maker, but also the conscious attempts of individuals and organizations (families, schools, etc.). Career expectation is not only influenced by personal interests, but also by multiple external factors such as family background, academic achievement and cultural quality. Relatively high-level household economic capital, social capital, and educational achievement, as well as academic achievements, help to improve career expectations.

In analyzing the role of career values in intergenerational social mobility, we put forward the theory of how career expectations, family and social resources work together to influence educational aattainment and intergenerational social mobility, and make an empirical test by using educational diversion models. In these models, individuals choose among various educational channels, such as academic education and vocational education, management and engineering, management and agriculture, etc. The results show that under the control of other factors, vocational values are an effective index to predict educational diversion and educational achievement. In addition, vocational values, together with family background and other factors, play an important role in educational attainment and intergenerational social mobility.

In conclusion, vocational values play an indispensable role in intergenerational social mobility by influencing educational attainment through direct and indirect channels. In the natural state of nonintervention, children from well off families have a high level of career expectation, while children from poor families have a low level of career expectation, which will lead to a higher social status of the rich, a lower social status of the poor, a widening gap between poverty and social status, and an increasing trend of social polarization. In other words, career values play a role of "Matthew effect" in the process of social stratification.

In particular, young people from poor families generally have low career expectations and tend to reduce investment in education, which restricts the improvement of education level and reduces the opportunities for occupational access and social mobility. This shows that in the process of poverty reproduction, career expectation is one of the key factors that lead to the intergenerational transmission of poverty. The lack of vocational cognition, the late opening and the unclear orientation of the young people in poor families are very harmful to their educational achievements and their later career development. Therefore, we believe that in order to block the intergenerational transmission of poverty and stimulate the internal development power of the poor people, we must include career expectations into the field of policy intervention, so as to eradicate poverty and eliminate poverty. General Secretary Xi Jinping has also repeatedly emphasized that "the poverty alleviation requires first of all to inspire fighting spirit", which demands the support and rise of ideas, concepts, and confidence, as well as to help the group suffering from poverty to build up the fighting spirit and courage to get rid of the dilemma. Therefore, one of our suggestions is to start vocational cognitive education and vocational experience courses for young people from poor families in junior high school, to help them set up career expectations that help them get rid of poverty, encourage them to overcome difficulties, accept more education, and strive to make the children of these poor families no longer lose in the starting line.

Keywords: Career Expectation; Educational Attainment; Social Mobility; Youth Development; Social Equity

目 录

第一章 绪论 … 1
  第一节 选题背景与问题 … 1
  第二节 研究框架与方法 … 2
    一、研究内容和框架 … 2
    二、研究思路和方法 … 5
    三、资料来源说明 … 7
  第三节 文献回顾与综述 … 10
    一、职业期望文献综述 … 10
    二、教育获得文献综述 … 11
    三、社会流动文献综述 … 12
  第四节 研究目的与意义 … 14

第二章 职业期望的理论溯源 … 17
  第一节 职业期望的基本概念 … 17
    一、职业期望的概念和含义 … 18
    二、职业期望的特性和功能 … 22
  第二节 职业期望的分类方法 … 23
  第三节 职业期望的形成缘起 … 29
    一、职业期望形成的分析范式 … 29
    二、个人因素对职业期望的影响 … 32
    三、家庭因素对职业期望的影响 … 33
    四、社区因素对职业期望的影响 … 36

第四节 职业期望对教育获得的影响 …… 38
一、职业期望影响教育获得的分析范式 …… 38
二、职业期望影响教育获得的作用机制 …… 42
三、个人职业期望对教育获得的影响 …… 45
四、父母对子女的职业期望对子女教育获得的影响 …… 46

第三章 微观个体职业期望发展历程探析 …… 48

第一节 访谈资料说明 …… 50
一、访谈对象 …… 51
二、收集分析方法 …… 52

第二节 微观个体职业期望的形成与调适过程 …… 54
一、微观个体的职业期望从何而来 …… 54
二、微观个体的职业期望调适过程 …… 59

第三节 职业期望的个体差异与影响因素探析 …… 63
一、职业期望的个体差异比较 …… 63
二、父母对子女职业期望的影响 …… 68

第四节 个体职业期望的后期影响探析 …… 75
一、职业期望与教育获得的相互影响 …… 75
二、职业期望对后期教育投资的引导功能 …… 78

第五节 本章小结 …… 80

第四章 青少年职业期望现状分析 …… 84

第一节 青少年职业期望的类型概况 …… 84
一、在校青少年样本分布概况 …… 84
二、在校青少年职业期望类型分布概况 …… 85
三、父母对子女的职业期望类型分布概况 …… 86

第二节 青少年职业期望的群体差异 …… 87
一、职业期望的性别差异分析 …… 87
二、职业期望的年龄差异分析 …… 88
三、职业期望的地区差异分析 …… 89
四、职业期望的家庭差异分析 …… 91

五、职业期望的教育差异分析 ·········· 95
　　　六、职业期望的代际差异分析 ·········· 97
　第三节　不同生命历程阶段的职业期望差异 ·········· 100
　　　一、成年前后职业期望的差异分析 ·········· 100
　　　二、升学前后职业期望的差异分析 ·········· 102
　第四节　本章小结 ·········· 105

第五章　职业期望的形成因素分析 ·········· 107
　第一节　职业期望的内生理论模型构建 ·········· 109
　　　一、生活环境对青少年职业期望的影响机制 ·········· 111
　　　二、圈层结构对青少年职业期望的影响机制 ·········· 112
　　　三、生活圈层对青少年职业期望的影响机制 ·········· 114
　第二节　数据变量与模型方法 ·········· 116
　　　一、数据来源 ·········· 116
　　　二、变量选取 ·········· 120
　　　三、模型方法 ·········· 123
　第三节　模型的回归结果分析 ·········· 125
　　　一、生活圈层是否影响青少年的职业期望 ·········· 125
　　　二、圈层结构对职业期望的影响差异分析 ·········· 128
　　　三、生活圈层对职业期望的影响机制分析 ·········· 133
　第四节　本章小结 ·········· 137

第六章　职业期望对初中后教育获得的影响分析 ·········· 140
　第一节　扩展后的威斯康星理论模型 ·········· 142
　第二节　研究设计与研究假设 ·········· 144
　第三节　数据变量与模型方法 ·········· 147
　　　一、数据来源与整理 ·········· 147
　　　二、变量选取 ·········· 149
　　　三、统计分析模型 ·········· 156
　第四节　模型回归分析结果 ·········· 157
　　　一、职业期望对初中后升学情况的影响 ·········· 157

  二、职业期望对初中后升学轨道选择的影响 …………… 160
  三、职业期望对优质教育资源获得的影响 …………… 163
 第五节 本章小结 …………………………………………… 167

第七章 职业期望对高等教育获得的影响分析 …………… 169
 第一节 研究设计与研究假设 ……………………………… 172
 第二节 数据变量与模型方法 ……………………………… 174
  一、数据来源与整理 ……………………………………… 174
  二、变量选取 ……………………………………………… 176
  三、统计分析模型 ………………………………………… 180
 第三节 模型回归分析结果 ………………………………… 181
  一、职业期望对高等教育类型的影响 …………………… 181
  二、职业期望对学科专业选择的影响 …………………… 183
 第四节 本章小结 …………………………………………… 188

第八章 研究结论与反思 …………………………………… 190
 第一节 主要研究发现 ……………………………………… 190
 第二节 主要结论与思考 …………………………………… 195
 第三节 研究的不足和展望 ………………………………… 196
  一、研究的不足 …………………………………………… 196
  二、展望 …………………………………………………… 197

参考文献 ……………………………………………………………… 199

附　录 ………………………………………………………………… 213

索　引 ………………………………………………………………… 269

后　记 ………………………………………………………………… 271

Contents

Chapter 1 Introduction ... / 1
    1.1 Background and Problem Statement ... / 1
    1.2 Research Framework and Methods ... / 2
        1.2.1 Research Content and Framework ... / 2
        1.2.2 Research Methodology ... / 5
        1.2.3 Note on Data Sources ... / 7
    1.3 Literature Review ... / 10
        1.3.1 Literature Review of Career Expectations ... / 10
        1.3.2 Literature Review of Educational Attainment ... / 11
        1.3.3 Literature Review of Social Mobility ... / 12
    1.4 Research Purpose and Significance ... / 14

Chapter 2 Theoretical Bases of Career Expectations ... / 17
    2.1 Basic Concepts of Career Expectations ... / 17
        2.2.1 Definition and Meaning of Career Expectations ... / 18
        2.2.2 Features and Functions of Career Expectations ... / 22
    2.2 Classifications of Career Expectations ... / 23
    2.3 Reasons for the Formation of Career Expectations ... / 29
        2.3.1 Analytical Paradigm for the Formation
                of Career Expectations ... / 29
        2.3.2 Individual Influence on Career Expectations ... / 32
        2.3.3 Family Influence on Career Expectations ... / 33

2.3.4　Community Influence on Career Expectations　/ 36
2.4　Impact of Career Expectations on Educational Attainment　/ 38
　　2.4.1　Analytical Paradigm of How Career Expectations Influence Educational Attainment　/ 38
　　2.4.2　Mechanism by Which Career Expectations Influence Educational Attainment　/ 42
　　2.4.3　Influence of Individual Career Expectations on Educational Attainment　/ 45
　　2.4.4　Influence of Parents' Career Expectations for Children on Children's Education Attainment　/ 46

Chapter 3　Analysis of the Development Process of Career Expectations of Individuals　/ 48
3.1　Data Analysis　/ 50
　　3.1.1　Interviewees　/ 51
　　3.1.2　Collection and Analysis Method　/ 52
3.2　The Formation and Adaptation Process of Career Expectations of Individuals　/ 54
　　3.2.1　Where do Individual Career Expectations Come from　/ 54
　　3.2.2　The Adjustment Process of Individual Career Expectations　/ 59
3.3　Analysis of Individual Differences and Influencing Factors of Career Expectations　/ 63
　　3.3.1　Comparison of Individual Differences in Career Expectations　/ 63
　　3.3.2　Influence of Parents on Children's Career Expectations　/ 68
3.4　Analysis of the Subsequent Impact of Career Expectations of Individuals　/ 75

Contents

　　　　3.4.1　Mutual Influence between Career Expectations
　　　　　　　and Educational Attainment　　　　　　　　　／75
　　　　3.4.2　The Guiding Function of Career Expectations
　　　　　　　on Later Education Investment　　　　　　　／78
　　3.5　Chapter Summary　　　　　　　　　　　　　　／80

Chapter 4　Analysis of the Current Status of Teenagers' Career Expectations
　　　　　　　　　　　　　　　　　　　　　　　　　　　／84
　　4.1　Overview of Types of Teenagers' Career Expectations　／84
　　　　4.1.1　Overview of the Sample Distribution among
　　　　　　　Teenagers Attending School　　　　　　　　／84
　　　　4.1.2　Overview of the Distribution of Career Expectations
　　　　　　　among Teenagers Attending School　　　　　／85
　　　　4.1.3　Overview of the Distribution of Parents'
　　　　　　　Career Expectations for Children　　　　　　／86
　　4.2　Group Differences of Teenagers' Career Expectations　／87
　　　　4.2.1　Analysis of Gender Differences in Career
　　　　　　　Expectations　　　　　　　　　　　　　　　／87
　　　　4.2.2　Analysis of Age Differences in Career Expectations　／88
　　　　4.2.3　Analysis of Regional Differences in Career
　　　　　　　Expectations　　　　　　　　　　　　　　　／89
　　　　4.2.4　Analysis of Family Differences in Career
　　　　　　　Expectations　　　　　　　　　　　　　　　／91
　　　　4.2.5　Analysis of Educational Differences in
　　　　　　　Career Expectations　　　　　　　　　　　　／95
　　　　4.2.6　Analysis of Intergenerational Differences in
　　　　　　　Career Expectations　　　　　　　　　　　　／97
　　4.3　Differences in Career Expectations at Different Stages
　　　　of Life　　　　　　　　　　　　　　　　　　　　／100
　　　　4.3.1　Analysis of Differences in Career Expectations
　　　　　　　before and after Adulthood　　　　　　　　／100

    4.3.2　Analysis of Differences in Career Expectations before
          and after Entering the Next Educational Phase　/ 102
  4.4　Chapter Summary　/ 105

Chapter 5　Analysis of Forming Factors of Career Expectations　/ 107
  5.1　Construction of Endogenous Growth Model of
       Career Expectations　/ 109
    5.1.1　Influence Mechanism of Living Environment
          on Teenagers' Career Expectations　/ 111
    5.1.2　Influence Mechanism of Circle Structure on
          Teenagers' Career Expectations　/ 112
    5.1.3　Influence Mechanism of Social Circles on
          Teenagers' Career Expectations　/ 114
  5.2　Variables and Modelling Methods　/ 116
    5.2.1　Data Sources　/ 116
    5.2.2　Variable Selection　/ 120
    5.2.3　Model Method　/ 123
  5.3　Results of the Regression Analysis　/ 125
    5.3.1　Does Social Circle Influence Teenagers'
          Career Expectations　/ 125
    5.3.2　Analysis of the Influence of Circle Structure on
          Career Expectations　/ 128
    5.3.3　Analysis of the Influence of Social Circles on
          Career Expectations　/ 133
  5.4　Chapter Summary　/ 137

Chapter 6　Analysis of the Impact of Career Expectations on the
          Educational Attainment after Junior Middle School　/ 140
  6.1　Expanded Wisconsin Model　/ 142
  6.2　Research Design and Hypotheses　/ 144
  6.3　Variables and Modelling Methods　/ 147

	6.3.1	Data Sources and Collation	/ 147
	6.3.2	Variable Selection	/ 149
	6.3.3	Statistical Analysis Model	/ 156
6.4		Results of the Regression Analysis	/ 157
	6.4.1	Influence of Career Expectations on School Entrance after Junior High	/ 157
	6.4.2	Influence of Career Expectations on Educational Path after Junior High	/ 160
	6.4.3	Influence of Career Expectations on Attainment of High-quality Education Resources	/ 163
6.5		Chapter Summary	/ 167

Chapter 7　Analysis of the Impact of Career Expectations on Tertiary Education　/ 169

7.1		Research Design and Hypotheses	/ 172
7.2		Variables and Modelling Methods	/ 174
	7.2.1	Data Sources and Collation	/ 174
	7.2.2	Variable Selection	/ 176
	7.2.3	Statistical Analysis Model	/ 180
7.3		Results of the Regression Analysis	/ 181
	7.3.1	Influence of Career Expectations on Types of Higher Education	/ 181
	7.3.2	Influence of Career Expectations on Choices of Major	/ 183
7.4		Chapter Summary	/ 188

Chapter 8　Conclusion and Reflection　/ 190

8.1	Main Research Findings	/ 190
8.2	Main Conclusions and Reflections	/ 195
8.3	Limitations and Prospects	/ 196

8.3.1	Research Deficiencies	/ 196
8.3.2	Outlook	/ 197

Bibliography / 199

Appendices / 213

Index / 269

Postscript / 271

第一章 绪 论

第一节 选题背景与问题

根据全国教育科学规划重点课题"转型期中国重大教育政策案例研究"的调查结果,在"两免一补"全覆盖,教育收费越来越低的情况下,农村地区越来越多的学生选择自愿辍学。在这些辍学学生中,家庭物质经济困难等原因引起的被迫辍学占比不到25%,学生本人自愿辍学的比例却超过65%。辍学潮背后潜在的非物质经济因素(文化价值观念等)已经成为不容忽视的原因。本研究尝试以职业期望作为切入点,分析当前阶段我国青少年的教育获得过程,寻找有益于破解自愿辍学问题以及贫困代际传递问题的新的政策视角。

Freeman指出,职业期望是构成选择理论的基础,是影响行为决策的重要因素,也是人们积极发起和组织行动的内在驱动力。[1] 作为社会心理因素在个人价值观上的反映,职业期望不仅受个人内在心理特征的影响,而且受到家庭、学校、社区等社会因素的影响。尤其对贫困学生来讲,贫困的文化价值观念与物质因素一样,可能以一种更加隐蔽的方式影响职业期望,进而降低和减少他们的教育获得和未来的发展机会。在贫困学生对未来的职业缺乏期待或者期待程度很低的情况下,企图通过教育来扭转贫困局面几乎是无法实现的。从当前的实际情况推测,职业期望的匮乏或已成为阻碍教育

---

[1] Richard B. Freeman, *The Market for College-Trained Manpower: A Study in the Economics of Career Choice*, Cambridge, Massachusetts: Harvard University Press, 1971.

获得和代际社会流动的一个重要因素。然而，针对这一问题的研究工作尚处于起步阶段。职业期望是否显著影响教育获得，与家庭背景又有何关系，其中诸多问题还有待验证，其现象背后的原因也值得探索。

在现有研究的基础上，笔者将研究主题集中在"职业期望及其在教育获得和社会流动中的作用"上，以职业期望为核心研究对象，分析主要因素对职业期望的影响，并在此基础上分析前期职业期望对后期教育获得（转换和分流）的影响，目的在于分析职业期望在教育获得中的直接作用以及中间媒介作用，为提高教育获得水平、促进社会阶层流动提供研究依据。

根据研究主题，本书进一步将研究内容细化为两大板块。

第一大板块是职业期望及其影响因素分析。以生态系统理论为基本分析范式，分析职业期望的形成和变化过程，并注重从个人层面、家庭层面、学校层面和社会层面分析各种客观物质因素和文化因素对职业期望的影响。核心研究问题包括：①职业期望是什么；②职业期望具有哪些特性和功能；③如何对职业期望进行测量或类型区分；④职业期望的群体差异表现如何；⑤哪些因素会影响人的职业期望。

第二大板块是职业期望对教育获得的影响分析。以生命历程理论作为基本分析范式，分析前期不同职业期望对后期教育获得的影响。具体而言，注重从教育资源获得与否、学术轨道选择、优质教育资源获得情况以及专业选择等方面，分析前期职业期望对后期教育获得的影响。核心问题包括：①职业期望是否影响人们的教育获得；②不同职业期望类型会对教育转换和分流具有怎样的影响；③职业期望是不是其他客观因素影响教育获得和分流的中介因素；④家庭背景因素是否也会通过职业期望影响教育获得。

第二节　研究框架与方法

一、研究内容和框架

根据教育获得的既有研究，个人能力、家庭经济资本、社会资本、教育成就以及学校教学水平都是个人教育资源获得和教育获得的重要影响因素。要回答职业期望如何影响教育获得的问题，不仅要分析职业期望对教育获得的影响，而且要分析职业期望与个人能力、家庭经济资本、社会资本、教育成就以及学校教学水平的关系。根据以上逻辑发展出全文的研究内容和框架，如图1-1所示。

本书一共分为八章。第一章是绪论，指出本研究在社会流动和反贫困治理研究领域中的位置和作用，并介绍本书的研究内容和框架、研究思路和方法等。首先，职业期望是人们对未来职业的向往，也是家庭社会地位代际流动的意愿表达，是个人和家庭进行教育投资的重要参考指标，对个人和家庭都具有非常重要的现实意义。职业期望是个人未来成就的内在心理驱动力，同时也是推动和左右个人和家庭进行教育投资的重要因素，在个人的教育历程中发挥着非常重要的作用。这是开展研究的基础。其次，第一章进一步介绍了研究设计和研究方法。目前，关于职业期望的研究资料很少。在这种情况下，基于实用主义范式发展而来的混合研究方法，即定量与定性相结合的研究方法，最有助于解答这类前期研究成果积累较少的研究问题。根据研究主题，本书选择生态系统理论作为解释生活环境对职业期望影响的基本范式，并采用生命历程理论作为解析前期职业期望对后期教育获得的基本范式。再次，第一章对定性访谈的调查地点和调查对象，以及定量研究的数据进行了简要说明。最后，该部分对本研究的具体研究问题、分析框架和研究思路进行了说明。

第二章是相关理论分析，为实证研究打下良好的理论基础。首先，对职业期望和教育成就的概念进行界定，并选择科学合理的测量方法。其次，对职业期望的影响因素进行理论分析。最后，就职业期望与教育成就的相互作用关系进行理论分析。

第三章到第七章是本书的主体部分。通过定性和定量方法对研究主题进行分析，总结研究发现。第三章通过定性研究探索职业期望的形成和调适过程、影响因素及其在个人教育历程中的作用。第四章则分析了我国在校青少年职业期望的基本概况和群体差异。第五章至第七章分别通过统计和计量方法，检验定性结论是否具有更广泛的代表性。其中，第五章对职业期望的影响因素进行分析；第六章和第七章分别以"初中升高中"和"高中升大学"的教育转换点为例，分析职业期望在教育获得和分流中发挥的影响作用。

图 1-1 研究内容和框架

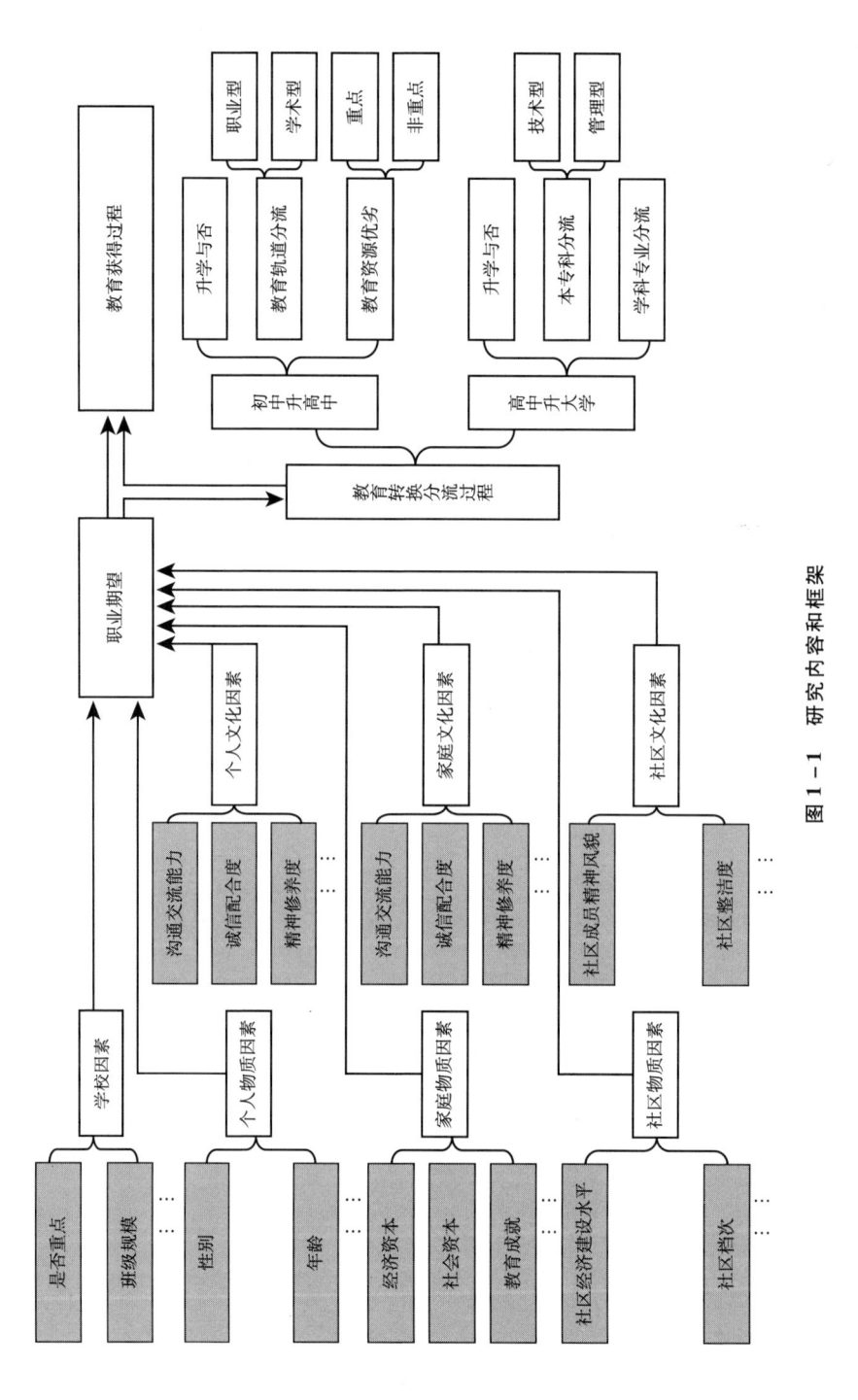

第八章是本书的总结部分。对全书的研究发现进行总结概括，归纳主要研究结论，并指出研究的不足之处以及未来可跟进的研究方向。

二、研究思路和方法

（一）研究思路

为了回答上述研究问题，笔者将遵循以下研究步骤开展研究（见图1-2）。

第一步，文献研究，以分析和借鉴已有优秀研究方法和思想。对职业期望以及教育获得的相关研究文献进行研读和梳理，总结研究脉络、研究进展和相关发现。

第二步，定性研究，以加深对职业期望及其在教育历程中作用的认识。目前针对职业期望的学术研究相对较少，可借鉴参考的研究资料并不多，尤其是与该研究问题紧密相关的文献甚少，因此有必要通过个案深度访谈，了解人们的职业期望及其在教育历程中的作用，以加深对该问题的感性认识。另外，进行定性研究在先，也能在一定程度上避免研究者思想上先入为主的偏见以及定量分析时的盲目性。

第三步，定量研究，进一步检验定性研究结论是否具有统计意义上的显著性和代表性。以上一步定性分析结果为基础，笔者对职业期望的群体差异、影响因素及其在教育历程中的作用进行定量分析，注重分析前期职业期望在教育阶段转换和分流过程中的作用，以及个人因素、家庭因素、学校因素对青少年职业期望的影响。

第四步，总结前文研究发现、归纳结论和相关推论。归纳不同类型职业期望对教育转换和分流的影响规律，结合影响青少年职业期望的因素，探讨提高教育获得的对策方法，并反思本研究的不足之处和未来可继续跟进的研究方向。

（二）研究方法

主要采用的研究方法包括以下两种：一是文献研究，二是实证研究（定性研究和定量研究）。文献研究围绕关键词"职业期望"或"职业价值观"、"教育获得"、"社会流动"进行检索，通过梳理相关中英文文献，不仅可以了解国内外研究结论，而且可以发现最新的研究热点和观点，为研究主题的明确和研究框架的设计提供重要的文献支持。然而，通过梳理

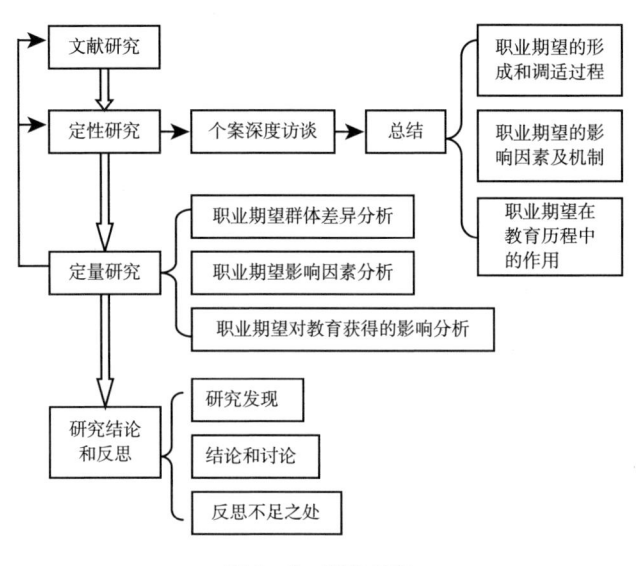

图 1-2　研究思路

文献，笔者也发现，目前国内外关于职业期望与教育获得关系的研究很少，并且现有研究多采用定性访谈分析和描述性分析，而以数据为基础的定量研究极少。目前该领域的研究现状是研究资料匮乏且缺乏统一的理论体系和分析范式，因此有必要通过实证调查研究的方法收集第一手资料作为补充。

实证研究部分采用先定性研究（qualitative analysis），后定量研究（quantitative analysis）的研究方法。Greene 认为，定性研究和定量研究各有所长，在同一研究中合理利用这两种研究方法具有以下优势。[①]

（1）互补。定性研究的优势在于解剖和阐释，而定量研究的优势在于验证和澄清。在对同一个现象进行研究时，定性研究和定量研究往往展现出不同的方面。而两种研究方法的结合可以达到互补效果，从而对这一现象有一个更为丰富、更加细致的解释。

（2）互证。在同一项研究中，如果同时使用定性研究方法和定量研究方法，能够从不同角度对比和检验研究结果是否具有逻辑上的一致性。将定性研究结果和定量研究结果进行比对、确认，可以达到互证的要求，

---

① Jennifer C. Greene, *Mixed Methods in Social Inquiry*, New York: John Wiley Profession, 2007.

提高研究结果的效度。

（3）发展。即运用一种研究方法的结果来丰富另一种研究方法的结果。具体有正反两条路径可选，一条路径是用定性研究结果来明确定量研究过程中的变量选择、测量问题等；另一条路径是用定量研究的数据挖掘和数据分析来确定定性研究中关注的焦点问题等。不论选择正反哪条途径，一种方法的使用都有助于另一种方法的发挥。

（4）启发。通过对比定性研究和定量研究结果，可以发现矛盾冲突，提出新的观点和新的研究问题。比起单一方法，定性和定量相结合的研究方法更容易呈现矛盾冲突、新的观点和新的研究问题。

（5）扩展。运用不同的方法，从不同侧面探究研究问题，从而可以扩展研究的深度和广度。

本书运用定性和定量相结合的方法开展研究。具体而言，先定性研究，后定量研究。首先运用定性研究方法，通过少数个案进行深入且详尽的研究，探索变量间的细致关联，还原事物发生本质和过程，有助于对过程的理解和变量之间关系的解释。其次运用定量研究方法，通过大样本数据进行检验，可加深对结构的理解，还可以提升资料的代表性（representativeness）和变量关系的通则性（generalizability），显示定性研究结果在统计上的推广性。

三、资料来源说明

研究资料来源主要分为两部分，一部分是定性研究资料，主要来源于个案深度访谈；另一部分是定量研究资料，主要来源于2010年和2012年两期的中国家庭追踪调查数据。以下分别对两部分的研究资料来源进行说明。

（一）定性研究的资料来源

根据研究目的，笔者需选择出生年代相近，且受教育程度不同的同批人员进行深度访谈。在开展定性访谈之前，需要先确定调查地点。笔者选择中国社会科学院研究生院作为主要调查地点，并以周边企业单位为辅助调查地点，主要出于以下两点考虑。

一是人员的受教育程度构成满足研究需求。中国社会科学院研究生院拥有充足的满足条件的访谈对象。中国社会科学院研究生院在校人员逾

3300人，其中，教务管理人员100余人，在校学生3100余人，保安、餐厅工作人员、会服人员、保洁员、超市售货员、理发师、快递员等后勤工作人员100余人。从受教育程度构成看，教师、管理人员及在校生学历水平较高，学历基本在硕士以上。后勤工作人员受教育水平较低，以高中、初中文化程度为主。从年龄构成上看，大部分在校生和后勤工作人员年龄在30岁以下，其中，保安和餐厅工作人员年龄多在20岁左右。教务管理人员及少量后勤工作人员年龄相对较大。从中国社会科学院研究生院人员构成情况看，完全可以从中筛选出足够多的初中、高中、研究生及以上学历的访谈对象，既出生在同一年代又具有不同的受教育程度的被访者。而中国社会科学院研究生院中受教育程度为大学的人比例很低，本研究选择周边企业的工作人员作为补充。

　　二是调查具有便利性。选择中国社会科学院研究生院及周边企业作为调查地点的另一个重要原因是便利性。首先，本研究涉及的调查主要是个案深度访谈，需要被访者回忆初高中阶段甚至小学阶段职业期望、学业表现等情况，访谈用时较长，因此需要选择地理位置上容易到达的地方进行访谈。其次，同一个案的访谈需要多次补充，就近选取个案方便操作。该主题的访谈过程，亦是被访者自我剖析、加深自我认知和了解的过程。接受过高等教育的人自信心较强，说话办事条理性强，访谈内容虽然触及自我的缺点和不足，但是仍然可以端正态度坦诚表达自己的真实想法和观点。但是对于一些受教育程度较低且贫困闭塞的人而言，访谈之前他们并没有认真思考过这个问题，也没有完全意识到这个问题的重要性，往往自以为很好，但自我剖析的过程在心理上是十分痛苦的，很多人会本能地回避痛苦和困难，访谈往往被迫中断，而需要采取短时多次补充的策略。考虑到该话题访谈时的困难，笔者采用就近原则选择个案。而三年在中国社会科学院研究生院的生活，笔者与部分后勤工作人员之间拥有了一定的了解和信任，可在一定程度上消除被访者的紧张心理，因此，笔者选择在中国社会科学院研究生院进行就近访谈，并以周边企业的工作人员作为备选访谈对象。

　　本书主要根据受教育程度和出生年代选择调查对象。根据不同受教育程度、男女尽量均等的原则，分别从博士研究生、硕士研究生、大学毕业生、高中毕业生、初中毕业生中各选2人进行深度访谈。另外，为了剔除成长时代不同带来的影响，同时考虑可选被访者的年龄构成，将调查对象的出生年份限定在 1980—1995 年，暂且认为他们是在同一时代成长的一批人。通过这 10 例深度访谈，基本可以了解一个人的职业期望从萌生、调适到稳定的发展过程。同时，通过深度访谈还可以了解职业期望影响因素的主要来源，包括个人、家庭、学校、社区和文化因素对职业期望的影响，以及职业期望在个人教育历程中的影响作用。

（二）实证模型的数据说明

本书实证模型使用的数据来自中国家庭追踪调查。主要基于 2012 年调查数据中个人、家庭、学校、社区层面的数据资料，建立具有层次结构的多元对数回归模型，分析各因素对职业期望类型选择的影响。基于 2010 年和 2012 年两次追踪调查数据，计算两年间的教育转换和分流情况，并用前期个人、家庭、学校因素及职业期望数据构建多元对数回归模型，分析不同职业期望类型对后期教育转换和分流结果的影响。

中国家庭追踪调查采用内隐分层（implicit stratification）、多阶段、多层次、与人口规模成比例的概率抽样方式，于 2010 年在中国内地的 25 个省（区、市）抽取了 14960 户 42590 人的样本，并在后期对个人样本展开长期的跟踪调查，是国内第一个如此大规模、综合性、以学术为目的的社会跟踪调查项目。[1] 该数据收集了被调查者个人、家庭、学校和社区多个层面上的数据，并且拥有非常详细的教育信息，不仅包括被调查者的教育状况、当前的教育阶段、求学的起始时间以及就读年级等基本信息，而且包括就读学校类型（如普通高中、职业高中、职业中专、成人高中）、级别（如重点、非重点）等细节信息。

除此之外，该数据还收集了所有正处于上学状态的学生的职业期望，以及未成年学生的父母对子女的职业期望。而且，由于是对个体进行跟踪调查，该数据还为本研究提供了两次调查时点之间的教育分流信息，使得本研究可以通过前一期的职业期望和两期之间的教育分流情况来检验前者和后者之间的因果关系，并可以通过时差消除二者之间的内生性，克服传统研究方法的弊端，提高实证模型回归结果解释实际问题的效力。严格意义上说，不对内生性问题做出处理的社会学定量研究，其结论均缺乏"反事实"（counter factual）框架之下的因果解释效力。[2]

---

[1] 谢宇、胡婧炜、张春泥：《中国家庭追踪调查：理念与实践》，《社会》2014 年第 2 期。
[2] 陈云松、吴晓刚：《走向开源的社会学：定量分析中的复制性研究》，《社会》2012 年第 3 期。

值得说明的是，在中国家庭追踪调查数据代表性的讨论上，王广州的检验结果显示，2010年中国家庭追踪调查数据的年龄结构与2010年第六次全国人口普查数据的年龄结构具有一致性，[①]表明该调查数据对中国人口的年龄结构具有很好的代表性。这也说明，中国家庭追踪调查数据中的未成年人口数据和成年人口数据可分别作为代表全国未成年人口和成年人口的一个概率抽样。因此，以该数据作为本研究的经验数据资料是非常恰当的。

第三节 文献回顾与综述

一、职业期望文献综述

对现有文献的分析发现，目前针对职业期望的研究仍然停留在对职业期望的概念、构成和特点的分析阶段，对职业期望的形成原因和潜在影响的分析尚不多见。

关于职业期望的概念界定，楼静波认为，职业期望是个人对职业的选择，也是个人对职业生活的意义、职业等级等问题的价值评判。[②]黄希庭等认为，职业价值观是人们对社会职业的需求所表现出的评价，是个人的人生价值观在职业选择上的反映。[③]俞文钊认为，职业期望是个人对职业乃至整个人生所产生的比较稳定的个性倾向。[④]车恩利认为，职业期望是个体对待职业的态度和人生信念。个体希望通过某一类职业使自己得到物质上和精神上的满足。职业期望直接影响个人对职业的选择，进而影响个人的整体生活。[⑤]Freeman指出，职业期望是构成选择理论的基础，是影

[①] 王广州：《中国老年人口亲子数量与结构计算机仿真分析》，《中国人口科学》2014年第3期。
[②] 楼静波：《当代青年的职业价值观》，《青年研究》1990年第Z1期。
[③] 黄希庭、张进辅、李红：《当代中国青年价值观与教育》，四川教育出版社1994年版，第147页。
[④] 《市场经济中人的经济心理与行为——访著名心理学家、华东师范大学教授俞文钊》，《经济师》1995年第12期。
[⑤] 车恩利：《大学生职业期望研究——以大连理工大学2006届毕业生为例》，硕士学位论文，大连理工大学，2007年。

响行为决策的重要因素。①

关于职业期望的构成,目前主要从"经济收入"和"晋升发展"两个方面开展研究。Betts、Dominitz 和 Manski 的研究结论表明,接受过大学教育的群体对职业收入的预期往往偏高。② 国内学者研究发现,经济收入是大学生职业期望中最重视的因素。于海波等的研究表明,大学生在职业选择上优先考虑的是经济收入。③ 吴谅谅和李宝仙的研究发现,与女性相比,男性更加重视收入因素。④ 有学者的研究表明,随着经济社会的发展、物质生活条件的改善,晋升发展已经逐步取代经济收入,成为大学生职业价值观中最为重要的因素。凌文辁等的研究表明,大学生在择业时依次考虑的因素是发挥自己的才能、符合自己的兴趣爱好、机会均等公平竞争、收入高。⑤ 詹万生的调查发现,大学生择业更多地看重职业带来的社会声望。⑥

此外,有学者还对职业期望的影响因素进行了研究。潘国峰的研究指出,家庭资本对大学生的职业期望具有显著的影响。⑦ 其中,父亲的工作单位、母亲的政治面貌是社会资本中影响作用最大的因素,家庭年收入是经济资本中影响作用最大的因素,母亲的文化程度是文化资本中影响作用最大的因素。综上所述,目前学界对职业期望的研究尚处于起步阶段,文献资料较少,进一步开展研究的空间较大。

二、教育获得文献综述

从教育获得的相关研究来看,以往的研究主要围绕教育制度和家庭经

---

① Richard B. Freeman, *The Market for College-Trained Manpower: A Study in the Economics of Career Choice*, Cambridge, Massachusetts: Harvard University Press, 1971.
② Julian R. Betts, "What Do Students Know about Wages? Evidence from a Survey of Undergraduates," *Journal of Human Resources*, Vol. 31, No. 1, 1996, pp. 27 - 56; Jeff Dominitz and Charles F. Manski, "Perceptions of Economic Insecurity: Evidence from the Survey of Economic Expectations", NBER Working Paper, No. w5960 (July 1996), https://ssrn.com/abstract = 225575.
③ 于海波、张大均、张进辅:《高师生职业价值观研究的初步构想》,《西南师范大学学报》(人文社会科学版) 2001 年第 2 期。
④ 吴谅谅、李宝仙:《大学毕业生的职业期望及其影响因素研究》,《应用心理学》2001 年第 3 期。
⑤ 凌文辁、方俐洛、白利刚:《我国大学生的职业价值观研究》,《心理学报》,1999 年第 3 期。
⑥ 詹万生:《市场经济的双重效应及其对大学生价值观的影响》,《中国青年政治学院学报》1996 年第 4 期。
⑦ 潘国峰:《家庭资本对大学毕业生就业实现影响的实证研究——基于江西省大学毕业生的调查》,《中国大学生就业》2013 年第 24 期。

济社会因素产生的影响展开,很少有研究关注职业价值观的潜在影响。在古典社会科学家的观点里,价值观及社会回报具有重要的理论地位。亚当·斯密曾强调,个人的经济选择和行为依赖于他对良好自我评价(取决于价值观)的渴望。① 也就是说,价值观对人们的感知、理解、判断或抉择行为具有根本性的影响。同理,职业期望也会对教育获得具有重要影响。比如贫困家庭子女的职业期望类型更可能是优先满足基本生活需求,而这种低水平的职业期望可能会导致贫困学生的教育获得机会减少,进而带来社会流动的劣势。如果从个人生命历程的视角来看,前期教育获得不足,也将阻碍个人青年时期的职业发展,甚至可能导致中老年阶段的贫困等一系列问题。而从家庭代际传递的角度来看,子代教育获得不足,还可能导致贫困代际传递,造成世代贫困的循环。可以说,无论是从个人生命历程还是从社会流动来讲,职业期望的潜在影响都是不容忽视的,但是目前与之相关的研究还极少。因此,本研究尝试从职业价值观的视角出发,也许可以对教育获得和代际社会流动提出一种全新的解释,揭示中国社会转型中的职业价值观变化及其在教育获得和代际社会流动中的影响,进而推动社会的发展和社会结构的开放。

三、社会流动文献综述

社会流动,包括横向流动和纵向流动,一直是社会科学研究的重要问题。尤其是纵向流动,更是社会学家最为关注的重大问题。纵向流动是指人们改变自己社会地位的流动。社会的运行规律决定了任何一个社会都普遍存在社会流动的现象。而与社会纵向流动密不可分的另一个现象是社会分层。纵观古今中外,任何一个社会都是由不同的等级层次共同构成,只是存在简单与复杂的差别而已。而从社会纵向流动和社会分层的辩证关系来看,社会分层是社会流动的结果,同时,社会分层的存在又是社会个体产生纵向流动的基础和动力源泉。对于个体而言,通过纵向流动,个体得以进入新的社会层次或更合适的社会位置;而对于社会系统而言,通过纵向流动,社会得以调整和重组层级结构。

学界普遍认为,美国社会学家索罗金(Pitirim A. Sorokin)于1927年

---

① [英]亚当·斯密:《道德情操论》,蒋自强等译,商务印书馆2019年版,第393页。

出版的《社会流动》一书标志着社会流动作为专门的社会学研究领域的形成。① 但在此之前，诸多社会学家已对社会流动问题有所关注，例如马克斯·韦伯。虽然他并未对社会流动问题做过正式的、系统的论述和研究，但其提出的社会分层的多元标准对社会分层研究产生了巨大影响。尽管在此之前有不少学者的研究都涉及社会分层，但索罗金仍被公认为第一位对社会流动进行全面、系统研究的社会学家。他所建构的有关社会流动的概念体系至今仍为人们所使用。② 在近代，美国社会学家布劳和邓肯所著的《美国的职业结构》的影响最为深远。③《美国的职业结构》在概念的定义上更为合理、清晰，分析更为系统、全面，尤其是提出了一套研究社会流动的独特的分析框架以及一门专门化的分析技术和系统严谨的分析模型，使社会流动研究成为社会学研究中运用统计计量方法最多的研究领域。

而关于社会流动的基本情况，学界主要有两种观点，一种观点是意大利著名社会学家、经济学家帕累托提出的精英循环论，认为精英群体是不断循环流动的；另一种观点是再生产理论。

帕累托的精英循环论的基本观点是，精英阶层是循环流动的。社会上任何两个人，不论是从父母那里继承来的天赋，还是个人在社会等级制度中的地位，都不可能完全一致。这给社会的发展带来了许多不确定的因素。纵向来看，那些出身于社会底层具有才干的人会准备好晋升到社会上层的精英群体中。并且，在一个社会中，精英从底层向上流动的通道越是顺畅，社会整体的发展状况就越是稳定。帕累托指出，"新的精英通过不停地循环运动，从社会的下层阶级中冒出来，登入上层阶级，在里面发展壮大，随后衰落、被消灭、消失"。④ "贵族不会永存。无论出于什么原因，一段时间后，他们就消失了，这是毋庸置疑的事实。历史是贵族的墓地……由于低门第家族的崛起，统治阶级在人数上和品质上得到了恢复，并给他们带来继续掌权所必需的活力。他们还通过清除自己队伍中的腐化堕落分子来恢复生机。"⑤

---

① 罗教讲：《我国的社会流动与流动研究》，《武汉大学学报》（哲学社会科学版）1998 年第 5 期。
② 罗教讲：《我国的社会流动与流动研究》，《武汉大学学报》（哲学社会科学版）1998 年第 5 期。
③ [美] 彼得·M. 布劳、奥蒂斯·杜德里·邓肯：《美国的职业结构》，李国武译，商务印书馆 2020 年版。
④ [法] 雷蒙·阿隆：《社会学主要思潮》，葛智强等译，华夏出版社 2000 年版，第 312 页。
⑤ 张人杰主编：《国外社会教育学基本文选》，华东师范大学出版社 1989 年版，第 70 页。

20 世纪 60 年代以后，再生产理论开始引起广泛关注，并延伸出两个重要分支理论，即社会再生产理论和文化再生产理论。

社会再生产理论是由美国学者鲍尔斯和金提斯等提出，代表人物是法国著名的结构主义与马克思主义哲学家阿尔都塞（Louis Pierre Althusser）。该理论认为，在工业化的资本主义社会里，学校的教育过程是经济生活的一部分，是阶级关系再生产过程中最为重要的环节。这表现为学校是社会控制和社会再生产的重要工具。

文化再生产理论的代表人物是法国社会学家布尔迪约和帕斯隆。其构建了"文化专断"和"文化资本"的概念，并在此基础上论证了教育制度的本质，认为教育制度的本质是一种文化专断。通过教育制度，统治阶级将其自身的优势资源传递给下一代，"教育行动是一种专断权力所强加的文化专断，从这个意义上来说，所有的教育行动客观上说都是一种符号暴力"。[①]

美国学者伦斯基则认为，教育或培训是人们实现目标的一种工具，是除金钱和权力之外，人们更多地为其工具性价值而不是为其本身的价值去追求的另一目标。虽然总有一些人是为求知而求知，但大多数人追求知识的主要原因是他们认为知识是有用的。随着知识社会的到来、工作中对知识技能要求的不断提高、工作领域中科层化的不断加强，教育和培训在将来会受到人们越来越热切的追求。[②] 国内外多数经验研究也已证实，随着市场对知识和技能要求的提高，教育在职业地位获得和社会流动中的作用在逐步加强。[③]

第四节　研究目的与意义

本书试图通过以上两大板块的研究内容，加深对职业期望的认识，并

[①] [法] P. 布尔迪约、J-C. 帕斯隆：《再生产——一种教育系统理论的要点》，邢克超译，商务印书馆 2002 年版，第 13 页。

[②] [美] 格尔伯特·伦斯基：《权利与特权：社会分层的理论》，关信平等译，浙江人民出版社 1988 年版，第 54 页。

[③] 马和民：《当前中国城乡人口社会流动与教育之关系》，《社会学研究》1997 年第 4 期；严善平：《教育成就、制度与工资差别——对大城市二元劳动力市场的实证分析》，《管理世界》2007 年第 6 期；刘精明：《向非农职业流动：农民生活史的一项研究》，《社会学研究》2001 年第 6 期。

进一步了解职业期望在教育获得中的重要作用，以期为促进青少年教育水平的提高提供政策建议，尤其针对贫困家庭青少年辍学问题提供新的干预策略。而从结构安排上讲，本研究主要分为理论分析、定性探索和定量检验三大部分，且每一部分具有不同研究功能和目的。

在理论分析部分，本书首先通过梳理职业期望的概念含义及类型划分来选取适合本研究的定义和分类方法，并对文中教育成就的概念和范围进行说明；其次通过分析文献资料探讨职业期望的影响因素；最后通过双向思辨方法分析教育与职业获得和职业期望，以及与教育获得之间可能的关系模式和相互影响发生的外在原因及内在基础。在定性探索部分，本书通过分析10个不同受教育程度个案的职业期望与教育历程，探索职业期望在个人生命历程中的演化过程及其对教育获得的影响，总结职业期望的影响因素及其对教育投资积累的影响。在定量检验部分，本书采用定量方法检验定性研究发现的普适性。检验生活圈中的物质要素和文化素质对职业期望的影响，对职业期望影响因素的系统分析做出积极探索。此外，检验个人职业期望在教育获得、教育轨道选择、优质教育资源获得和专业选择等教育分流中的作用，对职业期望及其影响的学科交叉分析做出有益尝试。本书也以此为例，解释职业期望在个人生命历程中扮演的重要角色和发挥的重要作用。希望通过这样的研究，能够推动研究者投入更多的热情，分析个人职业期望在生命历程中的影响，促进职业期望研究向更深入和系统的方向发展。

就理论意义而言，本书运用生态系统理论分析范式，研究各系统层次因素对个人职业期望的影响，突破了以往仅对职业期望构成进行分析的局限，在"寻根意识"的指导下，分析职业期望的各影响因素，从职业期望的形成因素方面对当前的研究进行补充。并且，本书进一步从职业期望的"社会影响意识"出发，分析不同类型的前期职业期望对后期教育获得的影响，从职业期望的社会影响方面对当前的研究进行扩展。

就实践意义而言，通过系统分析生活圈中各种因素对职业期望的影响，以及职业期望对教育获得的影响，本书揭示了生活环境对职业期望的影响，以及职业期望在教育获得中的重要作用。这对于从职业期望入手干预提高青少年的教育获得水平具有重要的实践指导意义。尤其对于家庭经济贫困、社会资本缺乏、教育成就匮乏并受到贫困文化思维影响的青少年而言，本书的研究结果也可运用于这一群体，揭示贫困青少年职业期望过低剥夺其教育获得机会的隐蔽现象，且对职业期望偏低的原因给出翔实的解释。这为认识贫困青少年教育获得偏低、贫困家庭代际传递的形成过程和原因提供了研究依据。

第二章　职业期望的理论溯源

第一节　职业期望的基本概念

职业是参与社会分工,利用自己掌握的知识和技能为社会创造新的物质财富和精神财富,让自己获取合理的物质报酬,并满足精神需求的社会活动。舒马赫（E. F. Schumacher）在《小的是美好的》中指出,职业具有三个关键功能,一是职业给人提供了一个发挥和提高自身才能的机会;二是在职业中,个人和他人一起共事的过程有助于克服与生俱来的自我中心意识;三是通过参与职业,个人获得了生存所需的产品和服务。[①]

职业既是个人生活资料的主要来源,又是促进才能发展的重要方法,还是家庭经济社会地位代际传递的重要途径,同时也是占据时间最长的任务角色,在个人生命历程中具有无可替代的重要地位。而职业选择是实现以上功能的前提。对于大部分人而言,心理上的职业选择（职业偏好）是先于行动上的职业选择的,并且心理上的职业偏好会引导人们进行教育投资及其他前期条件的准备工作,目的是在职业选择行动发生时拥有最大的主动权。因此,职业期望对后期的职业地位获得,甚至整个人生的发展都具有极其重要的意义。

---

① [英] E. F. 舒马赫:《小的是美好的》,李华夏译,译林出版社2007年版。

一、职业期望的概念和含义

(一) 职业期望的概念和含义综述

职业期望,或被称为职业意向,是劳动者对某类职业的向往,也是劳动者希望从事某类职业的态度倾向的表现。正因如此,职业期望会对个人的职业选择产生直接影响,并进而影响个人生活的方方面面,甚至整个人生。在国外学者的著作中,职业期望多被称为"vocational expectation",另一个与之非常相似的概念——职业价值观则多被称为"work value"。在国内外的研究中,很多时候对二者没有很严格的区分。其根本原因是二者本质并无明显区别,只是强调的侧重点不同,且称谓不同而已。从本质来讲,职业期望是个人对一种或者一类职业所持有的特别的态度和信念,即个人偏好,同时也是个人所持有的世界观、价值观和人生观在职业领域的体现。职业期望和职业价值观是辩证统一的关系,个人的职业价值观决定其职业期望,而职业期望又是职业价值观的外化,一定程度上体现了个人的职业价值观。但是,从侧重点的差异来讲,职业价值观更强调其中的本质和内容;而职业期望在职业价值观的本质和内容之外,更加强调其中的期待性,强调职业价值观先于职业选择行为及教育投资等计划的特点。根据二者侧重点的差异,本研究更适合选择职业期望的称谓方式,以强调职业期望所具有的期待性质和优先性质。而在解析职业期望的含义时,由于国内外大多数研究并未对二者进行严格区分,为了更详细深刻地了解职业期望的内涵,本研究对职业期望和职业价值观的定义进行了综合阐述(见表2-1)。

表2-1 职业期望和职业价值观的定义

研究者	定义
Super	与工作有关的目标表达,表达个人内在需求及从事活动时所追求的工作特质
Kalleberg	个人渴望其工作被赞同与尊重的程度,能够反映个人在工作中所追求的价值和回报
Elizur	个体关于工作行为及在工作环境中获得的某种结果的价值判断,是一种直接影响行为的内在思想体系
Ravlian 和 Meglion	对各种工作的行为方式,特别是对社会所接受的偏爱程度

续表

研究者	定义
楼静波	关于择业取向、职业生活的意义、职业等级等问题的价值评判
宁维卫	人们衡量社会上的各种职业优势、意义和重要性的内心尺度,属于个性倾向性的范畴
黄希庭等	人们对社会职业的需求所表现出来的评价,是人生价值观在职业问题上的反映,是人生价值观的一个重要方面
Ros 等	人们对某种职业所能取得的最终状态(如高收入)或行为方式(如与同事一起工作)的信念
马剑宏、倪陈明	职工关于工作行为、个人与组织的关系等的价值判断体系,是一种直接影响行为的内在思想因素
洪瑞斌和刘兆明	影响个人面对工作有关课题时的价值信念系统或参考架构,亦即工作者认为重要或喜欢的事物、观念或理想
俞文钊	个人对职业乃至整个人生所产生的比较稳定的个性倾向
Robbins 和 Judge	职业价值观即标准、偏好和认知
刘璐俐	个人选择工作时所秉持的价值观,指在发展过程中个人对职业生活的能力意愿及态度倾向,表现为一种动力系统,对工作适应有很大影响,更是一种自我实现的方式
凌文辁等	人们对待职业的信念和态度,或是人们在职业生活中表现出来的一种价值倾向,它是价值观在择业取向上的体现
Brown	使人们通过工作来寻求的一种目标和报酬
廖泉文	个人在工作实践中所希望获得的一种满意的产出
刘广珠	人们在人生道路、职业定向与选择、职业工作态度方面的根本性的观念
余华和黄希庭	一个人对与工作有关的客观事物的意义、重要性的评价和看法
喻永红和李志	人们衡量社会上某种职业的优劣和重要性的内心尺度,它是个人对待职业的一种信念,并为其职业选择、努力实现工作目标提供充分的理由
金盛华和李雪	人们依据自身的需要对待职业、职业行为和工作结果的比较稳定的、具有概括性动力作用的成套信息系统,它是个体一般价值观在职业生活中的体现,是人们对社会职业的需求所表现出的评价
李红	个体评价和选择职业的标准
Porfeli 和 Vondracek	人们衡量某种职业优劣和重要程度的内心尺度,是个人对待职业的一种信念,为其进行职业选择、努力实现工作目标提供充分的理由

续表

研究者	定义
金耀宇	自成体系,与工作相联系,能够调节人的思想和行为

资料来源: D. E. Super, *Manual for the Work Values Inventory*, Chicago: Riverside Publishing Company, 1970, pp. 10 – 12; Arne L. Kalleberg, "Work Values and Job Rewards: A Theory of Job Satisfaction," *American Sociological Review*, Vol. 42, 1977, pp. 124 – 143; Dov. Elizur, "Facets of Work Values: A Structural Analysis of Work Outcomes," *Journal of Applied Psychology*, Vol. 69, No. 3, 1984, p. 379; E. C. Ravlian and B. M. Meglion, "The Transitivity of Work Values: Hierarchical Performance Ordering of Socially Desirable Stimuli," *Organizational Behavior and Human Decision Process*, Vol. 44, No. 3, 1989, pp. 494 – 508; 楼静波:《当代青年的职业价值观》,《青年研究》1990年第Z1期;宁维卫:《中国城市青年职业价值观研究》,《成都大学学报》(社会科学版)1996年第4期;黄希庭、张进辅、李红:《当代中国青年价值观与教育》,四川教育出版社1994年版,第147页; M. Ros, S. H. Schwartz and S. Surkiss, "Basic Individual Values, Work Values, and the Meaning of Work," *Applied Psychology: An International Review*, Vol. 48, No. 1, 1999 pp. 49 – 71;马剑宏、倪陈明:《企业职工的工作价值观特征分析》,《应用心理学》1998年第4期;洪瑞斌、刘兆明:《工作价值观研究之回顾与前瞻》,《应用心理学研究》2003年第19期;俞文钊:《合资企业的跨文化管理》,人民教育出版社1996年版,第35页; Stephen P. Robbins and Timothy A. Judge, *Organizaitonal Behavior* (Edition 16), New Jersey: Pearson Education, Inc., 2015, pp. 25 – 26;刘璐俐:《大专学生工作价值观之调查研究》,《第三届两岸心理与教育测量学术研讨会论文》,1997年;凌文辁、方俐洛、白利刚:《我国大学生的职业价值观研究》,《心理学报》,1999年第3期; D. Brown, "The Role of Work and Cultural Values in Occupational Choice, Satisfaction and Success: A Theoretical Statement," *Journal of Counseling & Development*, Vol. 80, No. 1, 2002, pp. 48 – 55;廖泉文:《中、日、美价值观对人力资源管理的影响》,《中国人力资源开发》2000年第11期;刘广珠:《职业兴趣的测量与应用》,《青岛化工学院学报》(社会科学版)2000年第2期;余华、黄希庭:《大学生与内地企业员工职业价值观的比较研究》,《心理科学》2000年第6期;喻永红、李志:《当代大学生职业价值观的特点与教育对策研究》,《教育探索》2003年第12期;金盛华、李雪:《大学生职业价值观:手段与目的》,《心理学报》2005年第5期;李红:《当代大学生职业价值观与高校价值观教育》,《四川师范大学学报》2005年第3期; E. J. Porfeli and F. W. Vondracek, "Development of Work Values", in V. B. Skorikov and W. Patton, eds. *Career Development in Childhood and Adolescence*, Rotterdam: Sense Publishers, 2007, pp. 47 – 70;金耀宇:《国内关于青年职业价值观研究述评》,《四川教育学院学报》2009年第1期。

纵观上述定义,绝大部分定义的本质并无显著差异,但是定义方式、定义的侧重点有所不同。

首先,从定义方式来看,职业期望的定义可划分为两种。一种是采用一般和抽象方法概括职业价值观的本质,该定义方式的优点是高度地抽象概括,适用于哲学思辨分析,但缺点是不易测量且不适用于实证研究。另一种是采用内容和测量指标进行的具体化定义,主要是从内在心理需求和价值取向以及外在社会价值和目标追求等方面进行定义。这种定义方式由于采用了相对具体的指标,比较容易测量,并且相对适用于实证研究。

进一步地，从定义的侧重点来看，职业期望的定义也可分为两种。一种是从人的内在心理需求和价值取向对职业期望进行定义，强调人的职业期望是内在心理需求（马斯洛需求层次）的外在反映；另一种是从人追求的外在社会价值和目标报酬对职业期望进行定义，强调人的职业期望就是人通过职业来追求的外在社会价值和目标报酬。显然，这两种定义具有完全不同的侧重点，但仍可发现二者具有一致性。因为，从根本上讲，人所认同的社会价值和追求的目标报酬仍然是依据人内在的价值观念和需求层次来决定的。

（二）本研究中职业期望的概念和含义界定

根据以上分析，笔者认为，职业期望与人们的内在价值观念有关，也与外在社会价值追求有关，并且二者之间具有一致性。职业期望既是人内在价值观念和心理需求的外在反映，也是人追求的外界社会目标的本质反映。据此，笔者给出职业期望的定义如下：职业期望既是人内在价值观念和需求层次在职业定向和选择上的反映，又是人通过职业追求的外在社会价值、目标和报酬。于内而言，职业期望与人的内在马斯洛需求层次具有密切联系；于外而言，职业期望又与外在社会价值观具有密切联系。

由于职业期望是人内在价值观念和心理需求的外在反映，职业期望层次与马斯洛需求层次具有内在一致性。更准确地说，职业期望在一定程度上是由人的内在需求层次决定的。马斯洛需求层次理论认为，个体成长发展的内在力量是动机。而动机是由多种不同性质的需求组成，并且不同需求之间具有先后顺序和高低层次之分。每一层的需求是否得以满足，以及在多大程度上得以满足，将决定个体人格发展的境界和程度，进而决定职业期望的层次高低。

由于职业期望是人在职业中追求的外在社会价值、目标和报酬，职业期望层次与社会价值具有一致性，可用社会价值来判断职业期望的高低。其中值得注意的是，职业期望不同于我们常说的职业声望。职业声望是职业地位的反映，是人们对某种职业的权力、工资、晋升机会、发展前景、工作条件等社会地位资源情况，亦即社会地位高低的主观评价。显然，职业声望和职业期望的含义具有明显区别。但是，我们仍然可以发现二者具有内在的联系。职业期望是人们在职业中追求的社会价值、目标和报酬，因此，职业期望中就包含了对职业声望的期望，也就是说，人们的职业期望能够反映对职业声望的期待。并且，对职业声的期待程度与职业期望的层次具有内在的一致性。对职业声望的期待越高，职业期望的层次就越高；而对职业声望的期待越低，职业期望的层次就越低。

职业期望中包含了对职业声望的追求。正因如此，职业期望作为个人行为的内在驱动力，会影响个人的职业声望的获得。积极的职业期望有助于获得较高的职业声望，而消极的职业期望不利于较高职业声望的获得。

二、职业期望的特性和功能

职业期望是个人通过职业追求的社会价值、目标和报酬，是个人对未来从事职业的期待，包括从事的职业类型、得到的劳动报酬以及对内在心理需求的满足。简单而言，职业期望是源自个体内在性格特质，并长期接受生活环境中文化价值观念影响的结果。同时，作为一种重要的内在驱动力，职业期望引导着人们的行为。

具体而言，职业期望具有以下特性：

（1）于内而言，职业期望主要是个体内在价值观念在职业上的反映。

（2）于外而言，职业期望是人在职业中追求的社会价值、目标和报酬。

（3）职业期望不是空想、幻想，而是劳动者的一种主动追求，是劳动者将自身的兴趣、价值观、能力等与社会需要、社会就业机会不断协调，力求实现的个人目标。

职业期望具有以下功能：

（1）职业期望是人的内在驱动力，对教育投资、职业技能储备和择业都有巨大的影响。积极的期望促使人向好的方向发展，消极的期望则使人向坏的方向发展。

（2）由于职业期望是个人性格特征与生活环境中的物质因素和文化价值观念长期作用的结果，职业期望也是生活环境对个人行为产生影响的中间媒介。

（3）一个人的行为表现是职业期望、生活环境和人格类型相互作用的结果。在生活环境和人格类型相同的情况下，职业期望类型可以有效预测人的职业选择、工作变换、职业成就、个人竞争和教育及社会行为。

第二节 职业期望的分类方法

在现代社会中,职业的分类是多种多样的,因此人们的职业期望也不尽相同。依据不同的研究目的,学者们将根据不同视角和维度,对职业期望进行分类。而不同划分方法之间,最本质的差异在于侧重点的差异和视角维度的选择差异。例如,按照职业期望的发生过程,可分为自然性职业期望和社会性职业期望;按照职业期望所指向的对象,可分为物质性职业期望和精神性职业期望;按照职业期望实现的程度,还可分为合理性职业期望和不合理性职业期望等。国内外学者均尝试过对职业期望进行分类,以下就几个重要的分类进行简述。

(一) 霍兰德的职业期望分类

霍兰德(Holland)的人格-职业匹配类型理论认为,人格类型、兴趣爱好与职业选择密切相关,兴趣爱好是人们活动的巨大动力,从而将职业期望与人格相对应划分为六类,分别是现实型、研究型、艺术型、社会型、企业型和常规型(见表2-2)。[①]

表 2-2 霍兰德人格-职业匹配类型对照

类型	劳动者	职业
现实型	①愿意使用工具从事操作性工作; ②动手能力强,做事手脚灵活,动作协调; ③不善言辞,不善交际	主要是指各类工程技术工作、农业工作,通常需要一定体力,需要运用工具或操作机器; 典型职业有:工程师、技术员;机械操作工人、维修工人、安装工人;矿工、木工、电工、鞋匠等;司机;测绘员、绘图员;农民、牧民、渔民等

---

① J. L. Holland, "A Theory of Vocational Choice," *Journal of Counseling and Development*, Vol. 6, No. 1, 1959, p. 35.

续表

类型	劳动者	职业
研究型	①抽象思维能力强,求知欲强,肯动脑,善思考,不愿动手; ②喜欢独立的和富有创造性的工作; ③知识渊博,有学识才能,不善于领导他人	主要是指科学研究和科学实验工作; 典型职业有:自然科学和社会科学方面的研究人员、专家;化学、冶金、电子、无线电、电视、飞机等方面的工程师、技术人员;飞机驾驶员、计算机操作员等
艺术型	①喜欢以各种艺术形式的创作来表现自己的才能,实现自身的价值; ②具有特殊艺术才能和个性; ③乐于创造新颖的、与众不同的艺术成果,渴望表现自己的个性	主要指各类艺术创作工作; 典型职业有:音乐、舞蹈、戏剧等方面的演员、编导、教师;文学、艺术方面的评论员;广播节目的主持人、编辑、作者;画家、书法家、摄影家;艺术、家具、珠宝、房屋装饰等行业的设计师等
社会型	①喜欢从事为他人服务和教育他人的工作; ②喜欢参与解决人们共同关心的社会问题,渴望发挥自己的社会作用; ③比较看重社会义务和社会道德	主要指各种直接为他人服务的工作,如医疗服务、教育服务、生活服务等方面的工作; 典型职业有:教师、保育员、行政人员;医护人员;衣、食、住、行服务行业的经理、管理人员和服务人员;福利人员等
企业型 (事业型)	①精力充沛、自信、善交际,具有领导才能; ②喜欢竞争,敢冒风险; ③喜欢权力、地位和物质财富	主要是指那些组织与影响他人共同完成组织目标的工作; 典型职业有:企业家、政府官员、商人等
常规型	①喜欢按计划办事,习惯接受他人指挥和领导,自己不谋领导职务; ②不喜欢冒险和竞争; ③工作踏实,忠诚可靠,遵守纪律	主要是指与文件档案、图书资料、统计报表等相关的各类科室工作; 典型职业有:会计、出纳、统计人员;打字员;秘书和文书;图书管理员;外贸职员、保管员、邮递员、审计人员、人事职员等

资料来源: J. L. Holland, "A Theory of Vocational Choice," *Journal of Counseling and Development*, Vol. 6, No. 1, 1959, p. 35。

可以发现,以上六大职业兴趣类型并非并列的、有着明晰边界的分类,而是具有一定的相关性。不同职业类型中会有部分相同或相似的内容,但是即便如此,仍然可以发现,每一种类型都特别强调其中一个方面，而弱化其他方面，因此每一种类型都可代表唯一的主导类型，即占主要地位的职业兴趣类型，从而使个体可以根据自己的职业兴趣搜寻到最合适的职业类型。

（二）德尔的职业期望分类

德尔（Deer）根据职业倾向特征，将职业期望类型划分为五大类，分别是：①进取型：努力达到集团和系统的最高地位；②安全型：追求认可、工作安全、受尊敬和成为"圈内人"；③自由型：在工作过程中掌握最大的控制而不是被控制；④攀登型：得到刺激、挑战、冒险的机会；⑤平衡型：在工作、家庭关系和自我发展之间取得有意义的平衡，以使工作不至于变得太耗精力或太乏味。[1]

（三）罗斯的职业期望分类

罗斯（Ros）认为职业期望有个人－集体、物质－精神两个维度之分，并依此将职业价值观分为与马斯洛、阿尔得夫、赫兹伯格和麦克莱兰等的需求理论相互印证的四类职业期望类型，分别是以个体为中心、人本主义的自我实现的职业期望类型；以集体主义为中心、人本主义的社会职业期望类型；以个体为中心、物质主义的自尊职业期望类型；以集体为中心、物质主义的生理安全职业期望类型。[2] 并且这四种职业期望类型恰好与内在、社会、权威和外在四类职业价值观相对应。

（四）吴洪富的职业期望分类

国内学者也对职业期望进行了分类。吴洪富认为职业期望有个人－社会维度和功利－理想维度之分，并据此将职业期望类型划分为四大类，分别是个人功利型、个人理想型、社会功利型和社会理想型。其中，个人功利型是以个人为中心、功利主义的职业期望，强调在选择职业时个体自身对于经济收益、物质等方面的获取；个人理想型是以个人为中心、理想主义的职业期望，强调职业对个体兴趣爱好、发展空间与机会等方面的满足与契合；社会功利型是以社会为中心、功利主义的职业期望，强调对于经济社会、产业技术、生产力等方面的贡献力；社会理想型是以社会为中心、理想主义的职业期望，重视职业对于社会服务、社会福利、社会和谐

---

[1] C. Brouklyn Deer, *Management the New Careerists*: *The Diverse Career Success Orientations of Today's Workers*, Ohio: SWCP, 1986.

[2] M. Ros, "The Structure and Meaning of Values and Political Orientations", paper delivered to the 23rd International Congress of Applied Psychology, Madrid, July, 1994.

等方面的积极意义。[1]

（五）萨柏的职业期望分类

萨柏（Super）也将职业价值分成三个维度，分别是内在职业价值、外在职业价值和外在报酬。[2] 其中，内在职业价值指的是与职业本身性质密切相关的因素，比如职业的创造性和独立性等；外在职业价值指的是与职业本身性质无关但与职业相关的因素，比如工作的环境、同事之间的关系、与领导的关系以及职业的变动性等；外在报酬指的是个体在职业活动中可以获得的成果，包括职业带来的安全感、社会声誉、经济收入以及生活方式等。在三种维度上进行不同组合，萨柏总结出13种不同的价值观（见表2-3）。

表2-3 萨柏的职业价值观类型及内容

编号	类型	职业价值观内容
1	利他主义	该职业价值观的倾向是利他主义，总是为他人着想，并将直接为大众的幸福和利益尽一分力量作为工作的最大目的和价值
2	审美主义	该职业价值观的倾向是美感，将不断地追求美好的东西、享受到美感作为工作的最大目的和价值
3	智力刺激	该职业价值观的倾向是智力刺激，将不断动脑思考、进行智力开发、学习和探索新事物、解决新问题作为工作的最大目的和价值
4	成就动机	该职业价值观的倾向是成就感，将不断取得成就、不断创新、不断得到领导和同事的赞扬、不断实现自己想要做的事作为工作的最大目的和价值
5	自主独立	该职业价值观的倾向是独立性，将不受他人的干扰，充分发挥自己的独立性和主动性，按自己的方式、步调或想法去做事作为工作最大的目的和价值
6	社会地位	该职业价值观的倾向是社会地位，认为从事的工作在人们的心目中有较高的社会地位，从而使自己得到他人的重视与尊敬是工作的最大目的和价值
7	权力控制	该职业价值观的倾向是管理，认为获得对他人或某事的管理权，能指挥和调遣一定范围内的人或事物是工作的最大目的和价值
8	经济报酬	该职业价值观的倾向是经济报酬，认为获得优厚的报酬，使自己有足够的财力去获得自己想要的东西，使生活过得较为富足，是工作的最大目的和价值
9	社会交往	该职业价值观的倾向是社会交际，认为能和各种人交往，甚至能和知名人物结识，建立比较广泛的社会联系和关系，是工作的最大目的和价值

---

[1] 吴洪富：《大学生职业价值取向的调查研究》，《教育研究与实验》2013年第5期。
[2] D. E. Super, *Manual for the Work Values Inventory*, Chicago: Riverside Publishing Company, 1970.

续表

编号	类型	职业价值观内容
10	安全稳定	该职业价值观的倾向是安全感,认为不管能力怎样,工作中要有一个安稳的局面,不会因为奖金、工资、调动工作或领导训斥而经常提心吊胆、心烦意乱
11	轻松舒适	该职业价值观的倾向是舒适,希望将工作作为一种消遣或享受的形式,追求比较舒适、轻松、自由、优越的工作条件和环境
12	人际关系	该职业价值观的倾向是人际关系,希望一起工作的大多数同事和领导,人品较好,在一起相处感到愉快、自然,认为这就是很有价值的事,是一种极大的满足
13	追求新意	该职业价值观的倾向是变异性,希望工作的内容经常变换,使工作和生活显得丰富多彩,不单调枯燥

资料来源：D. E. Super, *Manual for the Work Values Inventory*, Chicago：Riverside Publishing Company, 1970, pp. 10 – 12。

（六）日本 NHK 广播舆论调查所的职业期望分类

日本 NHK 广播舆论调查所在职业调查中选择和设计了七种价值取向,分别是：类型 1,能推动社会发展的职业；类型 2,助人、为社会服务的职业；类型 3,得到人们的高度评价的职业；类型 4,受人尊敬的职业；类型 5,能赚钱的职业；类型 6,虽平凡,但有固定收入的职业；类型 7,若不为人所用,就自谋职业。人们的职业期望常常被几种价值取向左右,但居主导地位的职业价值取向对职业期望起决定作用。

从以上几种分类标准来看,霍兰德和德尔更倾向于按照个体人格和兴趣爱好与职业的关系对职业期望进行分类。而罗斯、萨柏、日本 NHK 广播舆论调查所和吴洪富的分类方法与马斯洛、阿尔得夫、赫兹伯格和麦克莱兰等的需求理论相互印证。其中,罗斯和吴洪富的分类方法相似,更像是一种哲学的抽象的、以二维倾向组合为标准的分类方法。相对而言,萨柏和日本 NHK 广播舆论调查所的分类方法与马斯洛、阿尔得夫、赫兹伯格和麦克莱兰等的需求理论更为接近。这种基于人类内在需求的分类方法,具有贴近生活、通俗易懂的优点,并且具有明显的先后顺序和高低层次之分,易于测量和比较,尤其是日本 NHK 广播舆论调查所的分类方法相对更为简便,而且考虑了外在社会文化价值观的影响,更符合社会科学研究的需求。因此,笔者采用日本 NHK 广播舆论调查所的职业期望分类方法开展研究。

(七) 本研究对职业期望类型的分类方法

本研究采用日本 NHK 广播媒体舆论调查所的职业期望分类方法开展研究。

仔细观察日本 NHK 广播媒体舆论调查所设定的七种职业期望类型发现，其与马斯洛的需求层次具有内在的一致性。具体而言，马斯洛的需求层次理论（Maslow's hierarchy of needs）将人的需求由高到低划分为五大类，分别是自我实现的需求（发挥潜能、实现理想）、尊重的需求（受到尊重和肯定）、社交的需求（对爱情、友情、归属感等社会关系的需求）、安全的需求（对保护、秩序、稳定的需求）和生理的需求（对食物、温暖、性的需求）。对比马斯洛需求金字塔可以发现，七种职业期望分别对应着四个不同层次的需求。首先，人都是自然人，决定了他们永远不能摆脱自然界的制约。没有任何自然性的要求，个体就不能生存和延续后代。在任何时候首先要满足自己的生理需求。这些需求当然要靠一份收入稳定的可预期的职业来维持。所以，对应马斯洛需求层次最低层次的生理的安全需求的职业期望类型是类型 5（能赚钱的职业）、类型 6（虽平凡，但有固定收入的职业）和类型 7（若不为人所用，就自谋职业）。而类型 2（助人、为社会服务的职业）是倾向于社交需求型的职业期望，在马斯洛需求层次中属于中间层次的需求；类型 3（得到人们的高度评价的职业）和类型 4（受人尊敬的职业）是倾向于尊重需求型的职业期望，在马斯洛需求层次中属于较高层次的需求；类型 1（能推动社会发展的职业）是倾向于自我价值实现的职业期望，在马斯洛需求层次中属于最高层次的需求（见表 2-4）。

表 2-4 职业期望与马斯洛需求层次的对应关系

马斯洛需求层次	马斯洛需求类型	职业期望类型
最高	价值实现型	能推动社会发展的职业
中间	社交需求型	助人、为社会服务的职业
较高	尊重需求型	得到人们的高度评价的职业
		受人尊敬的职业
最低	安全需求型	能赚钱的职业
		虽平凡,但有固定收入的职业
		若不为人所用,就自谋职业

并且，由于对职业地位和职业声望的期望也包含在职业期望之中，这七种职业期望类型对应的职业地位也具有高低之分，同时对实现职业期望的教育要求也有高低之分（见表2-5）。以下分别对各职业期望类型对应的社会身份、职业地位和教育要求进行分析。

表2-5 职业期望类型及其对应的社会身份、职业地位和教育要求

编号	职业期望类型	社会身份	职业地位	教育要求
1	能推动社会发展的职业	社会精英	H	H
2	助人、为社会服务的职业	社会精英、普通技术人员、职员	M	L
3	得到人们的高度评价的职业	职业领域中的骨干	H	H
4	受人尊敬的职业	职业领域中的骨干	H	H
5	能赚钱的职业	社会精英、普通技术人员	M	L
6	虽平凡,但有固定收入的职业	普通技术人员、职员	L	M
7	若不为人所用,就自谋职业	普通技术人员、普通劳动者	L	L

注：H表示相对较高；L表示相对较低；M表示相对居中。

具体而言，按照马克斯·韦伯"威望、权力、财富"的社会分层的三重标准，以上七种职业期望类型中，类型1、类型3、类型4的职业地位相对较高，类型6、类型7的职业地位相对较低，而类型2和类型5的职业地位居中。从职业对受教育程度的教育要求来讲，以上七种职业期望类型中，类型1、类型3、类型4的职业对受教育程度的要求最高，类型2、类型5和类型7的职业对受教育程度的要求最低，而类型6的职业对受教育程度的要求居中。进而，根据职业地位与教育要求推知，类型1、类型3、类型4的职业期望类型层次相对较高，因为对应的职业地位和教育要求都较高；而类型2、类型5、类型6和类型7的职业期望类型层次相对较低，因为对应的职业地位和教育要求相对较低。

第三节 职业期望的形成缘起

一、职业期望形成的分析范式

本书运用生态系统理论分析范式探索职业期望的起源和影响因素。生

态系统理论又被称为背景发展理论或者人际生态理论,虽源自生物学的概念,却与社会学理论中的"人在情境中"的基本观点相切合。美国心理学家布朗芬布伦纳和莫里斯运用生态系统理论提出的个体发展模型,用生态模式描述了社会环境如何对个人产生影响,强调发展个体嵌套于一系列环境系统之中,在这些系统中,系统与个体相互作用并影响个体发展。[1]

以青少年为例,他们在发展过程中不仅受到所属家庭、学校的影响,而且受到所接触的同辈人、父母亲人等的影响,此外,他们还受到大众传媒的刺激,因此,个人是前期环境与社会共同影响的结果。青少年位于整个系统的中间位置,而环绕其的是一层又一层越来越大的体系,从内到外分别是微观、中介、外围以及宏观系统。

微观系统(microsystem)是指可以直接接触到的个人或组织,对个人有直接影响的系统。对青少年而言,是指家庭、学校、父母、朋友或者所属社会团体。

中介系统(mesosystem)是指各微观系统间的互动关系,当两个或数个微观系统在价值观念上产生冲突时,通常会造成个体适应的问题。微观系统中的家庭背景、社会组织特征等,在系统间的互动过程中都会对青少年的学校适应造成影响。

外围系统(exosystem)是由个体的外围体制所构成,包括工作场所、社区组织与服务、家族亲戚、休闲娱乐设施与活动、大众传媒、法律服务等。这些体制虽然不扮演主导性的角色,但是间接影响人们的生活。

宏观系统(macrosystem)包含更广泛的意识形态、态度、风俗习惯,以及特定的文化和法律。宏观系统为个体设立了基本的行为标准,大到政策法令的制定,小到日常的态度言行,其背后都隐含着社会或个人的意识形态。每个人都是在整个社会价值文化的熏陶下成长的,因此,宏观系统会影响人们适应的形态。

从生态系统观点出发,人的职业期望除了受到来自内在自我系统中"自我概念"(self-concept)和"自我控制感"(sense of control)的影响

---

[1] Urie Bronfenbrenner and P. A. Morris, "The Bioecological Model of Human Development", in W. Damon and R. M. Lerner, eds. *Handbook of Child Psychology* (Vol. 1), New York: Wiley, 2006.

外，还取决于以下几个系统的运作和互动。①

一是家庭系统。影响青少年职业期望的家庭因素很多，包括家庭的社会地位、经济基础、家庭结构、文化氛围、教养形态等。家庭在青少年的社会适应上扮演相当重要的角色。② 家庭对于青少年职业期望的确立和实现都具有重要影响。如果父母始终相信子女能够实现其职业期望，那么这样的信念与实际支持将大大鼓励子女努力实现职业期望。

二是学校系统。学校是正式的社会化场所，最突出的功能是传播个人在社会生存中所必备的价值文化与知识技能。学生在校期间的学业成绩和表现直接影响个人未来的求职机会、发展方向、职业地位和收入水平。

三是同辈系统。亲密的朋友关系对青少年的心理发展有正向的影响，并有助于青少年的心理适应及增强其应对压力的能力，③ 不过如果结交的是不良朋友，则在同辈从众的压力下可能会出现一些偏差行为。许多研究指出，不良的朋友关系是导致青少年偏差行为的主要原因之一，同时也容易造成青少年的自暴自弃。

四是社区系统。社区环境对个人的影响层面极广，包括生活形态、价值观念、经济社会地位、宗教文化等，大体而言，可分为物理环境与社会环境两大类。物理环境是指居家附近的物质设施，包括商业网点、娱乐场所等；而社会环境主要包括邻里组织的关系，如与邻里相处的状况、社区组织的功能发挥等。由于中小学有就近读书的原则，青少年从小在社区中长大，生活、求学、交友都与社区环境有密切的关系，所以社区环境中的不良因素也势必会影响青少年。

生态系统理论分析范式的应用早已超出生物学的范围，广泛应用于其他学科领域的研究中。基于生态性原则的生态系统理论为构建研究路径体系奠定了哲学根基，是最常见的分析范式之一，不仅是发展心理学领域中的领导性理论，而且也广泛应用于社会学、教育学、管理学等社会科学研究中。本书着重分析的职业期望亦是在类似生态系统的社会环境中

---

① 程秋梅、陈毓文：《中辍少年的复学适应：传统复学模式与另类复学途径之比较》，《台大社工学刊》2001年第4期。
② Concha Delgado-Gaitan, "Sociocultural Adjustment to School and Academic Achievement," *Journal of Early Adolescence*, Vol. 8, No. 1, 1988: pp. 63 – 82.
③ Thomas J. Berndt and Keunho Keefe, "Friends' Influence on Adolescents Adjustment to School," *Child Development*, Vol. 66, No. 5, 1995, pp. 1312 – 1329.

形成和发展的。以下重点从个人、家庭、社区三个圈层分析其对职业期望的影响。

二、个人因素对职业期望的影响

心理学研究发现，个人的兴趣爱好和内在需求是影响职业期望类型选择的重要因素。

首先，个人的兴趣爱好对职业期望的类型选择具有潜在的重要影响。其中以霍兰德（Holland）提出的特质取向的职业发展理论最具代表性。特质取向的职业发展理论流行于20世纪80年代，同时也是目前广泛使用的多数职业偏好测量工具的基础。该个人特质类型与职业类型学说将职业的选择看成是人格特征的外在表现，并提出了六种人格类型和与之相对应的六种职业类型，分别是现实型、探索型、艺术型、社会型、开拓型、常规型。霍兰德认为，人的兴趣爱好类型的差异是遗传基因、生活环境和人生经验的不同导致的。一个人的职业兴趣受遗传基因、生活环境和人生经验的多重影响，因而形成了"类型生成类型"的现象。[1]

其次，人的内在需求也是决定个人职业期望的重要因素。期望是人内心需求的外在反映。马斯洛需求理论认为，人的需求是个体的主观需求与外部社会的客观需求相互结合后在大脑中的反映，是自身得以发展的内在动力。在著名的马斯洛需求层次理论中，人的需求层次被分为5级，由低到高分别是生理的需求、安全的需求、社交的需求、尊重的需求、自我实现的需求。并且，各层次需求之间具有梯度递进的关系。具体而言，在满足高级需求之前，低级需求必须达到一定程度的满足。[2] 这说明，职业期望的高低与内在需求的高低一致。内在需求低的人，职业期望也低；内在需求高的人，职业期望也高。并且，当人的低级需求得以满足，需求层次提高后，职业期望也会提高。在这一问题上，霍波克就个人需求和职业选择的关系进行了细致的分析，其个人需求理论认为，职业选择必须适合个体的需要。不同社会群体中的不同个体，由于个人状况不同、家庭背景不

---

[1] J. L. Holland, *Making Vocational Choices: A Theory of Vocational Personalities and Work Environment*, Odessa Florida: Psychological Assessment Resources, 1997, p. 93.

[2] [美] 亚伯拉罕·马斯洛：《动机与人格》，许金声等译，中国人民大学出版社2007年版，第28—29页。

同、教育经历不同,而内在需求不同,进而职业期望也不尽相同。一个人的需求层次越高,对职业的期望层次往往也会越高。如有些人主要是为了满足个体的基本需要,而另一些人则完全是为了发展和完善自己、充分展示自己的潜能。[1]

三、家庭因素对职业期望的影响

家庭是青少年成长和生活的重要场所,因此家庭也是影响青少年职业期望的重要因素。具体而言,在家庭层面,可将影响职业期望的主要因素划分为客观物质因素和主观文化行为观念因素两大类。其中,客观物质因素主要指难以改变的家庭背景状况,如家庭的社会地位、经济收入和父母的文化水平等具有物质性质和资本性质的因素;而主观文化行为观念因素主要指易于干预转变的观念、言行等具有主观能动性的因素,并且家庭中的主要人物角色是文化行为观念的重要载体。也就是说,家庭中主事人的文化行为观念对青少年的职业期望会有重要影响。以下分别对两类因素的影响进行说明。

(一)家庭背景对职业期望的影响

家庭是直接影响个人发展的微环境系统[2],被认为是儿童、青少年发展,特别是个人生命历程早期社会化过程的重要发生环境和影响力量。[3]之所以家庭环境对青少年的职业发展具有非常重要的意义,是因为家庭环境中有多种重要因素,并且相互交织,共同影响着孩子的职业发展。家庭系统与其他系统的不同之处还在于,家庭系统对孩子职业发展的影响不仅来自生活环境本身,而且来自生活环境与遗传相结合的力量。通过活动(儿童、青少年被鼓励、教导、规定可以进行或不可以进行的活动)、亲子关系、角色及角色期望三种职业社会化机制,家庭对青少年的职业发展发挥了重要影响作用。Bachman指出,家庭环境中有一组强大的力量,不断塑造着一个人的能力和成就。在儿

---

[1] R. Hoppock, *Job Satisfaction*, NewYork: Harper & Row, 1935.
[2] 微环境系统是指在特定的物理与物质环境中,处于发展中的人所经历、体验的活动、角色和人际关系模式。
[3] Ross D. Parke and Raymond Buriel, "Socialization in the Family: Ethnic and Ecological Perspectives", in W. Damon and N. Eisenberg, eds. *Handbook of Child Psychology*, New York: Wiley, 2007.

童早期，家庭环境就以一种可见的方式影响着儿童的身体和智力发育，在青少年阶段，他们的教育与职业抱负甚至可以部分地从其父母的成就中得到预测。[1]

在家庭物质层面，家庭结构、父母等重要他人以及家庭经济社会地位是影响青少年职业期望的主要因素。有研究证明，家庭经济社会地位及家庭环境是青少年职业抱负和成就最为有力的预测指标。而家庭的大小、出生次序和兄弟姐妹之间的距离等因素常常与其他因素交织在一起，使家庭对青少年职业期望的影响过程变得极其复杂。[2] 家庭背景中经济社会地位是本研究重点关注的影响因素之一，它也是从家庭层面影响青少年职业期望最为重要的因素。值得注意的是，与以往研究不同，本研究中的家庭经济社会地位并未采用综合指标进行测量，而是采用经济资本、社会资本、教育成就等三个分指标进行分维度的测量。之所以不采用综合指标进行测量，是因为经济资本、社会资本和教育成就对青少年的职业期望具有不同方向的影响，采用综合指标将混淆其中的影响差异。家庭经济收入可能对工资期望具有一定的弥补效应，即较高的家庭经济收入可能在一定程度上降低青少年职业追求中对工资水平的关注；而家庭社会资本和教育成就高，即父母职业地位和受教育程度较高，也可能在一定程度上降低对工资收入的关注，而提高对自尊和他人认可的关注。我们知道，对处于同一经济社会地位阶层的不同家庭，经济社会地位的获得途径和主要筹码（职业类型）经常明显不同。比如，处于中产阶层的三类家庭，父母职业分别是大学教授、私企业主和政府官员，虽然处于同一阶层，但是获得经济社会地位的途径和筹码显然不同。而家庭又是青少年职业期望观念形成的重要场所，父母是子女进行职业选择时的重要参照对象和重要咨询对象，[3] 是青少年职业发展的重要影响源。[4] 对于身处同一阶层但不同家庭的青少年而言，与家庭所处阶层相比，反而是父母的职业类型、家庭经济

---

[1] Jerald G. Bachman, *Youth in Transition: Volume II, The Impact of Family Background and Intelligence on Tenth-grade Boys*, Ann Arbor: Institute for Social Research, 1970.

[2] J. S. Schulenberg, F. W. Vondracerk and A. C. Crouter, "The Influence of the Family on Vocational Development," *Journal of Marriage and the Family*, Vol. 46, No. 1, 1984, pp. 129 – 143.

[3] H. Sebald, "Adolescents' Shifting Orientation toward Parents and Peers: A Curvilinear Trend over Recent Decades," *Journal of Marriage and the Family*, Vol. 48, No. 1, 1986, pp. 5 – 13.

[4] L. E. Issacson and D. Brown, *Career Information, Career Counseling, and Career Development*, M. A.: Allyn & Bacon, 2000.

社会地位获得路径和筹码对其职业价值观的影响更大。

(二) 父母对子女职业期望的影响

在家庭这一重要的生活环境中，父母则是其中的核心角色，同时也是行为价值观念影响子女职业期望的重要载体。而父母对子女职业期望的影响程度则与亲子关系的密切程度有关。Vondracek 等的研究认为，亲子关系是子女职业社会化过程中最为重要的调节因素。[①] 如果是以强有力的情感联结为特征的亲子关系，父母对孩子的行为和发展会有很大的影响，因为孩子可以通过这种强有力的亲子关系从父母身上习得知识、技能、价值观等。

在职业社会化过程中，父母首先是子女职业选择时的重要咨询对象。Sebald 对三组不同年代的青少年进行追踪研究，观察青少年在遇到不同问题时，是以父母为参照群体还是以同伴为参照群体。[②] 追踪研究发现，针对面临的不同类型的问题，青少年选择的参照群体有明显不同。针对未来取向的生命历程中的重要问题，例如教育（是否升学、升入哪类学校、选择哪类专业）、就业（选择什么职业、何时就业）等大问题，青少年多倾向于从父母那里征询建议。而针对当前面临的细节性的小问题，如参加什么活动等，青少年多倾向于从同伴那里征询意见。Youniss 的研究也发现，就职业选择、教育转换、经济问题及婚姻问题等，青少年通常更倾向于向他们的父母寻求意见。而在此过程中，父母也会采用各种方法企图说服他们的孩子按照自己的意愿采取行动。[③] Otto 的研究结果表明，在青少年阶段，子女与父母之间仍然有程度很强的情感联系，并且多数子女与父母之间的情感联结都是积极的。[④] 因此，父母会对孩子的职业选择产生非常显著的正向影响。在青少年面临职业选择时，父母是最经常被咨询的顾问，是对青少年职业选择影响最大的群体。Otto 在最近一次调查报告中询问了有关父母对高中生职业影响的印象。调查的结果表明，当青少年遇到

---

① F. W. Vondracek, R. M. Lerner and J. E. Schulenberg, *Career Development: A Life-Span Developmental Approach*, Hillsdale, New Jersey: Lawrence Erlbaum Associates, Publishers, 1986.

② H. Sebald, "Adolescents' Shifting Orientation toward Parents and Peers: A Curvilinear Trend over Recent Decades," *Journal of Marriage and the Family*, Vol. 48, No. 1, 1986, pp. 5–13.

③ I. Youniss, "Parent-adolescent Relationships", in W. Damon, eds. *Child Development Today and Tomorrow*, San Francisco: Jossey-Bass Inc, 1986.

④ L. B. Otto, *Helping Your Child Choose A Career*, IN: JIST Works, Inc. 1996.

困难而需要帮助时,母亲是他们首要的咨询对象。Otto 在 1996 年的研究结果也表明,青少年的职业抱负、职业计划和职业价值观与他们父母的具有很高的一致性,并且这种情况并不存在性别差异和种族差异。

而在青少年职业社会化过程中,父母也会在沟通互动中有目的地引导子女的职业期望和职业发展。Otto 认为,父母不仅通过自己树立榜样和寻找榜样案例来影响子女的职业计划,而且通过教导和说理启发子女考虑他们希望子女从事的职业,并通过实际的奖励和惩罚来塑造子女的选择行为,因此父母在子女的职业社会化过程中处于核心地位。[①] 并且,有研究者认为,从生态学视角出发可以给出父母对子女职业发展影响更好的阐释和理解。在生态系统中,个体与环境相互影响、相互制约的关系被视为生态系统理论的核心观点之一。具体到父母对子女职业发展的影响,父母是生活环境与子女职业发展相互影响关系中最为主要的组成部分。[②] 父母不仅可以对子女的职业发展产生积极的影响,而且如果父母是有计划、有目标指向的,那么父母对子女职业发展的影响将具有较高的有效性。[③] 父母引导子女职业选择的意图对子女未来的职业发展具有重要影响。其重要性在于,意图具有指引和支配行动的功能,虽然意图可变或会消失,但是一旦通过行动得以表达,意图就会变得稳定持久,从而对子女的职业发展产生长远的影响。值得注意的是,虽然多数父母认为自己并不想影响或不会强制要求子女选择特定的某一职业,但他们对子女选择从事的职业类型的确有"一个可接受范围",[④] 并且主要通过提供信息和给予建议的途径影响子女的职业发展。

四、社区因素对职业期望的影响

既往研究普遍认为,社区是儿童和青少年活动的主要场所之一,

---

① L. B. Otto, *Helping Your Child Choose A Career*, IN: JIST Works, Inc. 1996.
② Audrey Collin and Richard A. Young, "New Directions for Theories of Career," *Human Relations*, Vol. 39, No. 9, 1986, pp. 837 – 853; Richard A. Young, "Toward an Ecology of Career Development," *Canadian Counsellor*, Vol. 18, No. 4, 1984, pp. 152 – 159.
③ Richard A. Young, "Helping Adolescents with Career Development: the Active Role of Parents," *The Career Development Quarterly*, Vol. 42, No. 3, 1994, pp. 195 – 203.
④ Richard A. Young and John D. Friesen, "The Intentions of Parents in Influencing the Career Development of Their Children," *The Career Development Quarterl*, Vol. 40, No. 3, 1992, pp. 198 – 207.

并且对儿童和青少年的认知、情感、行为的发展具有不可忽视的意义。虽然目前有关社区影响青少年职业期望的研究甚少,但是,从社区对青少年认知、情感、行为等方面的研究判断,社区可能对青少年的职业期望有一定程度的影响。并且,社区对青少年职业期望的影响很可能与对青少年认知、情感和行为等方面的影响具有极大的相似性。由于目前有关社区影响青少年职业期望的研究非常少见,以下就当前国内外关于社区对青少年影响的经典理论和典型模式进行回溯,以达到借鉴分析的目的。

国外社会学关于社区对儿童和青少年心理行为影响的研究最早可追溯至20世纪40年代出版的《青少年犯罪与城区》(*Juvenile Delinquency and Urban Areas*) 一书。这部著作首次探讨了社区对儿童和青少年的影响,尤其侧重于探讨贫困社区对青少年发展带来的不利影响,并首次提出了社区的社会组织缺乏理论(community social disorganization theory),认为缺乏社会组织会使社区对儿童和青少年的发展产生不利影响。[1] 可以说,这部著作是社区影响青少年发展研究的开山之作,为社区影响青少年发展的后续研究奠定了良好基础。在1990年出版的著作《在贫困社区中成长的社会后果》(*The Social Consequences of Growing up in a Poor Neighborhood*) 中,Jencks 和 Mayer 总结归纳出社区影响个体行为的五种典型模式,为后续分析社区对青少年心理行为的影响提供了理论指导。[2] 其中,第一种模式是社区的机构资源模式(neighborhood institutional resource models)。社区的机构资源主要包括提供安全防护的警察、保安和硬件设施,以及提供作为学习和休闲活动场所的图书馆、公园、活动中心等设施。在社区的机构资源模式下,社区中是否有足够的安全防护设施,是否能提供可以促进学习的设施,是否有休闲活动中心等能促进儿童社会化的社会环境,对儿童和青少年的发展具有重要影响。第二种模式是社区的集体社会化模式(collective socialization models)。在模式下,社区中存在多种社会组织,并且这些社会组织具有塑造社区的结构、限定社区内的日常事务或活动的功能,进而

---

[1] Clifford R. Shaw and Henry D. McKay, *Juvenile Delinquency and Urban Areas*, Chicago: University of Chicago Press, 1942.

[2] C. Jencks and S. E. Mayer, "The Social Consequences of Growing up in a Poor Neighborhood", in L. E. Lynn and M. G. H. McGeary, eds. *Inner-City Poverty in the United States*, Washington, D. C.: National Academy Press, 1990.

影响儿童和青少年的学习和生活。该模式具有明显的社会结构论特征,成人的角色模式和监督行为都属于这一范畴。第三种模式是流行模式(contagion or epidemic models)。在流行模式下,邻居和同伴的不良行为会影响其他人的行为,因此是青少年问题行为研究中最为常见的指导理论,也是贫困社区对儿童和青少年产生不良影响的常用分析范式。第四种模式是竞争模式(models of competition)。在该模式下,在社区有限资源的获得过程中,与邻居和同伴是相互竞争的关系。第五种模式是相对剥夺模式(relative deprivation models)。在该模式下,个体在评价自己状况时,通常以其邻居和同伴为参照。社区以及社区的基础设施和成员,大体通过以上五种模式影响个体的心理和行为。

第四节 职业期望对教育获得的影响

一、职业期望影响教育获得的分析范式

从生命历程的视角分析,职业期望对后期教育获得及其他事件有重要影响。[1] 生命历程理论可作为分析职业期望在个人生命历程中发挥潜在影响作用的基本分析范式。生命历程理论重视从时间维度出发寻找问题的根源和影响。并且,纵向时间观的生命过程观点已经成为整个社会科学数据收集和研究分析工作中普遍认可的标准。[2] 目前生命历程理论主要用于社会学、人口学等领域中的发展过程研究、各生命阶段文化认同建构和年龄角色研究、传记意义研究、衰老研究、历年人口统计账户研究、制度结构和政策效果研究、生命历程中的经验连贯性研究。其主要创新和生命力集中体现在独特的时间观上。而与其他相似研究视角相比,生命历程研究视角具有以下独特之处。

---

[1] Mark Elder, Ken Tarr and David Leaming Md, "The New Zealand Cataract and Refractive Surgery Survey 1997/1998," *Clinical & Experimental Ophthalmology*, Vol. 28, No. 2, 2000, pp. 89 – 95.

[2] K. U. Mayer, "Whose Lives? How History, Societies and Institutions Define and Shape Life Courses," *Research in Human Development*, Vol. 1, 2004.

一是将人们生活中的变化（如个人特征随时间的发展变化和国家地区之间的差异）放到整个生命过程中来考察，注重从时间维度上观察前期生活经历对后期生活带来的强烈的冲击后果。比如，在生命历程视角下，研究人从童年到老年的变化过程，是希望从生命时间维度上发现前期生活经历对后期的影响和冲击效果。

二是通过长年追踪调查多批次的队列人口来观察人们生活中的变化，而不仅仅是根据几个队列或者是基于横截面数据的合成（以生命时间或历史时间进行合成）队列人口来观察人们生活中的变化。

三是生命历程研究关注人们生活中的变化，例如，工作和家庭领域中的变化，往往需要采用跨学科多领域的研究方法。

四是个人生命历程的发展被认为是文化框架、制度和结构环境下个人特征和行动的结果。

五是在集体环境（如家庭和队列）下审视人们的生活。

六是生命历程或队列分析是社会政策研究从事后治理型向预防干预型转变的至关重要的基础范式。

生命历程理论关注社会事件、宏观环境等社会建构因素对生命历程的影响，而其独特创新之处和生命力则集中体现在"时间观"概念上，表现为对时间过程、社会时间、历史时代的重视，一方面生命与世代相联系，另一方面变迁社会中各种事件和社会角色在年龄序列上得到了表现。[1]

目前国内外有关生命历程的研究主要集中在以下几个方面。

①生命历程理论体系研究——从一个简单的研究计划到详细系统化的研究理论，以及新理论、新方法的探索；[2] ②漫长的个人生命历程——早期状况与后期生命结果的研究；[3] ③制度政策对个人生命历程的

---

[1] 包蕾萍：《生命历程理论的时间观探析》，《社会学研究》2005 年第 4 期。

[2] K. U. Mayer, "Promises Fulfilled? A Review of 20 Years of Life Course Research," *Archives Européennes de Sociologie*, Vol. 41, No. 2, 2000, pp. 259 – 282; M. J. Shanahan, "Pathways to Adulthood in Changing Societies: Variability and Mechanisms in Life Course Perspective," *Annual Review of Sociology*, Vol. 26, No. 1, 2000, pp. 667 – 692; L. K. George, "Life Course Research: Achievements and Potential," in Mortimer, J. T. and Shanahan M. J., eds. *Handbook of the Life Course*, New York: Kluwer Academic Publishers, 2003, pp. 671 – 680.

[3] G. J. Duncan and J. Brooks-Gunn, *Consequences of Growing Up Poor*, New York: Russell Sage, 1997; John Hobcraft and Kathleen Kiernan, "Childhood Poverty, Early Motherhood and Adult Social Exclusion," *British Journal of Sociology*, Vol. 52, No. 28, 2001, pp. 495 – 517.

影响;① ④时间、环境变化下的生命历程变动研究;② ⑤从社会学和发展心理学跨学科视角研究生命历程的潜在优势和限制;③ ⑥整个生命历程中的健康问题。④

自李强将生命历程理论介绍到中国后,国内社会学、心理学、人口学等领域都相继涌现不少关于生命历程的研究和著作。研究主题主要集中在"制度政策对个人生命历程的影响"和"时间、环境变化下的生命历程变动"两个领域,尤其是以历史背景、环境突变和社会重大事件对生命历程的影响研究居多。

从理论研究来讲,李强等最早就西方生命历程研究的历史发展、分析范式、理论应用等问题加以综述,对该领域所运用的定量方法中较新的"事件史分析"方法进行介绍;并阐述生命历程研究对中国社会学的意义。⑤之后,包蕾萍就生命历程理论的核心观点——时间观进行了阐释,指出"恰当时间"原则突出了年龄、转变和时间三者之间的关系,是生命历程时间观的集中体现,将个体、社会、历史三种层面结合起来,体现了生命历程是在一定历史情境下,在一定社会关系和背景下,个体能动选

---

① K. U. Mayer, "Life Courses and Life Chances in a Comparative Perspective", in S. Svallfors, eds. *Analyzing Inequality: Life Chances and Social Mobility in Comparative Perspective*, Palo Alto, C. A.: Stanford University Press, 2005, pp. 17 - 55; Lawrence L. Wu and Jui - Chung Allen Li, "Historical Roots of Family Diversity: Marital and Childbearing Trajectories of American Women," in Settersten Jr., Richard A., Frank F. Furstenberg and Rubén G. Rumbaut, eds. *On the Frontier of Adulthood: Theory, Research, and Public Policy*, Chicago: Chicago University Press, 2005, pp. 110 - 149.

② Lawrence L. Wu and Jui - Chung Allen Li, "Historical Roots of Family Diversity: Marital and Childbearing Trajectories of American Women," in Settersten Jr., Richard A., Frank F. Furstenberg and Rubén G. Rumbaut, eds. *On the Frontier of Adulthood: Theory, Research, and Public Policy*, Chicago: Chicago University Press, 2005, pp. 110 - 149; Xueguang Zhou and Liren Hou, "Children of the Cultural Revolution: The State and the Life Course in the People's Republic of China," *American Sociological Review*, Vol. 64, No. 1, 1999, pp. 12 - 36.

③ K. U. Mayer, "The Sociology of the Life Course and Lifespan Psychology: Diverging or Converging Pathways", in M. L. U. T. Tin Staudinger, eds. *Understanding Human Development: Lifespan Psychology in Exchang*, New York: Springer, 2003.

④ S. M. Lynch, "Race, Socioeconomic Status, and Health in Life-course Perspective-Introduction to the Special Issue," *Research on Aging*, Vol. 30, No. 2, 2008, pp. 127 - 136; V. A. Freedman, L. G. Martin, R. F. Schoeni and J. C. Cornman, "Declines in Late-life Disability: The Role of Early-and Mid-life Factors," *Sociological Science and Medicine*, Vol. 66, No. 7, 2008, pp. 1588 - 1602.

⑤ 李强、邓建伟、晓筝:《社会变迁与个人发展:生命历程研究的范式与方法》,《社会学研究》1999年第6期。

择作用的一个过程。[①] 而李钧鹏则对生命历程理论的知识传统、关键概念与研究手段进行了分析，提出生命历程理论的主要研究手段包括追溯性生命历史研究和前瞻性生命历史研究，前者以现在为起点，追忆过去发生的历程，后者是对一个群体往后还未发生的历程进行长期追踪，二者各有优缺点，可以考虑将二者有机结合起来。[②]

从实证研究来讲，国内生命历程实证研究著作主要集中在社会学、心理学、人口学领域，并且研究主题主要集中在以下三个方面。

一是注重历史背景和社会重大事件对个人后期生命历程的影响。生命历程理论的基本理念为，微观个体的生命历程是镶嵌在整个大的时代背景之中的，不仅受个人因素的影响，并且受社会大环境的左右。以这一理念为指导的研究包括：李强等关于中国体制、教育与希望工程等重大社会事件对微观个人生命历程的影响；[③] 刘精明关于"文革"对个人微观生命历程的影响。[④] 当前我国正经历着历史上最快速的社会变迁和社会转型，越来越多的学者开始关注当前的社会环境变迁对个人方方面面的影响，并运用生命历程理论进行研究。

二是注重对生命历程有重要影响的事件。"尽管生命历程与家庭、经济、政治中的社会过程相联系，但它基本是个体层次的概念"，[⑤] 所以，部分学者在微观层面上，通过个案访谈等定性研究方法，探析个体生命历程中重要事件对其生命历程的影响。例如，刘中一关于农村妇女生命历程中的性别偏好的溯源式研究，[⑥] 常春梅和李玲关于男童性侵犯事件对男性生命历程影响的研究，[⑦] 罗小红关于剧烈的社会变迁对个体社会生活会产生的社会影响的研究，[⑧] 以及何晓红关于农民工融入城市的特殊原

[①] 包蕾萍：《生命历程理论的时间观探析》，《社会学研究》2005年第4期。
[②] 李钧鹏：《生命历程研究中的若干问题》，《济南大学学报》（社会科学版）2011年第3期；邹佳、周永康：《国内有关生命历程理论的研究综述》，《黑河学刊》2013年第4期。
[③] 李强、邓建伟、晓筝：《社会变迁与个人发展：生命历程研究的范式与方法》，《社会学研究》1999年第6期。
[④] 刘精明：《文革事件对入学升学模式的影响》，《社会学研究》1999年第6期。
[⑤] 李强：《生命的历程：重大社会事件与中国人的生命历程》，浙江人民出版社1999年版。
[⑥] 刘中一：《性别偏好的生成——一个生命历程理论视角的考察》，《山西师大学报》2005年第6期。
[⑦] 常春梅、李玲：《生命历程理论下的男童性侵犯事件——关于H的个案研究》，《中国青年政治学院学报》2010年第6期。
[⑧] 罗小红：《血浓于水：台湾老兵口述史个案研究》，《长沙铁道学院学报》2011年第6期。

因的研究。[1]

三是注重描述某一特殊群体生命历程所受的各方面影响。关注度最高的特殊群体有女性群体、流动人口群体、独生子女父母群体和农民工群体。女性人口和流动人口是社会科学研究的重要研究对象，而女性流动人口是最受关注的弱势群体之一，这一群体的生命历程因此也备受关注。例如，杨素雯关于女性流动人口的流动原因和流动方式的研究，[2] 孔海娥关于女性社会参与随人生不同阶段变化的研究，[3] 包蕾萍关于独生子女家庭能力建设的研究，[4] 赵莉莉关于独生子女父母生命历程模式的研究。[5] 此外，农民工群体是另一个备受关注的研究群体，有学者借助生命历程理论范式对返乡农民工的在外打工生活史进行回溯式考察，建构出社会文化意义上的农民工打工模式。[6]

人总是在一定的社会建构之中有计划、有选择地推进自己的生命历程。生命历程理论将个人所经历的生命事件放在社会发展过程中来理解。生命历程理念与"职业期望在教育获得过程中的作用"研究理念相一致，因此，笔者选用生命历程理论作为"职业期望在教育获得过程中的作用"的基础研究范式。

二、职业期望影响教育获得的作用机制

职业期望对教育获得影响的作用机制是什么？人力资本投资风险理论提供了一个基本的理论支撑。该理论以预期效用理论为基础，寻求人力资本投资主体在风险与给定偏好的约束下预期收益最大化。舒尔茨在《论

---

[1] 何晓红：《一个女性农民工的30年进城打工生活史——基于生命历程理论研究的视角》，《中国青年研究》2011年第5期。
[2] 杨素雯：《女性流动人口的生命历程事件分析——对北京市肖家河社区的实地研究》，硕士学位论文，中央民族大学，2010年。
[3] 孔海娥：《生命历程视角下的女性社区参与》，《云南民族大学学报》（哲学社会科学版）2009年第6期。
[4] 包蕾萍：《生命历程理论的时间观探析》，《社会学研究》2005年第4期。
[5] 赵莉莉：《我国城市第一代独生子女父母的生命历程——从中年空巢家庭的出现谈起》，《青年研究》2006年第6期。
[6] 张世勇：《生命历程视角下的返乡农民工研究——以湖南省沅江镇的返乡农民工为表述对象》，博士学位论文，华中科技大学，2011年。

人力资本投资》一书中指出，教育是一项具有风险性的投资。如果教育投资带来的预期效用收益较低，就会减少投入。① 而这种预期效用函数的建立是与个人风险偏好紧密联系在一起的。低收入家庭的风险偏好往往倾向于保守，认为未来预期收益的不确定性较高，从而倾向于减少教育投资。斯诺（Snow）和瓦润（Warren）在《不确定性下的人力资本投资与劳动供给》一文中指出，不确定性会使个体增加相对于未来的现阶段的劳动供给，从而对教育投资具有消极影响。② 瑞勒斯（Rillaers）的研究也发现，不确定性对个人教育努力和经济增长产生消极影响。③ 一个面对严重不确定性而无法予以保险的个体会减少其在教育上的投资。而这种情况正对应了低收入家庭学生的情况。

进一步地，从生命历程的角度看，个人的职业期望又与前期的教育获得水平相关。受教育程度高的人，往往职业期望也较高；而受教育程度低的人，职业期望层次也相对较低。所以，综合来讲，职业期望与教育获得之间具有相互影响、相互促进的关系。前期的教育成就会影响当前的职业期望，而当前的职业期望又会影响后期的教育投资行为。以下分别对职业期望与教育获得的相互影响关系，以及前期职业期望对后期教育获得的影响进行一般性分析和说明。

（一）职业期望影响教育获得的外在逻辑

从生命历程视角看，职业期望与教育获得之间具有相互影响、彼此促进的关系（见图2-1）。教育成就是人们制定职业期望的基础，人们的职业期望往往建立在人们的教育成就的基础上，并且往往高于教育成就。因此，教育成就会影响人们的职业期望。而人们的职业期望又是人们制定教育投资计划、提高教育成就的重要内在因素。出于态度与行动一致的假设，有什么样的职业期望，就有什么样的教育投资计划。因此，职业期望又会影响教育成就的积累。

不仅在短期内，职业期望与教育成就具有相互影响、彼此促进的关系；而且从长期看，前期的职业期望和教育成就也会对后期的职业期望和

---

① [美]西奥多·W.舒尔茨：《论人力资本投资》，吴珠华等译，北京经济学院出版社1990年版。
② A. Snow and R. S. Warren, "Human Capital Investment and Labor Supply Under Uncertainty," *International Economics Review*, Vol. 31., No. 1, 1990, pp. 195–206.
③ Alexandra Rillaers, "Growth and Human Capital Accumulation undr Uncertainty," Discussion Papers (IRES - Institut de Recherches Economiques et Sociales), 1998.

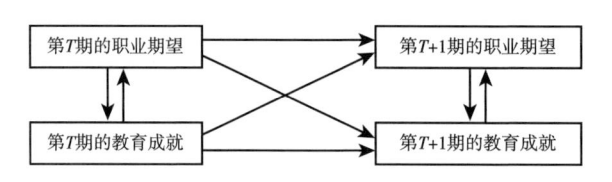

```
┌─────────────┐         ┌───────────────┐
│第T期的职业期望│ ──────→ │第T+1期的职业期望│
└─────────────┘ ╲     ╱ └───────────────┘
      ↕          ╲   ╱          ↑
                  ╲ ╱
                  ╱ ╲
      ↕          ╱   ╲          ↓
┌─────────────┐ ╱     ╲ ┌───────────────┐
│第T期的教育成就│ ──────→ │第T+1期的教育成就│
└─────────────┘         └───────────────┘
```

图 2-1　职业期望与教育获得的相互影响关系

教育成就产生影响。当期的职业期望既是前期职业期望与教育成就之间相互作用、相互促进的结果，又是后期职业期望和教育获得的开端。同理，当期教育成就既是前期职业期望和教育获得之间相互作用、相互促进的结果，又是后期职业期望和教育获得的开端。职业期望与教育获得之间存在着相互影响、彼此促进的螺旋式关系，彼此互为原因、互为结果。本研究侧重于分析前期职业期望对后期教育获得的影响。

（二）职业期望影响教育获得的内在基础

"教育成就影响职业地位获得"的社会流动规律是职业期望影响教育投资行为的客观原因。那么，职业期望又是如何对教育获得产生影响的？影响得以实现的内在基础又是什么？职业期望，归根结底是一种期待，是一种成就动机，是一种竞争和追求成功的习得性动机，是个人把自己的活动保持在尽可能高的水平和不断增加的努力之中，从而取得最好活动成绩的心理倾向。成就动机不仅能够解释人们成就目标的选择、实施任务的努力以及对任务的坚持程度，甚至能够预测人们在任务上所取得的成绩。[①] 而在有关成就动机的理论研究中，期望效应理论是最为重要的理论建构之一。期望效应理论认为，期望对个人具有巨大的影响。积极的期望促使人们向好的方向发展，消极的期望则使人们向坏的方向发展。本研究将以"期望效应"为基础，就职业期望对教育获得产生影响的原因和过程进行理论分析。

1968 年，Rosenthal 和 Jacobson 在实验中发现，如果教师期待自己的学生在学习上获得更大的成就，教师就会以更愉快、更友好以及更积极的方式来对待学生，并对学生的学习动机产生有利的影响。这一实验证明了"期望效应"的存在，即个体的期待作为一种可变化的心理状态，不仅对

---

① 姜立利：《期望价值理论的研究进展》，《上海教育科研》2003 年 2 期。

个体本人具有行为推动作用，也可以对他人的行为产生影响。这种"期望效应"称为"罗森塔尔效应"，又称为"皮格马利翁效应"。[①] 而职业期望对教育获得的作用机制与经典罗森塔尔实验具有相似性，都是通过"憧憬—期待—行动—感应—接受—外化"这一机制产生的。就父母职业期望对子女教育获得的影响而言，父母对子女的未来持有美好的职业前景预期，那么更可能在前期教育阶段就为这种期待付出具体的努力，如给予子女积极的评价、帮助、指导等，而子女感受到父母对自己的关怀和鼓励，也可能在内心上接受父母的期望，内化为对自己的期望，并在学业上做出相应努力，最终大大提高教育获得的数量和质量。就子女个人的职业期望对教育获得的影响而言，个人职业期望越高，越有可能提升学习动力，在学习上付出更多的时间和精力，从而越可能获得更多数量和更高质量的教育。如果职业期望的罗森塔尔效应是存在的，那么职业期望就可能对教育获得产生作用。

根据期望效应理论，人的职业期望将影响家庭教育投资行为。教育投资行为是人对未来职业期望的反映，有怎样的职业期望就会制定怎样的家庭教育投资决策，就会有怎样的家庭教育投资行为。因为，现实中，父母对子女的教育投资是根据需求制定的，尤其是根据实现职业期望的需求来制定的。职业期望越高的家庭，父母对子女的教育投资力度越大；而职业期望越低的家庭，父母对子女的教育投资力度越小。也有相关调查研究结果表明，职业期望对学业成绩具有显著影响，学生的职业期望越低，学业成绩越低。[②] 这都说明，职业期望对个人的教育成就具有一定的影响作用。

三、个人职业期望对教育获得的影响

相较于父母对子女的职业期望和老师对学生的职业期望，个人职业期望对教育获得的影响效果最为明显，这可能与学生相对更加了解自己的实际能力有关。并且，学生较低的职业期望往往导致较低的学业成就。尤其

[①] 程琳：《父母期望、初中生自我期望与学习成绩的关系》，硕士学位论文，河南大学，2010年。
[②] 茹红忠、武龙宝：《关于学生期望与学业成败相关问题的研究》，《教育与教学研究》2010年第7期。

对于家庭贫困的学生而言，相较于学业期望，职业期望对教育成就的作用更大。茹红忠和武龙宝的调查研究结果还证实，虽然家长的期望能独立作用于学生的学业表现，但仍然主要通过学生个人的期望为中介来作用于学业表现。[①] 学生个人的期望对于学业表现的影响更为直接与显著。尤其是对于贫困生而言，学生个人的期望构成中职业期望比学业期望更能对学业表现发挥作用。这源于职业目标比考试目标（升学目标）更加长远稳定、更加形象具体和更容易被感知和预见。显然，在帮助更多的学生摆脱学业失败、走向学业成功方面，提升学生的职业期望可作为一个有效的干预途径。

四、父母对子女的职业期望对子女教育获得的影响

父母作为青少年成长历程中的重要他人，对青少年的教育成就和职业期望具有非同寻常的影响。父母常根据自己对子女表现的知觉及其自身的希望，确定其对子女的职业期望。此期望的产生往往受到父母的性别、职业、年龄、学历、经济社会地位、自己过去的学习经验及亲子关系的影响，并随之变化、不断调整。虽然父母对子女的职业期望会随时间不断变化和调整，但这种职业期望对子女的教育成就始终都有重要影响。并且，已有研究证明，父母对子女的期望往往具有应验效果。长期来看，学生的实际行为表现与父母对其职业期望相符的情况，即显示为父母对子女期望的应验效应。而从影响机制来看，父母的职业期望主要通过以下三个途径影响子女的教育成就。

一是父母对子女的职业期望通过影响对子女的教育投资行为和与子女的互动行为，进而影响子女的教育成就。父母因对子女有所期望，而在与子女的互动关系中表现出能被外界所察觉的态度或行为取向。父母对子女的职业期望也会影响其对子女教育的投资。

二是父母对子女的职业期望通过影响子女的知觉和行动，进而影响子女的学业表现和教育成就。因父母表现出来的态度、行为或父母直接告知，子女知觉到父母对自己的职业期望，并影响到子女的行动和学业表

---

① 茹红忠、武龙宝：《关于学生期望与学业成败相关问题的研究》，《教育与教学研究》2010年第7期。

现，进而影响子女的教育成就。

三是父母对子女的职业期望通过影响子女个人的职业期望，进而影响子女的教育成就。子女了解父母对自己的职业期望后，会影响子女对自己的自我概念、成就动机的认识，进而调整自己的职业期望、行为表现或成就水平，并最终影响子女个人的教育规划和教育成就。

第三章 微观个体职业期望发展历程探析

对于个人而言，教育和工作都是个人生命历程中极其重要的事件，不仅因其占据了个人生命历程近七成光阴，而且因其在个人经济社会地位获得和人生价值实现中的重要作用。正因其在个人的生命历程中具有非常重要的地位，教育和工作才成为生命历程研究的重点领域。虽然，近几年来，随着大型微观个人追踪调查的开展，我国关于生命历程的研究出现了"井喷式"的快速发展，但是整体研究基础尚浅，研究偏重精简式的定量分析，而缺少对生命历程生动复杂变化过程的探索，并且很多极其重要的研究问题尚未进入大众视野。教育和职业领域的研究即是当前生命历程研究急需填补的一个重要缺口。总体而言，目前国内从生命历程角度研究教育和职业关系的成果尚不足以解释清楚实际情况，并且有许多重要的问题尚未进入研究视野，或未经过严格论证，或需进一步反思。其中一个重要问题表现在，目前有关教育和职业关系的绝大多数研究是从教育到职业的单向研究，即研究前期教育对后期职业的影响。教育对职业发展的重要影响是社会科学研究领域少有的不存在争议的定论之一，也是个人生命历程中需要遵循的客观发展规律之一。尤其是在当前的学历时代，劳动力市场上职业获得的教育门槛不断快速提高，投资教育已经成为绝大多数人获得职业地位最为重要的途径。而在我们每个人身边，也能看到很多实际发生的案例，很多人通过对自己进行专业的教育投资，使自己具备某一领域的知识技能，而获得了理想中的职业。而人们在认识到学历是获得职业的必备资本后，就已经开始思考教育投资计划了。对学历重要性的认识可以通过教育的方式传递给尚未发生职业历险的人群，从而，在生命历程的早期，人们就开始思考教育投资方案，包括投资的数量、类型和质量等问题。

回顾以往关于教育投资的研究发现，成本－收益法是制定教育投资决策的重要分析工具。毋庸置疑，同任何投资活动一样，教育投资也要付出一定的成本才能获得收益。并且，理论上讲，从成本和收益两个对立的视角分析教育投资行为不失为一个客观科学的方法。但是，该方法往往只适用于理论分析，而无法适用于家庭教育投资决策。因为，实际生活中，个人和家庭在进行教育投资决策时，并非完全遵照经济意义上的成本－收益法则。其中最主要的原因是很难合理预测收益和计算成本。尤其是在考虑整个生命周期的成本和收益时，合理预期开始变得异常困难。在快速发展的时代，能正确预见未来的人实属凤毛麟角。即使短期的教育投资期内的成本易算，但是长达整个生命周期的收益异常难估。并且，从教育收益的多元化来讲，教育收益的形式不仅包括工资复利等资本型收入，而且包括名誉声望等非资本型收益，以及个人道德情操等情感型收益，尤其是后二者很难与前者一样采用一定的标准来测量和计算。不论是从教育收益的长期性，还是从教育收益的多元化来讲，教育收益的测量和计算都具有高度的专业性和极高的困难性。即使是经过专业训练的专家学者，都很难准确测量计算教育收益，更何况绝大多数没有受过这方面专业训练的家长和学生呢？也就是说，对于大部分家庭，成本－收益法的教育投资决策对专业性的要求太高，尤其是对收益的估计是模糊的不准确的，且很难用于实际教育投资决策的操作中。因此，有必要重新审视成本－收益法理性决策模型。

那么，大多数家庭的教育投资决策又是如何发生的呢？笔者认为，在绝大多数家庭里，局限于决策者的知识和认知能力，往往是采用更为原始简单的方法，即通过对基本因素的比较来决定教育投资决策。在家庭教育观念、子女兴趣爱好及父母对子女的职业期待的基础上，比较不同受教育程度可能争取到的职业和收入，以及家庭经济条件等制约因素的影响后，制定一个简单的教育决策。并且，微观个人层面的教育投资决策往往具有更多的随机性，因其受偶然因素的影响更多一些。

无论是从操作难度，还是从完全理性人的假设来讲，基于成本－收益的教育投资决策模型都与实际情况存在很大偏差。正因如此，有必要从教育决策参与人的视角出发，重新审查家庭教育投资决策的真实发生过程，扩展、完善收益－成本法的理性决策模型。特别是，有必要将以职业期望为代表的认知观念因素纳入教育投资决策模型，提高模型对现实情况的解释力。本研究重点关注职业期望这一认知观念因素，探索和分析其在个人教育决策中的作用，讨论其对教育投资的影响。

人们的教育投资决策行为总是在综合考虑学业成就和职业期望的情况下制定的，表现出明显的时间发展观，因此，从生命历程的角度来探索和分析教育投资行为更为合理。但是，这一事件是如何发生发展的，还需进一步的实证研究。因为目前对这一问题的研究资料较少，尚未形成深刻全面的认识，本研究采用质性研究方法，以生命历程理论范式为指导，通过个案访谈收集资料，了解和总结人们职业期望的产生、调适和稳定的过程及其主要影响因素，并探索其在教育投资过程中发挥的作用。

第一节 访谈资料说明

对于职业期望对教育投资决策的影响，一般性的理论分析并不能呈现二者之间关联性事实背后的复杂脉络，而有待进一步运用质性研究方法分析与阐明。本章通过深度访谈，收集不同受教育程度的个案的职业期望和教育经历，并对资料进行归纳总结，试图解答以下问题：①生命历程中的职业期望缘何而起，子女的职业期望和家长对子女的职业期望之间有怎样的交互影响关系？②哪些因素影响生命历程中的职业期望调适，并最终导致职业期望的群体差异？③职业期望在教育分流中发挥了怎样的作用，如何影响个人教育成就？

对于尚未了解或尚有疑问的研究问题，质性研究是了解事实的有效方法。质性研究尊重被研究者的生活经历和意义解释，认为研究中应该从实际参与者的视角认识事物，从而帮助研究者从"人本"视角出发认识事物的内在本质和还原事物的发展过程。而且，质性研究方法关注人的价值观念，以揭示事实背后的价值关系为研究目的，注重事件发生的过程性和情境性。而教育的目的是按照一定的价值取向培养人、造就人、成全人，因此，教育研究必须关注教育活动中人的情感、态度和价值观及其对教育行为的影响。[1] 可以发现，质性研究的目标与教育研究的目的具有内在一致性，因此质性研究是最适宜教育研究领域的研究方法。以下笔者通过

---

[1] 陈向明：《质的研究方法与社会科学研究》，教育科学出版社2006年版。

10例个案访谈资料,观察不同教育经历的人的早期职业期望差异及其在教育历程中的变动情况,来理解职业期望对教育投资积累带来的影响和作用。

值得注意的是,由于研究问题的需要,被访者要回忆并叙述自己的求学经历,职业期望的缘起、变化和稳定过程,以及各种因素的穿插影响。而在研究社会记忆时,关于历史回忆与历史事实的关系是首先需要说明和讨论的问题。美国社会学家卡拉奇在《分裂的一代》中曾经提到,从"当事人对过去经历的叙述,不仅可以获得先前的经历,同时也可以获得他们对那段经历的理解",被访者讲述的内容和讲述的方式都反映了他们对这个问题的认知情况。[①] 而康纳顿在《社会如何记忆》中对文化连续性功能的研究显示,现在对于塑造过去具有不可忽略的影响,并且过去对现在也存在"阴影"效应。[②] 也就是说,"我们对于现在的体验在很大程度上取决于我们有关过去的知识,我们只是在一个与过去的事件和事物有因果关系的脉络中体验现在的世界",不仅现在的因素可能会影响或歪曲我们对过去的记忆,而且过去的因素也可能会影响或歪曲我们对现在的体验。英国社会心理学家Bartlett提出的"心理构图"概念即是针对记忆文化的连续性功能,这个概念指出,个人"过去"的经验与印象发生集结,会形成一种文化心理倾向。这意味着,当我们在回忆或重述一个故事的时候,我们是在自身文化"心理构图"上重新构建这个故事。[③] 并且,虽然叙述存在个体差异性,但当我们用某一种视角来观察时,就会发现"灿烂的多样性变得出人意料地一致了:处于同一阶层的一群人不同于同一阶层的另一群人"。[④] 因此,当选用恰当的视角进行观察时,回忆偏差导致的负面影响会被削弱,而不会对最终分析结果的可靠性带来致命性影响。

一、访谈对象

出于群体受教育程度构成和访谈便利性的双重考虑,本研究选取中

---

① [美]理伯卡·E.卡拉奇:《分裂的一代》,覃文珍等译,社会科学文献出版社2001年版。
② [美]保罗·康纳顿:《社会如何记忆》,纳日碧力戈译,上海人民出版社2000年版。
③ 王汉生、刘亚秋:《社会记忆及其建构:一项关于知青集体记忆的研究》,《社会》2006年第3期。
④ 周怡:《解读社会:文化与结构的路径》,社会科学文献出版社2004年版。

国社会科学院研究生院作为主要调查地点,采用目的抽样法,选取10名受教育程度不同的被访者进行深度访谈。并且,为了控制成长时期不同导致的差异,本研究将被访者的出生年份控制在1980—1995年。本研究重点在于分析不同学历的人的职业期望差异,因此,学历构成遵循等量原则,其中,初中、高中、大专、硕士和博士受教育程度的被访者各2名。6名受教育程度为初中、高中和大专的被访者均处于教育终止状态,4名受教育程度为硕士和博士的被访者仍处于在读状态。性别构成为男生4名,女生6名。10名被访者均为汉族,没有明确的宗教信仰,排除了种族、宗教、文化对价值观的影响。10名被访者的编码及基本情况如表3-1所示。

表3-1 10例个案的基本情况

化名	年龄(岁)	性别	受教育程度	化名	年龄(岁)	性别	受教育程度
小梅	32	女	博士	小志	30	男	大专
小沈	32	女	博士	小张	21	女	中专
小闫	25	男	硕士	小段	21	女	中专
小辉	25	女	硕士	小赵	35	女	初中
小伟	31	男	大专	小天	22	男	初中

其中,小梅和小沈、小闫和小辉分别为中国社会科学院研究生院博士研究生、硕士研究生,小伟为中国社会科学院研究生院附近某酒店的网络管理员,小志为中国社会科学院研究生院附近某汽车公司职员,小张和小段为中国社会科学院研究生院物业公司会服人员,小赵为中国社会科学院研究生院物业公司中层管理人员,小天为某快递公司负责配送至中国社会科学院研究生院的快递员。

二、收集分析方法

本研究的主要问题有两个:一是了解生活圈中各种经济社会文化因素对青少年职业期望的影响;二是了解时间维度上职业期望的变化过程,以及职业期望在受教育过程中发挥的影响和作用。根据研究问题,本研究选择扎根理论作为主要策略,从社会学象征互动论出发,对以上两个问题展开分析。社会学象征互动论认为，社会与个人通过象征互动来互相影响、互相制约。通过象征互动，社会影响了个人的自我发展，从而塑造了个人。而个人又是通过象征互动来与社会和其他人维系关系，并进而改造社会的。

（一）资料收集方法

在资料收集方法上，本研究主要采用半结构化访谈（录音）方法，并以参与型观察和记日记作为辅助手段。半结构化访谈是按照一个粗线条式的访谈提纲进行的非正式访谈。该访谈方法对访谈对象的筛选条件、所要询问的问题等没有具体、严格的要求，而只有一个粗略的范围。在访谈进行过程中，由访谈者根据实际情况做出合理而灵活的调整。本研究的访谈内容围绕职业期望的发展过程进行，访谈时间大约持续30—60分钟，访谈提纲和主要访谈内容见附录二。

（二）进入现场的方法

进入现场采用逐步暴露式方法。接触被访者的策略采用选择交流方式。并且，在访谈中始终保持"局外人"的角色。对于高学历人群，由于被访者和笔者的受教育程度接近，社会身份相同，进入调查现场非常容易。但是，对于后勤人员的调查现场进入困难。为此，笔者通过社会网络渠道寻找到后勤人员群体的"守门人"小赵，并通过"守门人"的帮助进入该群体的调查现场。小赵是中国社会科学院研究生院后勤物业公司中层领导，经常接触到基层后勤人员，相当于是后勤人员群体的"守门人"。在小赵的介绍下，笔者顺利进入相应的调查现场，访问到2名中专受教育程度的会服人员。

（三）资料分析方法

访谈结束后，笔者及时将访谈录音进行逐字逐句转录整理，并回忆记录下被访者的非语言行为及其提供的其他资料。在此基础上，本研究采用Claizzi现象学资料七步分析法对访谈资料进行规范的分析。具体而言：

第一步，仔细、反复地阅读访谈记录；

第二步，从访谈记录中选取具有重要意义的陈述；

第三步，对出现频次较高的有意义的观点进行编码；

第四步，将编码后的观点进行汇集；

第五步，写出详细、无遗漏的描述；

第六步，归纳出相似的观点，提炼出主题概念；

第七步，返回被访者处进行求证。

然后，研究者按照一定的顺序和主题对资料进行重构，并穿插研究者自己的洞见和反思，使之最终形成的主题具有一定的内在关联性。[1]

根据研究目的，本研究将访谈资料进行重构，得到以下六个主题。其中，主题一和主题二是对个人职业期望缘起、发展和稳定过程的深度描述；主题三是对父母对子女职业期望影响的现状分析；主题四是对职业期望影响因素的归纳总结；主题五和主题六是对职业期望与教育获得关系的反思，其中尤其突出前期职业期望对后期教育投资的影响。

第二节 微观个体职业期望的形成与调适过程

一、微观个体的职业期望从何而来

工作是人能够生存下来且立足社会的基础，早期的职业期望则是人们对后期生存状态和经济社会地位的期盼。美国著名职业指导专家金斯伯格认为，人的职业期望是一个发展的过程，这个过程往往起源于人的幼年时期，而结束于青年时期，包括幻想期、尝试期和现实期三个阶段。其中幻想期多处于11岁之前的儿童时期。在该时期，个体对所能接触到或看到的各类职业充满了好奇心，并未完全认识自身条件、能力水平和社会需要与机遇，此时的职业期望往往出于个人兴趣爱好而处于完全幻想中。但是通过分析生命历程早期的职业期望及其缘起可以大致了解职业期望的发生过程及早期生活环境对职业期望的影响。下面，本研究以10例个案分析个体生命历程中第一个职业期望的来源。在个案访谈内容的顺序安排上，遵循学历从高到低的排列顺序，目的在于方便对比，发现不同个案之间的差异以及差异背后可能的原因。

---

[1] Nancy Burns and K. G. Susan, *The Practice of Nursing Research*, Philadelphia: W. B. Saunders Company, 1998.

小梅：我小学的时候想长大了成为一名老师，因为其他的职业我都不知道。我们家在小镇上，我父母是开小商店的，在我们当地，这个不算是职业，只有正式的、机关里的那种工作才能算是职业。老师就算是正式的职业，每个月能够拿固定的钱，按时上下班。像我们开商店的话，晚上有人来买东西，你也是要卖的。过年的时候还非常忙，我爸他们就觉得很不好。他们觉得固定上班的工作比较好，到点就下班，不用总操心这些事情。而且在大人的观念里，女孩子做个老师挺好。

小沈：我上小学的时候想成为一名天文学家，因为小时候学课文，学那个张衡数星星，所以我就感觉天文很有意思，我就形成了做天文学家的愿望。后来看电视剧《法网柔情》什么的，就想长大后当个律师。哦，还有想当记者，也是受电视剧影响。我父母的职业就是农民，我们家在农村，并且家庭条件也很一般。但是，我觉得我的家庭、父母和亲戚朋友对我的职业理想没有太大影响。相反，电视、书籍对我的影响特别大，因为我小时候生活的小村子接触不到天文学家、律师、记者，这些理想都是从书本、电视剧里来的。

小闫：我第一个职业理想是上小学的时候，我想成为一名军人，因为小时候经常看军旅题材的影视剧，最喜欢看的就是那种八路军打鬼子的电视剧、电影，里面当兵的很威风、很正气，受那个影响很大。而且，当时我们家做生意，跟军队上的人有这种生意上的往来，特别喜欢跟他们在一起。而且，我亲戚也有当兵的。当时就是最原始的想法，就感觉当兵可以扛枪打仗，而且他们的绿军装让我感觉很威风、很霸气，让人羡慕。我舅舅也当过兵，参加过对越自卫反击战，他很英勇，我一直很崇拜他。那时候班主任特别喜欢我，总给我一些军旅小说看。我父母也很支持我的理想，因为他们成长于那个年代，也特别崇拜军人，认为当兵特别好，有前途！可以像我舅舅一样做个军官。

小辉：第一个职业理想是在上小学时，想当老师。小时候在村里生活环境闭塞，除了农民、工人、老师外，也不知道其他的职业，在知道的职业里选好，就是老师呗。农民天天就是下地除草、打药，冬天没事干就打麻将；工人就是给人搬水泥袋、铁块的，太脏太累了；教师干干净净的，教课挺轻松的，工作稳定，还受人尊敬，觉得挺好啊。

小伟：我第一个职业理想是在高中的时候，长大后我最想成为医生，能够救死扶伤，能够减少人的痛苦，很高尚。我家一直在农村，父母都是农民，没什么文化，从来不要求孩子什么，但对孩子特别有期望，希望孩子上进，发展得好。我的亲戚从事医生的工作，什么都懂，我感觉很了不起。是我的一个姐姐。所有的亲戚都很尊敬她，影响了我。

小志：这个访谈太简单了，哈哈哈……跟我的人生一样，很坚定，很简单。我第一个职业理想是当警察，初中时候，那会儿看推理小说和电视剧多，受影响，就想将来当个警察。我认为理想就是理想，不受现实影响。因为理想不一定必须实现。但是不管什么条件，只要我愿意，我都可以朝理想努力。我父母都一直在农村务农，对我这个职业理想没有影响。我也不知道怎么实现，我们那里那么偏僻闭塞，谁能知道呢？因为知道的少，没有办法制定好的努力目标，也不知道该如何去实现。

小张：我第一个职业理想是在初中，想将来做一名教师，想考师范。当时想做老师，主要是受初中教育方式的影响吧。我们当时的教育方式，就是学生讲课，老师听课。我们提前都要非常认真地预习，六个人一组，然后上课的时候，老师抽学生上讲台去讲，讲完之后老师给你补充。那样的教学方式，特别开放，特别有启发，特别锻炼我们。每次我上讲台去讲课，都特别有成就感。晚上自习，同学有问题不会，都问我，我就教他们，感觉特别好。所以，我从小就想当教师。我姨的女儿就是教师，对我也有影响。她大学毕业后就当英语老师了，还挺好。一个女孩子，肯定以后要谈婚论嫁的。别人问干吗呢？啊，老师，医生，人家就觉得你特别伟大，但如果是服务员的话，人家就觉得特别那个，怎么这么低，没有那个高大上。

小段：我从小就爱唱歌，那会儿就对音乐挺感兴趣的，就想将来找个跟音乐有关的工作，而且我还特别喜欢小孩子，喜欢跟小孩子玩，就想长大以后当个音乐老师。那是初中时候的事了，那会儿也小，知道的职业不多，就知道老师还挺好的，工作稳定还受人尊敬。我爸妈对我将来想干啥也没有影响，他们就是看我自己的想法，尊重我的选择。我父母是卖羊汤的。亲戚朋友也都是农民，有的自己做点小买卖，我爸妈也不认识什么成功的人，他们对我将来想做什么也没什么看法。他们的态度就是看我喜欢什么，看我自己有什么想法，他们没有意见，我想做什么他们都很支持我。我亲戚朋友也很支持我。

小赵：我小时候也谈理想，不过现在看来都是不切实际的幻想。我第一个职业理想是在初中的时候，那会儿我就说过，不上学了就去教学，我确实挺想当老师的，因为那会儿不知道有别的职业，就知道有老师，能接触到的所知道的职业里，也就教师最好，比种地、做买卖都好。老师是蜡烛啊，燃烧了自己，照亮了别人，是很崇高的职业。我姑姑那会儿是做了一辈子的民办老师后来转正了，她本来想着让我去替她的班，后来没去成。我父母都是老农民，对我的职业理想没什么影响。他们除了种地什么都不知道，就是老实巴交的，从来不会想着给孩子未来有什么规划啊，他们也只能说，你能考上我就供你，也不会给你一些具体的指导和建议。尤其是农村的，都这样，很普遍。

小天：第一个职业理想是做数控机床师。我初中的时候，想过将来做数控机床，造模具。那会儿看电视上播德国的数控机床，就那么一个小机器，什么零件啊，模具啊，各种形状的，都能造出来，感觉特别牛。这职业不也是什么未来十大吃香职业吗？我大伯家的孩子也是做模具的，一个月两三千块钱的工资，也不是很累，这行你学透了，好找工作，工资也挺高。这年头还是技术在身的职业吃香。

总结归纳以上个案职业期望的来源可以发现，职业期望的来源主要有二：一是父母、亲戚、老师等生活环境中可接触到的优秀的重要他人和重要生活经历；二是电视剧、电影等影视作品，以及书刊报纸等作品中的优秀人物。

总体而言，职业期望总是来自自己直接或间接接触、了解到的事件或事物，而非来自自己不可感知的领域。并且，不论是自己生活环境中的重要他人，还是影视剧、书刊报纸等作品中的人物，都具有他们价值观中认为好的东西，并且认为这些人具有优秀的特质，可树立为学习榜样。

此外，还发现被访者的职业期望具有以下特点。

（1）开蒙晚。10例个案中，第一个职业期望萌生于小学阶段的有4

例，而形成于初中及以后的有 6 例。大多数人在小学阶段（12 岁之前）没有职业期望，初次职业期望多形成于初中阶段（12—15 岁），明显晚于金斯伯格的研究中美国青少年职业期望的萌芽时间，也明显晚于迈克尔·艾普特拍摄的成长纪录片《7 up》中英国青少年职业期望的开始时间。个人职业期望萌芽较晚，一方面，可能与我国经济社会发展程度还不如英美高有关；另一方面，与这批人的父母受教育程度相对较低有关。在经济社会发展程度还未那么高的大环境下，人的社会化过程开始较晚，个人接触社会较晚，对各种职业工作的了解就会推迟，不了解职业，职业理想自然无从谈起。此外，儿童的成长历程中职业期望开蒙较迟，也与父母受教育程度较低、家庭教育缺失有关。中国父母虽然非常重视子女的教育，但是子女的职业教育往往是缺失的。大部分家长的受教育程度较低，工作中可接触到的高层次的人和事较少，家长本身对新兴职业的了解也很少，从而对子女职业期望的培养也就无从谈起了。大部分家长也只能寄希望于学校教育，希望孩子通过在校学习，从书本上或者从老师、朋友那里获得对职业的了解和认知，从而弥补父母职业知识欠缺和家庭成长环境带来的负面影响。

（2）父母影响较小，亲戚影响较大。10 例个案中，几乎所有的个案都认为父母对自己的职业期望选择没有明显影响，但有 4 例个案职业期望受亲戚职业的影响，说明父母影响较小，但亲戚影响较大。这可能是因为职业期望是家庭代际社会流动的重要预测指标，且家庭代际社会流动的期望总是要向上流动的，所以职业期望往往高于父母当前从事的职业，从而职业期望表现出不受父母职业影响的特点。此外，一方面仍然是由于职业期望向上流动的特性，另一方面是由于亲戚圈子是自己可真实并且深刻接触到的了解不同职业的重要资源。青少年往往会从亲戚圈子中选择受人尊敬、令人敬佩的人所从事的职业作为自己的职业理想。因而，亲戚圈子对青少年职业期望的影响要大于父母的影响。

（3）学校的影响较父母的影响更大。10 例个案中，有 5 例职业期望都是教师，这与在学校接受教育有很大关系。学校是青少年在家庭之外的重要活动场域，对许多新知识、新事物的认知和对新价值观念的接受和肯定都是在学校接受教育的过程中完成的。并且，对于很多家境贫困的学生而言，学校教育是扩展视野、接触上层文化价值观念的重要途径。而作为学校教育的重要角色，教师在学生价值观念中是非常崇高的职业，尤其是对于广大生活环境相对贫困闭塞的青少年而言，教师更是父母和亲戚职业之中社会地位最高的职业，因此，教师才会成为大部分贫困闭塞地区学生职业期望的第一选择。这也说明，对于青少年的职业期望选择，学校的影响比家庭的影响更大一些。

（4）影视作品和书刊报纸影响较大。这可能与成长的环境相对落后闭塞有很大关系。青少年的职业期望往往是高于父母当前职业的，而在现实生活环境比较贫困闭塞的情况下，影视作品和书刊报纸中的人物所从事的职业往往是高于现实生活中可以真正接触到的职业的。对于很多生活在落后闭塞地区的青少年而言，影视作品和书刊报纸在很大程度上扩展了他们对职业的认识，其中一些受到人们高度评价和尊重的人物所从事的职业是他们能够认识到的最好的职业，进而会将其制定为自己的职业理想和奋斗目标。

二、微观个体的职业期望调适过程

职业生涯发展理论将职业期望的第二个阶段尝试期称为试验期或暂定期，多处于11—17岁由儿童向青年过渡的时期。此时，人的心理和生理有了较大的成长和发育，知识明显增加，能力快速发展，初步了解社会生产和生活的经验，独立的意识、价值观念开始形成。在职业期望选择上，不仅考虑个人兴趣爱好，而且开始更多地参考自身各方面的条件和能力，开始注意职业对应的经济收入、社会地位、社会意义和社会评价。该阶段结束后，职业期望进入第三个阶段，即现实期。17岁以后的青年时期，个体心理和生理发展趋于成熟，并能够将职业期望与自己的主观条件、能力以及社会现实相联系、相协调，将自己的职业目标不断明晰化、具体化、现实化，最终确定适合自己的职业期望。以下根据8例个案的情况分析职业期望从调适到稳定的过程。

> 小梅：我的职业期望大概调整过三次吧。我初中之前一直想当个老师，从事受人尊敬的工作。初中的时候，没有特别明确的职业理想，就是想着找个好工作，技术工程师一类的吧，可能是看课本里的工程师好，就想将来成为一名技术工程师。高中的时候看了许多书，很多名人传记啊，像比尔·盖茨这些人的传记，就有点想法，想将来

从事能赚钱的职业，又出名啊，又赚钱很多的职业，比如像比尔·盖茨一样既懂技术又能挣很多钱，当高级工程师，哈哈。我大学学的光学，那时候赶时髦嘛，光信息，我就以为跟我的职业理想工程师很接近呢，后来发现是物理系的光学，哈哈。

小沈：我的职业期望调整过三四次吧。我上小学的时候想成为一名天文学家，后来发现这个理想太遥远了；上初中的时候想长大后当个律师或者记者；上高一的时候我还是想做律师，但是后来转变到老师了。一是因为我发现我不适合做律师，感觉律师需要有一定的基本素质，比如思维敏捷，我发现我不具备。二是因为高考没有考到那个专业分数线，所以就学了师范。虽然并不是很想当初高中老师，但是不管怎么说老师也是挺受人尊敬的职业。后来读了研究生，也就只能当老师了，不过当大学老师我还是很高兴的，现在我觉得当个大学老师挺好。

小闫：这个职业期望我至少转变过三次。上小学和初中的时候，我一心想成为一名军人。初中差点儿辍学去当兵。但我妈妈阻挠，说因为家里没有关系，当兵出来没有办法安排就业，所以我才没有去当兵，而是去读高中了。另外，也受自己客观条件影响吧。一是近视，二是身高不够，感觉当兵的话只能做后勤兵，哈哈，不能做野战兵了，就发现自己不具备这个身体条件了。上了高中，理想改变了，一方面是因为受我高中班主任的影响。他对时事政治很关注，是一个关心国家大事的人，到高中的时候，我自己也特别喜欢看新闻、看报纸，没事儿就喜欢看时事新闻啦。我班主任有意无意地送我一些资料，给点儿报纸、期刊啦。因为当时我比较关心时事嘛，所以到高中的时候，我就转变了。当时就立志走仕途，当一名好官，造福一方百姓。也是因为这个职业理想吧，我努力学习，考上了大学。在大学也一直积极准备公务员考试。但是后来发现自己从政的话，劣势还是很多的，感觉自己的客观条件也不适合从政，所以就调整了。后来感觉自己还是更适合走学术道路，那还是做大学教授吧，教书育人。

小辉：调整过三次吧。小时候在村里知道的少，就是简单地想当老师，但到高中我就很清楚、很现实了。那会儿我家搬到县城了，在城中心开的店，我们也在店里住，见得多了，了解得多了，对职业就非常明确了。那会儿看着有客人是"吃财政饭"的，像老师、公务员啊，穿得都很干净讲究，说话也文明，就感觉很喜欢；有的客人就不讲究穿着打扮，衣服又旧又脏的，说话也爱带脏字，骂街什么的，挺讨人厌的。我就想做公办教师或者公务员吧，反正是要入编制，吃财政饭。那会儿我爸妈听人说，我们县有优惠，大学生回县给财政编、安排工作，一本和二本不用花钱就能安排工作，专科掏3万元。我那会儿就立志一定要考上本科。后来就去上了个师范本科，但是，从小县城里出来了，就不想回去了。干了几年的家教，也干烦了，就换了。那会儿金融很热，高级白领嘛，高端、大气，挣钱还多，我就想转行做个理财规划师。理财规划师需要你的专业是金融或者经济，我就立志考金融硕士，还考了一些证券从业资格证啊，银行从业资格证的。后来，我感觉自己不具备强大的心理素质，所以我就转变为想当一名大学老师，好好教书育人。

小伟：调整过两次。高中的时候想长大后成为一名医生，从高考那时候改变了。第一志愿是想学医，但是没有录取，后来职业理想就变成与计算机网络相关的，受到其他方方面面的影响，就学了计算机。职业期望与所学专业知识有很大关系，自从上了大学，开始学习计算机网络，感觉网络也很时尚、很神奇，慢慢地就进入这个行业了。

小张：调整过两次。初中的时候想做一名教师，想考师范。然后呢，家里边就说了好多原因，说考师范怎么怎么的，做教师要转正嘛，不好转，工资还挺低的。然后家里面就想让我学财会，说挣得多，我就想将来做个会计吧。以前我爸妈总去会计室，看人家老会计也不是很累，脑子特别灵活吧。看人家特别有实力，就说一个人接管好几个公司的账，一忙忙好几天，特别牛吧。哪个公司的账不对了，老会计去了一会儿就理顺了，挣很多钱。我父母说，这个学通了，特别吃香，而且这个行业也不容易失业。他们想得挺长远的。

小段：我也说不清楚调整了几次，肯定是在不停调整的。从小就爱唱歌，就想长大以后当个音乐老师。说想做初中音乐老师、高中音乐老师，进公立学校，做正式的老师。可我上初中那会儿不爱学习，也考不上好大学，又想做和音乐有关的工作，我就选的幼师。现在家长都特别重视小孩子的教育，幼师也好找工作，不看重你学历，主要看你教小孩子的能力，不好的地方就是挺累的，工资也不高。

小天：调整过两次吧。初中那会儿想做数控机床师嘛，后来学不到技术，就算了。去职业技术学校学了3个月，教得不行，就不上了。那学校就是骗人的嘛，说得挺好，教得太差。只给你讲理论，实际操作也特别基础，那老师也不行，学的那点太少，还不扎实，找工作根本不够用的。白浪费时间不说，还烧钱呢。不如出去找个活儿干，早点挣钱呢。后来初中同学说快递挣钱，我就想干快递。这个也没啥要求，就是起早贪黑，天天在外面跑，累，挣得多也值。

总结以上个案对职业期望的调适和逐渐稳定的规律发现，职业期望的调整总是伴随教育阶段变化的。大多数人职业期望的调整行为都发生在教育阶段转换时期，职业期望调整和教育阶段转换具有一致性。其中的主要原因可能是，教育阶段对职业获得具有重要影响。教育阶段的上升意味着可以有更多的职业选择，从而教育阶段转换多伴随职业期望的调整。同时，教育阶段的上升也意味着教育认知水平的提高和能力的提升，教育促使个人对自身条件能力以及客观家庭背景的认识更加准确和深刻，从而有助于调整职业期望使之与自身实际情况更加相符，也有助于提高职业期望实现的可能性。

总体而言，在职业期望的调适和稳定过程中，个体不断根据自身条件能力和客观家庭经济社会背景衡量职业期望的可靠性，采用排除法放弃之前不切实际的职业期望，并采用筛选法重新选择与自身实际情况更为切合的职业期望。大约经过三个阶段的调适后，个人职业期望的选择范围开始明显缩小，并基本趋于稳定（见图3-1）。

将职业期望的萌生、调适和稳定连起来看，职业期望可能的来源范围较大，既可能来自自己生活环境中接触到的人物及职业，也可能来自影视作品、书刊报纸等。而随着认知水平的提高、视野的拓展，职业期望逐渐趋于现实。虽然，初期主要考虑个人兴趣爱好，但是，从尝试期开始逐渐考虑自身条件、家庭经济社会背景以及职业期望实现的可能性，到稳定期职业期望基本接近现实，并多来自自己真实生活环境中接触的职业。

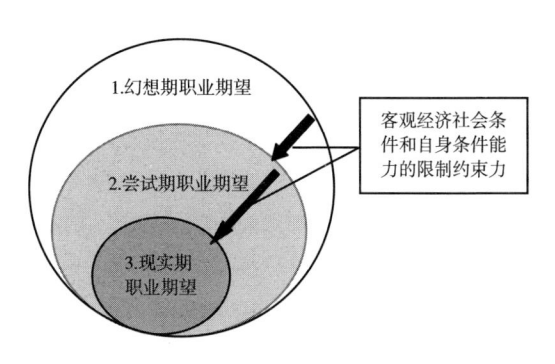

图 3－1　职业期望的调适过程及约束因素

第三节　职业期望的个体差异与影响因素探析

一、职业期望的个体差异比较

比较 10 名被访者的职业期望和受教育程度还发现，对于不同受教育程度的人，职业期望的开始时间和具体职业期望类型都存在明显差异（见表 3－2）。基本上表现出以下变化规律：受教育程度越高的人，职业期望萌芽时间越早，并且职业期望越具体，调适次数越多，同时职业期望对应的经济社会地位较高，基本职业期望类型的选择更倾向于满足自尊的需求，而非满足基本的生活需求。

表 3－2　职业期望与受教育程度差异

姓名	受教育程度	起始时间	职业期望类型
小赵	初中	初中	助人、为社会服务的职业
小天	初中	初中	能赚钱的职业
小张	中专	初中	能赚钱的职业
小段	中专	初中	能赚钱的职业
小志	大专	初中	受人尊敬的职业

续表

姓名	受教育程度	起始时间	职业期望类型
小伟	大专	高中	受人尊敬的职业
小闫	硕士	小学	助人、为社会服务的职业
小辉	硕士	小学	受人尊敬的职业
小梅	博士	小学	受人尊敬的职业
小沈	博士	小学	得到人们的高度评价的职业

此外访谈中还发现，不同阶段职业期望类型基本保持一致。虽然随着自身能力的提高和环境的改变，期望从事的具体职业变动较大，但是在此过程中，职业期望类型基本保持了一致，这可能是由于职业期望类型从根本上是由人的性格和生活条件共同决定的，并与人的需求层次相匹配。对于幼年时期家庭长期贫困的个体来讲，首先需要解决的是吃饭穿衣等基本生存需求，所以更倾向于选择能赚钱的职业，并且这种职业期望的影响会一直持续下去，至少会持续到青年时期。而在家庭生活条件可以满足基本的温饱需求的情况下，青少年的职业期望更倾向于选择能够满足自尊需求的职业，并且这种自尊型的职业期望偏好在人的生命历程中也具有延续性。这说明，幼年的成长环境，尤其是经济条件，对个体的职业期望选择具有重要的影响。

那么，整体来看，又是什么因素影响人们的职业期望选择，最终导致了职业期望的群体差异呢？以下继续以10例个案分析职业期望的影响因素。

小梅：职业期望跟你接触到的人和事，你看的书、电视剧都有关系，也跟家庭背景有关。我们初中升高中的时候学习好的学生有两个选择，一个是上中专，师范毕业后就能到我们镇上的小学当老师，另一个是念高中，大家都觉得念高中竞争很激烈，你去念高中不一定就能考上大学，因为有的小孩初中学习很好，上了高中就不行了。那会儿，我父母觉得念高中好，我就去念高中了。还有一个主要原因是，那些上中专的学生，他们在教育系统里面有亲戚，他们出来的话，工作有保障。去念一个这个，能找到稳定的工作。我们家没有这个关系，我念中专出来就不了业。我们高中同学，县城里的，他们警察、邮电、医院、教育系统里有人，他们去长春市读一个专科或者什么，回来就能到县里的机关了。

小沈：我觉得我的家庭、父母和亲戚朋友对我的职业理想没有太大影响。相反，是电视、书籍对我的影响特大。可能是因为我们生活的环境太差，电视里的场景、人物比我们好，所以我才会以他们为榜样，树立自己的职业期望。我觉得不只是我，可能是咱们那个年代出生的人，也只能从电视里看到一些美好的人和事了。我清晰地记得，那会儿我姨问我，你长大了想做什么，我说我想做律师。我姨非常惊讶，说我表弟也是想做律师，你们怎么都这么凑巧想做律师啊。其实当时我就觉得，肯定是看电视看的，那时候电视就放律师的节目，特别帅。有的人也没必要关注电视，比如官二代、富二代，他们可能就不会那么受电视的影响了，相反他们的家庭和生活圈子可能对他们的影响更大一些。

小闫：我的性格和生活中经历的人和事，都对我的职业期望有影响，它们是一个多维的交互影响。而且影响都挺均衡的，没有特别弱的，也没有特别强的，都差不多，都很重要。性格、兴趣爱好与生俱来，很难改变。而其他的，我觉得职业期望的主要影响因素有三个。一是生活经历。因为生活中的人际交往啦，包括你接触的人、经历的事，对你这个人的思想啦，价值观啦，有很大的影响。包括我现在想做大学老师的想法，也是跟小时候的经历相连的。因为那会儿我就很喜欢历史，一直在看，有一定的积累。这是决定职业期望的重要因素。二是经济基础。任何职业期望都要建立在相应的经济基础之上。三是家庭背景。如果你有非常强大、专业性强的家庭背景，那么你在制定职业期望时会非常明确，而且会非常坚定。假如你要从政，如果你有这方面的关系的话，你肯定会坚定地选择从政；假如你想经商，如果你父母是经商的，也会让你的这个职业理想更加坚定；假如你想当大学老师，如果你父母也是大学老师，那么你绝对更容易进入学术圈子，做个高校教师。因为，家庭背景这个圈子能够帮助你避免很多弯路。不但避免弯路，而且有捷径。可以较早进入这个领域，并且进入这个领域后，发展也会很快。

小辉：我觉得对于我们这种从小在犄角旮旯的小村里长大的，你的见识、你父母的见识，对你的职业期望影响很大。因为小地方嘛，好职业少，还是种地的、盖房班的、做小买卖的多，什么高级白领啊,几乎就没有。你要是不出去,或者没有人跟你讲,你就不知道这些职业啊,不知道自然也不会想着将来做这个职业。所以说,对于小地方的孩子来讲,见识非常非常重要。不过,这不是说小孩应该早点辍学出去打工啊。更准确地说,父母的见识更重要,因为他能指导孩子啊,就能让孩子少走些弯路,也能避免孩子早早辍学。

小伟:职业期望与所学专业知识有很大关系,也受家庭生活条件约束。自从上了大学,开始学习计算机网络,那是2004年,感觉网络也很时尚、很神奇,慢慢地就进入这个行业了。由于学历不够没能找到好的工作,刚开始去做网络销售,然后做软件开发,开发非常吃力,后来就从事了IBM服务器技术支持和销售,加上之前对软件和网络很熟悉,再后来去了一个公司负责网站整体运营,因为父亲出车祸又不得不放弃工作,半年后到一家酒店工作负责酒店网络营销,其实这期间负责了很多软件如OA、用友、智能餐饮、智能客房、酒店中软系统等。再后来女朋友的到来让自己没法再打工下去,因为工资根本养活不了一个家庭。

小志:影响职业期望的最大因素是能力问题吧,跟父母的见识也有关系。父母和家庭对我的职业没有啥积极影响,因为我从小生活在村里,信息闭塞,父母也是务农,对我没啥职业期望。家里老人常说,人不与天争,顺其自然。还是综合能力的影响大,自身、环境、经济、家庭背景,所有的一切。就是因为能力不足,长大后就把小时候的梦想丢弃了。父母见识对职业选择有影响。我媳妇儿她爸让她学建筑设计,因为她爸就是这个行业的,结果她的工作就不错。我爸妈就没有给我什么指导,我们那边落后闭塞,我们小不懂事,我爸妈就是老农民,去过最好的地方就是我们县城,很多好职业都不知道,没法给指导帮助。

小张:我觉得职业期望受个人经历的事和接触的人、你父母所经历的事,还有价值观念的影响。我初中时想做老师,主要是受初中教育方式的影响吧。但我父母说我们家里面也没什么关系,上师范出来还是不能转正,就没有读师范。后来就上中专读财会了。他们想让我学会计,是因为以前我爸妈总去会计室,看人家老会计也不是很累,脑子特别灵活吧。看人家特别有实力,就说一个人接管好几个公司的账,一忙忙好几天,特别牛吧。哪个公司的账不对了,去了一会儿就理顺了，挣很多钱。我父母说，这个学通了，特别吃香，而且这个行业也不容易失业。

小段：我觉得职业期望也有外界影响，但更多的还是看你自己的兴趣爱好。我从小就爱唱歌，就想长大以后当个音乐老师。我父母对我的职业期望也没有什么看法。他们的态度就是看我喜欢什么，看我自己有什么想法，他们没有意见，我想做什么他们都很支持我。我亲戚朋友也很支持我。

小赵：职业期望跟家庭情况有关系，跟他身边的同学、朋友、接触的人有关系。我那个外甥，初三就不上了。为什么就不上了，一方面，上学太辛苦了，早上6点就得起床早自习去，孩子就容易厌学；另一方面，考不好家长批评得太狠，也推波助澜地让孩子更加厌学了；再一个，很重要的一个原因是，尤其是在农村，好多辍学出去打工的初中生可以挣点儿钱，他们可以不受学校的管制了，可以戴墨镜，可以穿着时髦，可以抽烟喝酒，可以玩高级的手机，这对于在学校苦哈哈学习的孩子是一种好羡慕的感觉啊！他会有这种想法，周围的环境对他有很大的影响。如果说这个班有五六个辍学打工的，很快就会增加到10多个，有10多个就会再增加到20多个，很快就剩不下几个了。我上学那会儿也有这种经历。他们根本不会想太长远的事，只是看到眼前，他不上学了，他可以出去玩了，自由了。

小天：从小在村里长大，职业理想就很少，因为自己知道得太少了。初中二年级之前，我基本上是不懂事的。家里也没人给你指点指点。十五六岁的时候，过年亲戚从外面打工回来，说外面怎么怎么好，才有点了解了，觉得外面挺好的。我来北京打工，虽说也没见过什么大场面，肯定比以前知道的多，见识过了。我觉得影响职业理想最大的一个因素就是见识了，见识广了，自然就知道哪个职业好。在出来之前，很多职业我都没听说过。不过现在知道也晚了。

通过分析个案，可将职业期望的主要影响因素归纳为以下三个方面。

一是兴趣爱好。在对外界社会了解较少的初期，个人内在的兴趣爱好是职业期望选择最重要的判断依据。因此，在幼年时期，该因素对职业期望的影响非常重要。随着个人的发展、认知水平的提高，该因素的影响作用在逐渐减弱。

二是生活经验。生活经验既直接来自生活中自己的亲身经历，也间接来自自己见到、听到的人和事。这些人生经验有助于加深个体对社会、对世界、对生活的理解程度，并对人的思想价值观念有很大的影响。从青少年时期开始，对社会的认知、了解和自身持有的价值观念开始在个体选择职业期望过程中发挥重要作用。

三是家庭经济社会背景。首先，任何职业期望都要建立在相应的经济社会条件之上，家庭经济基础从最根本处决定了人的职业期望。其次是家庭社会关系，因为家庭社会关系有助于实现职业期望，并且家庭社会关系也会影响人职业期望的树立和稳固。最后是父母受教育程度，因为父母受教育程度关系到对职业的认识和对事情的把控能力。父母作为子女生活中最重要的人，其受教育程度对子女职业期望具有重要影响。家庭经济社会背景的影响可谓时时刻刻都存在，尤其是从儿童时期开始就对人的职业期望产生重要影响。

二、父母对子女职业期望的影响

下面，通过个案来考察几个问题：父母对子女的职业期望与子女个人的职业期望存在什么关系呢？父母对子女的职业期望和子女的职业期望是否具有一致性？父母对子女的职业期望是否也会影响子女对职业期望的选择呢？

> 小梅：我们家在镇上，我父母是开小商店的，在我们当地，这个不算是职业，只有正式的、机关里的那种工作才能算是职业。老师就算是正式的职业，每个月能够拿固定的钱，按时上下班。像我们开商店的话，晚上有人来买东西，你也是要卖的。过年的时候还非常忙，我爸他们就觉得很不好。他们觉得固定上班的工作比较好，到点就下班，不用总操心这些事情。而且女孩子的话，做个老师挺好的。我爸妈那会儿还觉得大夫比较好，受人尊敬，可我就觉得大夫不好。我觉得大夫成天跟病人打交道，心理上就很压抑。那会儿努力学习的原因是，不好好学习的话感觉对不起爸妈。

> 小沈：在我上初高中的时候，我父母希望我做老师，工作稳定，受人尊敬。他们的职业就是农民，我们家在农村，并且家庭条件也很

第三章　微观个体职业期望发展历程探析

一般。我觉得父母希望我将来从事的职业对我自己的职业选择有影响，但不大，我更多的是根据我自己的兴趣爱好来选择的。

小闫：我父母和我的家庭，我感觉还是对我有影响的。我们家在县城里，我父母都是干个体工商户，我父母对我的职业期望也转变过很多回。我父母一开始想让我子承父业做生意，后来想让我当兵，想让我从政。到后来发现我其实做什么都行，你自己折腾去吧，儿孙自有儿孙福，妈妈相信你，无论你选择做什么，都是正确的，你就大胆地往前闯吧。所以，就这么一路闯过来。我妈妈就说嘛，咱们家的家庭出身，你也明白，你无论选择什么，都没有人能帮你，你只能一步一个脚印去往上走。我父亲比较消极悲观，但我母亲很乐观积极。虽然，小时候他们对我有一定的影响，但我觉得上大学以后我自己对我的影响更大。因为上大学以后，我的见识不能说比他们多吧，但是也不比他们少，而且我在大城市也算见了世面的，我自己很有想法，在大事、大方向上很少受人左右。

小辉：我父母对我的职业期望也有影响。他们一直都很鼓励我，希望我能进步。之前他们希望我在县城当个老师、医生或者公务员什么的。而且，我也是从我父母那里，还有来我们店的客人那里，明确自己的职业期望的。后来想去银行工作，做个理财规划师，也跟我父母有点儿关系。那会儿我爸一个朋友的亲戚在省银行是个头儿，说银行挣得多，找找关系也许能去。这对我坚定这个职业期望是有非常积极影响的。我要是知道去不了的话，我肯定也就放弃这个职业期望了。

小伟：我父母都没什么文化，但对孩子特别有期望，虽然从来不要求孩子将来长大后做什么，但还是希望孩子受人尊敬，能够有所发展。我觉得这个对我影响挺大的，因为他们期待我好，我自己也更努力一些。

小志：我父母对我没有什么职业期待。没有说过希望我长大了做什么职业，我就是顺其自然的。不好的地方，就是要在黑暗中摸索；好的地方，就是没那么大压力。我一直都是顺其自然的，现在觉得挺好的。

小张：我父母希望我做财会，挣钱多，还不累，我就想着做财会了。因为他们比我见得多，也想得多，想得长远，我就听他们的。以前我爸妈总去会计室看人家老会计，看人家也不是很累，脑子特别灵活吧。看人家特别有实力，就说一个人接管好几个公司的账，一忙忙好几天，特别牛吧。哪个公司的账不对了，老会计去了一会儿就理顺了，挣很多钱。我父母说，这个学通了，特别吃香，而且这个行业也不容易失业。他们想得挺长远的，我感觉是。所以我就听他们的，将来做一名会计，考会计学校，出来当一名会计。

小段：我父母对我没有什么职业期望，对我的职业期望没什么影响。他们绝不强迫我。他们的态度就是看我喜欢什么，看我自己有什么想法，他们没有意见，我想做什么他们都很支持我。我亲戚朋友也很支持我。

小天：我父母啥也不懂，对我将来做什么没有要求，也对我的职业期望没有影响。我们那个小地方，比较落后、闭塞。家里老人都对孩子没啥要求，他们都不知道有啥职业，也不知道怎么做能实现了。村里都这样，很普遍。

小赵：我父母是世代的老农民嘛，小学都没上完，这些他们也不知道，也不能给你什么建议。我是挺想上进的，但就是没有成。这和家庭背景就有直接的关系了。我现在也有孩子了，如果我去教育我的孩子，我可能会用社会上的一些东西，给她讲一些我看到的、我知道的。但是，当时我父母都是老农民，除了种地什么都不知道，他们就是老实巴交的，从来不会想未来有什么规划啊，他们也只能说，你能考上我就供你，也不会给你一些具体的指导和建议。尤其是农村的，都这样，很普遍。

我的孩子应该比我少走一些弯路，因为我现在教育孩子的方式就不一样。我就怕孩子考第一，我觉得名次都是次要的。孩子挺累的，不要在分数上去苛求她。我是全面培养孩子，寒暑假都会带孩子来北京见见世面。现在比咱们早先是好很多的，孩子能够接触到更多的东西，不会像我们小时候那会儿，一心只读圣贤书，两耳不闻窗外事。我孩子现在上五年级，我不知道她将来要从事什么。我可能跟孩子在一起的时间还是少，我不知道我的孩子喜欢什么，这一点我挺苦恼。其实每个孩子都挺优秀的，是我不会发现孩子的特长。孩子喜欢做饭，我买的那个烤箱，她特积极地去尝试烤各种蛋糕，孩子很小，9岁的时候就会给她爸炒个下酒菜。她喜欢做饭，只能算作一个兴趣爱好。我也不会对她将来干什么有硬性要求。因为在我现在的这个层面，我只知道服务业这些，对其他的了解得特别少，高端的这些东西，人家做的是什么职业，不懂这些。像我不懂这些，就和当时我父母不了解咱们现在的这些职业是一样的。因为我知道的少，所以我不会圈定她将来一定要干什么。包括她上学这一块，我只是告诉她，学习肯定是有用的，没有逼过她必须得上大学，怎么的。但是，她如果选择了做厨师，我会给她一些建议，引导她。到了她20多岁已经定型的时候，那会儿就已经晚了。所以我应该在她初高中的时候去引导她才对呢。现在孩子还小，是个可塑时期，你可以让她学习新的、更有兴趣的、更好的东西。

我希望她能上更多的学，像你们一样。现在家里面不存在那种情况了，穷得上不起学。家里再穷啊，都可以上得起学。很多初中生之所以早早就辍学了，是因为社会上的引诱，再一个就是教育体制的问题，孩子上学太累，她想的是，如果我能逃出学校去，那该多好。

我认为，现在教育水平也高，职业选择余地也大。孩子，现在上学并不是为了让你找一份好的工作，而是为了让你有了这些能力之后，有更多可以选择的工作。不用说，你非得是为了养家糊口而去看这个工作，当你有了这个能力之后，你才会有更多的选择机会。我认为，上到大学是一个最最基本的要求。很多东西你没有学过的话，你刚接触的时候就会觉得特别费劲。如果你上过大学的话，很多东西都是触类旁通的嘛，你就容易上手多了。虽说现在一把一把的大学生，不管怎么说，你学历到那儿了，你肯定要少走很多弯路。你看着那些初中、高中早早辍学的人，是挣钱早，可挣得少啊，等上大学出来，人家起点高啊，工资涨得也快，所以教育水平高一些，还是对个人能力、工作和发展更好一些。

如果我知道往哪儿引导的话，我会去引导她。但是，我现在的困扰是，我不知道她的特长在哪儿，我不知道该往哪里引导她。但是，我现在知道的是首先你把你的文化课学好，增加你的业余爱好。她爱看书，她通过书本上的了解，可能比从我这儿了解得更多，虽说在北京打了几年工，但我这儿毕竟知道的少。有时候给孩子的建议不一定就合适了，还是让孩子自己去领悟吧。

说到这儿了，我也再想替我们家孩子问问你。我在上学那会儿，在上初中那会儿，我就不知道怎么去选择自己的职业生涯，怎么制定自己的职业规划，我当时就没有那个想法，到什么学历了之后，就能够很好地去为自己做这个未来的规划。当时那会儿，什么叫未来，不知道。但我不希望我的孩子在这个重要阶段稀里糊涂地过去。作为父母，我希望我能给她一些建议，能够给她一些适当的引导，让她少走些弯路，将来发展得好点儿，但是我现在不具备这方面的知识和能力，这是我苦恼的地方。

从10例个案父母对子女的职业期望与子女个人的职业期望的关系看，父母对子女的职业期望与子女个人的职业期望存在差异，但又存在一定的相关性（见表3-3）。父母对子女的职业期望与子女个人的职业期望的差异性表现在职业期望的明确性上，子女个人的职业期望的明确性要明显高于父母对子女的职业期望，这可能与子女较父母更了解自身实际情况、更能做出准确合理的职业期望有关。

父母对子女的职业期望与子女个人的职业期望的相关性则表现在以下两个方面。其一，父母对子女的职业期望和子女个人的职业期望具有一致性。从父母对子女的职业期望无缺失的个案看，大部分父母对子女的职业期望与子女个人的职业期望相近，仅个别存在明显差异。其二，随着子女受教育程度的提高，父母对子女的职业期望和子女个人的职业期望的变化趋势相同，有明确提高的趋势，表现为更倾向于满足内心自尊需求，而非满足基本生活需求。

表3-3 父母职业期望与子女职业期望

姓名	受教育程度	子女个人的职业期望起始时间	父母对子女的职业期望	子女个人的职业期望
小赵	初中	初中	没有	助人、为社会服务的职业
小天	初中	初中	没有	能赚钱的职业
小张	中专	初中	能赚钱的职业	能赚钱的职业
小段	中专	初中	没有	能赚钱的职业
小志	大专	初中	没有	受人尊敬的职业
小伟	大专	高中	受人尊敬的职业	受人尊敬的职业
小冒	硕士	小学	能赚钱的职业/受人尊敬的职业	助人、为社会服务的职业
小辉	硕士	小学	受人尊敬的职业	受人尊敬的职业
小梅	博士	小学	受人尊敬的职业	受人尊敬的职业
小沈	博士	小学	受人尊敬的职业	得到人们高度评价的职业

除此之外,从访谈中还发现,不同生活环境下,父母对子女的职业期望对子女个人的职业期望的影响存在明显差异。

首先,就生活环境闭塞的青少年而言,其父母对子女的职业期望较低,多是满足基本生活需求的职业期望,并且还有很多父母对子女没有任何职业期望,而是任由其自然发展。但是值得注意的是,这种自然发展并非部分人想的充分发展,而是在条件极度匮乏下的缺乏活力的"靠天吃饭式"的贫困发展模式。这就好比是一种种地不浇灌、不除草、不施肥式的养育模式。显然,这种养育模式极不利于子女实现充分发展。

其次,从另外几例个案的情况看,虽然生活环境同样落后闭塞,但是由于父母见识较广,对职业了解多些,在子女做职业期望选择时,就能给出一些有用的建议,帮助子女制定更为合理可行的职业期望。同时,还有一类父母,虽然他们对职业了解甚少,并不能给子女的职业期望选择提供任何行之有效的建议,但是他们意识到职业期望对子女发展的重要性,对子女抱有较高的期待,并且鼓励子女接受更多的教育,希望他们将来能够发展得好。父母对子女职业期望的这种态度也是有益于贫困家庭子女自身发展的。因为,这类父母意识到自己不能提供实质性的帮助,而鼓励子女通过学习获得更多知识和拓宽视野,可以使子女加深对职业的认识和了解,从而有利于子女制定良好的职业期望,也有利于子女后期的发展。

事实上,要为子女做出良好的职业规划指导,父母必须具备一定的洞察能力,并且在思想和眼光上必须具有足够的前瞻性。黄炎培先生曾在《怎样教我中学时期的儿女》一文中,阐述他在子女职业规划中的教育观念和方法。作为一个职业规划做得极好的正面案例,可与本研究中大部分职业规划案例做一对照,也可突出反映父母对子女的职业期望对子女个人的职业期望的重要作用。

黄炎培:吾在没有认识职业教育的重要以前,却早注意到一点。就是修学必先确定服务方针,将来做什么,现在做什么。30年前有一从弟自幼发现他有机械天才,入中学时,即令他实习机械,到底成为机械专家。我的儿辈,除了考入清华大学,他们没有设分科中学,只得在大学每年暑假期,看他们才性,给他们练习机会,有的银行,有的铁路,有的教书,其余都在初中时早就帮助他们决定大方针,升入分科高中,年满毕业,就他们所学,给他们服务机会,一二年后,

再令入国内外大学求深造。这一个过程，这一种方式，我很确实的认为重要，而他们自己亦很深信为有效。我为这些，不知当众演说过多少次，文章写过多少篇，苦口劝告大众：（一）初中三个学年的使命，就在让别人认定他的，或自己认清自己的天性和天才，来决定一生修学就业的大方针；（二）即使预备升大学，在高中时亦宜依照所定方针入分科修习；（三）如果中学修了，即拟就业，不再开学，更宜入分科高中。可惜一般人还不能完全了解，以致走错路头的还不少，我所深深地认为歉然的。

上开一点，要算我对中学儿女最注意所在。有一个儿子，少年最欢喜读子书、佛经，便指导他研究哲学。还有一个在孩童时期欢喜玩积木，构成各种建筑，便时常带他从远处、高处看上海市景，诱发他对于工业的兴趣，指导他研究工科。大概这一点我绝不敢放松的……此外我对于各门功课，仅切嘱他们特别熟习三门，就是国文、外国文和算学……至于各专科，自有专门教师指导，自己既发生兴趣，自会精心钻求的。体育，却也是我所特别鼓励的一端。

我常常严厉督促他们写日记，用钱必督促他们记账。大概他们的日记，是我负责检阅的。用款检查，是他们母亲负责的……但对于帮助更清苦的同学，从来不加阻止，有时还多量资助他，养成他们待人慷慨的心肠。但交友的好坏，却为我夫妇所共同注意。归家必责令服务。

在任何场合，绝对不许他们说谎话，这小小一点，从幼叶，就用极大气力注意的。这点，幼时用力养成了习惯，到中学时期，便不致成问题，但仍值得注意。家庭中，我和他们的母亲，都不惜用扑责的。我用扑责时较少，但他们对我多畏惧。这一点长儿方刚尝和我辩论，以为若是没有这一点不更好么？我以为从幼年到青年，至少在某时期、某场合，实需要这多少有所畏惧的心理，使精神上有所约束，影响到他们行为上，使有所不敢为。同时做父母的十分检束自己的行为，凡不许儿女做的，父母不做，且禁止家庭中任何人做。[①]

[①] 黄炎培：《怎样教我中学时期的儿女》，载冯林主编《中国家长批判》，中国商业出版社2001年版。

从这段引文可以看出，黄炎培先生的教育理念是非常重视对子辈的职业规划和学习安排的，认为职业规划对孩子的教育和终身发展具有重要意义，并且认为教育计划应该按照职业规划来制定。而职业规划应该按照个人兴趣爱好来确定，初中时期应注重对青少年兴趣和先天才能的挖掘。职业规划的制定时机则建议选在分科之前，或在高中分科之前，或在大学分科之前，究其根本原因还在于职业规划在教育投资中的引导作用。

综合以上各方面的分析讨论，家庭背景和生活环境中的信息获取情况对青少年职业期望具有重要影响。首先，对比不同家庭背景个案职业期望的差异可以发现，家庭贫困、生活环境闭塞的孩子职业期望较模糊，或者职业期望较低，表明家庭背景不好、生活圈子小、可接触的人和事少不利于孩子职业期望的确立。部分父母意识到家庭贫困、生活环境闭塞对子女发展的不利，不希望孩子受到来自家庭条件不足的负面影响，而寄希望于学校教育，希望能够通过学校教育来弥补生活环境的不足。但是也有部分父母并未意识到这个问题，而是依照自己的价值观念来指导孩子，反而适得其反。其次，生活环境和信息获取是否便利对职业期望也有重要影响。外面的世界很精彩，可惜很多人没有机会看到。"山里娃"长大了也只知道放羊，而且将来还打算让他的孩子继续放羊。"放羊—娶媳妇—生娃—再放羊"的一大主要原因就是他们知道的可以从事的职业只有这些。生活环境的闭塞，与外界隔绝，使得他们并不知晓外面丰富多样的职业类型。

第四节 个体职业期望的后期影响探析

一、职业期望与教育获得的相互影响

访谈中还发现，职业期望调整和教育阶段转变总是相伴相随的，说明职业期望与教育成就之间具有一定的关系。本部分继续根据以下个案的情况，分析职业期望与教育成就之间的关系。

小梅：我就是按照高中时候的职业期望选的大学专业。大学学的光学，那时候赶时髦嘛，光信息，我就以为跟工程师很接近，后来发现是物理系的光学。我对职业的追求，也影响了我对教育的追求。我大学毕业的时候，想做金融了，就从理工科跨到经济这边。那会儿觉得金融学竞争很激烈，我就考的数量经济嘛。当时以为数量经济跟金融很接近。我感觉教育水平也对职业期望有影响。我上了本科才具备条件考虑做金融行业的工作，因为现在想进金融行业最低也得本科学历。好多职业都对学历有要求，学历对职业期望也有影响。

小沈：高中之前，我还处在无意识状态，只是潜意识在引导我，我就走到这一步了。但是我想，在我读到硕士研究生和博士研究生阶段，这时候我是非常明确清晰的。学到这个层次，很多东西都了解了，也更了解自己适合干什么了，所以，教育水平提高还是对职业期望有益的，能更清晰明确地了解什么更适合自己。反正，我硕士以后的教育都是受职业理想影响、引导的。因为要当个大学教师就要求你必须有博士学位，所以我就读博了。

小闫：我觉得这个职业期望和教育水平有关。教育水平越高，职业期望也越高，反过来，职业期望也会鼓励你增加教育投资吧。大学以后我的职业期望比之前更明确，而且我也知道如何规划一步一步去实现，因为上了大学，我的见识多了，对很多事情的认识更准确了，而且我在大城市也算见了世面的。教育水平提高了，对你职业期望的明确和实现都有积极影响。反过来讲，你要实现职业期望就要增加教育投资。大学的时候，我想考公务员，看书看报时都留意积累点相关的知识，积极参加各种社团活动增加社会实践经历，好好学习拿奖学金，职业期望实际上一直引导你的教育投资。

小辉：我觉得职业期望和教育水平是相互影响的。就说我吧，我觉得我是个挺有上进心的人。我的教育水平每提高一个阶段，我都在变化我的职业期望，往上提高吧。我好像很不安于现状，每一次升学，都要提高一下职业期望。而且，我每次调整职业期望也是根据我教育水平的变化调整的，教育水平高了嘛，职业期望也应该更高点。因为职业期望比现实高，要跳一跳才能够到，我就会比较努力地学习，或是继续考研，或是考各种资格证。我在学习、教育上的努力，差不多都是根据我的职业期望来做的。

第三章　微观个体职业期望发展历程探析

小伟：我的职业期望由医生变为计算机技术人员，是教育改变了我的职业期望。职业期望也对专业知识积累有影响。自从上了大学，开始学习计算机网络，那是 2004 年，感觉网络也很时尚、很神奇，慢慢地就进入这一行业了；后来进这行工作了，发现学历不够，很多专业知识也欠缺。这决定了我继续接受教育，去北京电大学习。

小张：因为想找会计工作嘛，现在会计招聘都要大学毕业的。中专毕业的时候，家里人劝我考大专，老师也劝我考，可我不想上。那个时候觉得我找个好工作不成问题，可出来碰的壁太多了……今年想继续考个中级会计证，再一个呢，想考个成人自考，提高一下自己的学历。家里也说找个老会计先带我一段，然后可以自己报考成人自考学历，再争取把会计职称拿下，这样的话，工资起薪会提高。学了会计就最好干会计，学了这门专业，有了这门技术，就更想做这行了。

小段：我从小就爱唱歌，就想长大以后当个音乐老师。上初中那会儿不爱学习，也考不上好大学，后来考的中专，又想做和音乐有关的工作，我就选的幼师。说当个幼师吧，就报的幼师专业。学历肯定影响职业期望啊，我就是因为考不上大学才只能当幼师嘛，要是能考上本科，我也能当初中音乐老师了呢。想当幼师这个事，几乎就是引导着我，决定我上什么学、上什么专业啊。

小赵：我下面（管理）的这些年轻的会服人员都不重视学历，他们很早就不上学了，这辈子的受教育程度也就这样了，这对他们的将来影响其实挺大的，虽然他们现在都挺乐观的，根本没意识到学历的重要性。虽说以后还可以像我一样考成人自考，可是我的切身体会告诉我，还是不一样的。现在找个工作，最少你得是大学学历，人家得要求你。你看我是学了继续教育了，但是好多公司一看我是继续教育的，根本就不行了。不如在校全日制的，全日制的是正儿八经的大学教育。这个差别是肯定的，没有大学学历人家直接就把你拒之门外了。我本来想换工作呢，人家一说你是成人自考的专科，还是跟正经专科差很多的。我已经意识到了学历的重要，需要从这些专业课上去了解这些东西来弥补能力的匮乏。虽然道理我是明白的，但是让我表达，我比较磕磕绊绊的，为什么，因为我了解的理论的东西比较少。如果你肚子里有东西，你说得出来；你肚子里没东西，你体会得再深切，你不能够妙语连珠地很流畅地把它表达出来。这个表达能力差，也是受多方面影响的。尤其是你像现在，我们不是做物业嘛，我算是管理层，如果说你自己知识不够，表达不好，你得不到领导的赏识，再一个，你跟下属的沟通可能也不太顺畅。你的沟通能力、你的底子，肯定要通过学习去得到。通过专业学习，你能够找到更准确的词、更容易让人理解的表达方式来沟通，能提高你的沟通能力。专业学习对我跟上层领导沟通有帮助，因为我能够用他们更容易听得懂、能理解的方式表达。跟下属虽然不用一些专业知识，但是也需要一些沟通技巧，专业书本上的一些知识告诉你该怎么跟他们沟通，我可以用更好的更准确的方式告诉他们应该怎么做，能够让他们做得更好。你学到一定程度以后，你肚子里面有东西了，你的表达变得有内涵了，就能够得到人家认可。你如果没有这个学历，虽然你在实践中有所体悟，但是你并不能很好地表达出来，你可能不了解那些专业知识，你可能跟领导就没有共同语言。此外，你通过学习还能提高分析能力和处理问题的能力。

从以上个案职业期望的转变时段看，职业期望的转换和教育阶段的转换总是相伴相生的。在个体生命历程中，职业期望和教育成就表现出相互影响、相互促进的发展变化趋势。职业期望在教育投资中发挥了引导作用，在很大程度上决定了教育投资水平和方向。在职业期望引导下进行的家庭教育投资，有助于提升个体的教育成就。而教育成就有助于个人了解社会、了解事物等，并有助于形成合适的职业期望，教育成就的提高又成为制定新职业期望的基础；相反，如果教育获得不足，将对职业期望选择形成一种强制性的约束。如此循环往复的影响，使得当前的职业期望和教育成就都是前期职业期望和教育成就相互作用的长期积累的结果。个人生命历程中职业期望和教育成就的相互影响关系呈现明显的优势（劣势）积累效应，使得其中的影响极其深远。

二、职业期望对后期教育投资的引导功能

职业期望总是根据该时期的受教育程度和其他客观条件制定的。在职业期望确定后职业期望又会对下一时期教育获得和教育成就发挥积极的指

导作用。以下专门针对职业期望对个人教育投资的影响进行详细分析。

小沈：我是希望从事能够得到人们高度评价的职业的，并且我觉得这个理想也在无形之中影响了我，影响了我的行为处事方式，影响了我在学习上的努力程度和学习上的选择吧。而且我认为，我之前希望自己做天文学家、做律师、做记者，跟我希望从事得到人们高度评价的职业的这种心理追求是非常吻合的。我就想做一个从事社会工作得到人们高度评价或尊重的人。而且这种心理上的追求确实让我接受更多的教育，因为要想得到人们高度评价的话，就必须在学识上超过别人。

小闫：我的职业理想引导着我对自己进行投资和训练。就是因为这个职业期望，包括我如何去努力、怎样去努力，我要确立目标，确立努力路径，然后一步一步去实现。把它分解成几个小目标去实现，第一个是能力，第二个是经验的积累，第三个是社会关系的积累。根据老师的说法，加上我自己的实际情况，就是成功的三要素：能力、机遇和关系。我没有关系，所以我就只能从各个方面提高我的能力，包括实习经历啦，成绩啦，学生干部经历啦，各种荣誉啦，我最起码有一个敲门砖，最起码我有能迈过这个门槛的机会。

小伟：职业期望对专业知识积累有影响。自从上了大学，开始学习计算机网络，后来工作了发现知识不够，就又去上了个电大，也学了很多专业的知识。职业期望是一个人的奋斗目标，也是灵魂所在；职业期望引领一个人向前，也引领一个人积累相关知识，是一种累并快乐着的感觉。

小赵：我是工作了的，作为过来人，我认为，教育投资随职业期望决定是最好的，可是呢，工作之前还做不到，就是等你工作后，开始感觉哪块缺知识了，你才想着学这个补充一下。我也是上班之后，发现自己专业知识太缺乏了，很多东西就表达不清楚，才又去学了个成人大专，看书考物业资格证。我们领导总跟他们说，你们没事也看点儿书，对你们将来发展有好处。你看人家赵姐也就初中毕业，可赵姐特别上进，大专也考下来了，还考了很多证。

通过分析以上个案情况可以发现，前期职业期望对教育投资决策具有重要影响。并且，这种影响在小学和初中阶段相对较小，而在初中及高中以后的教育转换和分流阶段表现得更为明显。具体而言，前期职业期望对后期教育投资决策和教育分流的引导功能主要表现在以下三个方面。

一是前期职业期望决定教育阶段转换时升学与否，从而决定一个人的受教育水平，即教育成就。

二是前期职业期望影响教育轨道的选择，即在教育分流阶段是选择职业型教育（如职业高中）还是选择学术型教育（如普通高中）。

三是前期职业期望影响教育专业的选择。在做教育专业的选择决策时，如决定专业选管理学还是工学，前期职业期望具有决定性的影响。

第五节　本章小结

概括而言，对于不同受教育程度的被访者，精神风貌和生活状态存在差异。学历相对较高的被访者，语言表达喜欢采用客观描述和精确剖析的方式，对事物的认识深刻，理解沟通能力强，并且更自信，敢于直面过往壮志未酬的职业追求，对未来职业的期待感更强，并且会做出详细的计划。而学历相对较低的被访者，语言表达喜欢采用感受式和评价式的风格，有时候不够自信，对未来虽然也充满了美好的期待，但相对而言缺少计划，并且很多人也不具备足够的专业知识，不懂得如何实现职业理想。从中也可以发现，受教育水平确实是影响个人职业发展和生命状态的重要因素。

定性访谈发现，"找工作要依靠社会关系""读书无用论"伤害了广大人民群众树立职业期望的积极性。若是父母以及生活环境中接触到的人受教育水平较低，大部分青少年会面临知识欠缺却难以获得帮助的困境，既不懂职业期望的重要性，也不知道应该如何规划去实现梦想，进一步降低了职业期望实现的可能性。回望过去，职业期望低在很大程度上是贫困闭塞生活环境带来的后果。贫困闭塞的生活环境会降低人对未来职业的期望水平。而展望未来，职业期望低又会严重影响家庭教育投资，造成下一代教育成就不足，从而增加后期生命历程中的贫困发生风险。

第三章　微观个体职业期望发展历程探析

比较不同个案情况发现，职业期望低的一个重要原因是受客观条件的制约，比如因为缺乏社会关系，而放弃一些职业追求。而另一个重要原因是对收入较高的职业、社会地位较高的职业缺乏了解，即不知道有这类职业，而且也不了解这类职业对教育学历和专业知识的要求。职业认知缺乏是贫困家庭的青少年职业期望低的重要原因。因为生活环境落后闭塞，与外界的快速发展存在脱节，此类地区的青少年对很多职业缺乏了解，甚至不少新兴职业他们都没有听说过，以此设定为自己的职业期望更是无从谈起的事。很多情况下，落后地区的青少年树立的职业期望都是他们生活环境中的优势职业。但是，突破他们的生活圈子，从整个社会大范围看，他们的职业期望是相对较低的。

比较不同地区的被访者可以发现，来自农村的被访者，由于环境相对贫困闭塞，多具有散漫、没有目标、没有规划的生活态度。并且，他们相对更注重实际工作技能，而忽视文凭学历的重要性，并且没有意识到职业期望和职业规划在人生中的重要性。这一点与威利斯笔下的"家伙们"有惊人的相似之处。通过展现某个工业城镇里 12 个出身工人阶级家庭的男孩从毕业前 18 个月到工作后半年这段时期内的学习生活经历，威利斯提出，工人阶级子弟在主观上"希望与众不同"，从而对学校主流文化做出反叛和抵抗。"家伙们"会"认为证书和考试永远不可能提高整个工人阶级的地位，相反只会造成资格泛滥，使中产阶级特权合理化"，并且，"他们并不幻想'事业'发展，而是在使人疲惫的环境中付出自己的劳动力，判断出必需的最低限度，以免受到来自被支配地位的双重侮辱：一种是真实的，一种是意识形态上的"。[①] 而"家伙们"反叛的结果恰恰是实现了社会再生产。

访谈中，也看到几个特例，几个突围之人虽然也在相对贫困闭塞的环境中成长，但通过自己在学习上的努力取得了成功。总结归纳后发现，这些突围之人具有以下特点。

首先，突围之人具有积极的职业期望，制定的职业期望会高于自己目前的客观条件的水平，但又不远离自己的客观条件。

其次，实现职业期望所需的但目前尚不具备的条件，可通过增加教育

---

① [英] 保罗·威利斯：《学做工：工人阶级子弟为何继承父业》，秘舒、凌旻华译，译林出版社 2013 年版。

成就来弥补。

最后,清楚如何实现职业期望。在制定职业期望时,也制定翔实的规划,懂得循序渐进地实现职业目标。

综上,突围之人在制定职业期望时跳出了客观不利条件的制约,在实现职业期望的过程中懂得循序渐进有计划地进行,并且充分发挥职业期望在教育投资中的积极引导作用,提高教育获得水平,弥补先天不足之处,从而有利于实现经济社会地位的向上流动。

贫困闭塞的生活环境和薄弱的经济社会基础,在很大程度上约束了青少年对未来职业期望的选择余地,而较低的职业期望又在很大程度上降低了教育资源的获得机会和教育成就,使得日后很难找到经济收入高、社会地位高的工作。除此之外,令人担忧的是,在生命历程中的教育获得阶段,不少贫困少年却"主动放弃"教育机会,失去提升教育成就的宝贵时机,其恶劣影响异常深远。在当今社会,没有学历文凭会让职业地位获得变得更难。教育仍然是贫困群体改变命运的有效途径。当前阶段,绝大部分人的教育投资发生在25岁之前,并且后面很难再弥补。贫困青少年过早结束教育,在很大程度上意味着自愿放弃改变命运的良机,这对后期的职业获得、经济社会地位获得等重要生命事件都会产生重要影响。

另一个值得注意的是,贫困文化对青少年职业期望和教育获得的隐蔽的负面影响。贫困文化体现了一种生活方式,包括他们的服饰、婚俗和家庭生活、工作模式、宗教仪式以及休闲方式等。对于长期处于落后封闭生活环境的人,物质的匮乏和精神的贫瘠造成沉重的心理负担,在提高经济收入和社会地位无望、内心极度失意的情况下,为了缓解心理压力,寻求心理的解脱和生活的安宁,就产生了一种亚文化观念——贫困文化。贫困文化发挥了平衡理想和现实的调节功能,是穷人的一种自我保护的心理平衡机制,是一种避免痛苦、贪图享受和信奉知足常乐、顺其自然、不思进取的价值观念。例如,要求子女降低职业期望,或者是完全放任其自由发展,实行一种不负责任的"散养式"教育方式。

此外,贫困文化也是穷人解决自身贫困问题的无奈选择。罗德曼曾指出,"穷人没有抛弃社会及其文化的一般价值体系,所以他们能在文化的根基上增加价值选择,这有助于他们适应被剥夺的环境。把贫困家庭的行为看作他们克服贫困所造成的问题的方法而不是被看作问题更适当些"。① 长期处于贫困落后状态的青少年，看到父辈们辛勤劳作却始终无法摆脱贫困的事实，会对自己产生一种悲观预期，认为自己也始终无法逃脱贫困的梦魇。根据父辈的情况，他们预期贫困的内外环境很难或者根本不可能得到改善，从而认为解决自身贫困问题的唯一方法只能是降低标准，让自己在自己制定的标准上实现脱贫。于是这就出现了"你认为我穷，但我不认为我穷"的主观不贫困现象。通过贫困文化的调节，贫困群体的所谓贫困境遇因标准降低而得到改观，由贫困变得不贫困，自身的心理需求和尊严也得到了所谓的满足。②

贫困文化使贫困群体陷入自我设限的误区，扼杀了他们行动的欲望和潜能，使他们不敢去挑战和超越自我，不敢去追求成功，这种"自我设限"和自我暗示是贫困群体无法摆脱贫困处境的重要原因之一。而职业期望是贫困文化使贫困群体陷入"自我设限"误区的主要工具。在贫困文化的影响下，人们不敢追求更高的职业期望，甚至连想都不敢想。而对于自身潜能来讲，过低的职业期望不利于激发潜能，进一步阻碍了个体的发展。受贫困文化影响的人，往往具有较低的职业期望或者干脆没有任何职业期望，不会规划未来，而且受教育程度也明显偏低，这种对个体发展的不利影响将会伴随终生。子代发展不利也将失去家庭经济社会地位向上流动的机会，造成贫困家庭的代际传递，致使家庭陷入世代贫困的困境。

那么，这种家庭经济社会地位、生活环境对职业期望的影响，以及职业期望对教育机会获得的影响，只是存在于访谈个案的个别情况呢，还是一种普遍存在的社会现象和问题呢？下文以 CFPS 大样本数据为基础，对定性部分的研究发现进行统计显著性检验。由于大部分辍学事件集中发生在教育阶段转换点附近，在分析职业期望对教育机会获得的影响时，笔者从教育的转换和分流点切入，进行实证检验。

---

① ［美］马克·赫特尔：《变动中的家庭——跨文化的透视》，宋践、李茹等译，浙江人民出版社1988年版。
② 王兆萍：《转型经济发展中的文化断裂与贫困研究》，中国社会科学出版社2007年版。

第四章 青少年职业期望现状分析

本部分采用中国家庭追踪调查（CFPS）数据，对我国青少年的职业期望的总体概况和群体差异进行分析。之所以采用中国家庭追踪调查数据，是因为国内只有该数据收集了所有处于上学状态的被访者的职业期望，并收集了未成年学生的父母对子女的职业期望，数据信息比较符合研究需求。另外，在数据代表性的讨论上，王广州对该追踪调查的基年数据进行了检验，结果显示中国家庭追踪调查数据的被访者年龄结构与2010年第六次全国人口普查数据的年龄结构具有一致性，[①] 表明该调查数据对我国的总人口具有较好的代表性。

第一节 青少年职业期望的类型概况

一、在校青少年样本分布概况

从中国家庭追踪调查2012年的数据看，被调查到的在校青少年（剔除缺失值）人数为4321人。年龄处于10—28岁，其中，10—15岁2602人，占比60.22%，16—20岁1366人，占比31.61%，21—25岁344人，占比7.73%，26—28岁19人，占比0.44%。分性别来看，男性2198人，占比50.87%；女性2123人，占比49.13%。分城乡看，城镇户籍1825

---

① 王广州：《中国老年人口亲子数量与结构计算机仿真分析》，《中国人口科学》2014年第3期。

人,占比42.24%;农业户籍2496人,占比57.76%。分上学阶段看,小学在读1398人,占比32.35%;初中在读1372人,占比31.75%;高中、中专、技校、职高在读963人,占比22.29%;大专在读268人,占比6.20%;大学本科在读299人,占比6.92%;硕士研究生在读20人,占比0.46%;博士研究生在读1人,占比0.02%(见表4-1)。总体来讲,该结构分布与《中国教育统计年鉴》公布的2012年在校生的结构分布接近,可以大致反映我国在校青少年的基本概况。

表4-1 在校青少年样本分布

单位:人,%

变量	分组	样本量	占比
年龄	10—15岁	2602	60.22
	16—20岁	1366	31.61
	21—25岁	334	7.73
	26—28岁	19	0.44
性别	男性	2198	50.87
	女性	2123	49.13
城乡	城镇	1825	42.24
	农村	2496	57.76
上学阶段	小学	1398	32.35
	初中	1372	31.75
	高中、中专、技校、职高	963	22.29
	大专	268	6.20
	大学本科	299	6.92
	硕士研究生	20	0.46
	博士研究生	1	0.02
样本量		4321	100

资料来源:2012年中国家庭追踪调查在校青少年样本。

二、在校青少年职业期望类型分布概况

采用2012年CFPS未成年人数据库和成年人数据库所有在校青少年样本分析在校青少年职业期望概况发现,我国在校青少年的职业期望类型中,选择比例明显更高的是"助人、为社会服务的职业"(24.95%),其

次是"虽平凡,但有固定收入的职业"(18.63%),再次是"受人尊敬的职业"(17.54%),表明我国大部分青少年比较关注职业的社会贡献性、稳定性和自尊的满足功能(见表4-2)。

表4-2 在校青少年职业期望类型分布情况

单位:人,%

在校青少年的职业期望	样本量	占比
能推动社会发展的职业	578	13.38
助人、为社会服务的职业	1078	24.95
得到人们的高度评价的职业	308	7.13
受人尊敬的职业	758	17.54
能赚钱的职业	631	14.60
虽平凡,但有固定收入的职业	805	18.63
若不为人所用,就自谋职业	163	3.77
总计	4321	100

资料来源:2012年中国家庭追踪调查在校青少年样本。

三、父母对子女的职业期望类型分布概况

采用2012年CFPS未成年人数据库的数据分析父母对未成年子女的职业期望的基本概况发现,选择比例明显更高的是"受人尊敬的职业"(24.91%),其次是"虽平凡,但有固定收入的职业"(20.00%),再次是"助人、为社会服务的职业"(16.41%),表明父母比较关注职业的自尊满足功能、稳定性和社会贡献性(见表4-3)。

表4-3 父母对子女的职业期望类型分布情况

单位:人,%

父母职业期望	样本量	占比
能推动社会发展的职业	175	12.82
助人、为社会服务的职业	224	16.41
得到人们的高度评价的职业	99	7.25
受人尊敬的职业	340	24.91
能赚钱的职业	209	15.31

续表

父母职业期望	样本量	占比
虽平凡,但有固定收入的职业	273	20.00
若不为人所用,就自谋职业	45	3.30
总计	1365	100

资料来源：2012年中国家庭追踪调查在校青少年样本。

第二节 青少年职业期望的群体差异

一、职业期望的性别差异分析

男生和女生的心理特征和价值偏好不同，决定了男女职业期望上的差异。本研究采用2012年CFPS成年人数据库中初高中阶段的样本对职业期望的性别差异进行分析。表4-4给出了不同性别学生职业期望类型的分布情况。从男生的职业期望类型分布看，男生选择比例最高的职业期望类型是"虽平凡，但有固定收入的职业"（21.88%），第二是"能推动社会发展的职业"（20.39%），第三是"能赚钱的职业"（18.33%），第四是"助人、为社会服务的职业"（15.81%）。从女生的职业期望类型分布看，女生选择比例最高的职业期望类型也是"虽平凡，但有固定收入的职业"（25.91%），第二是"助人、为社会服务的职业"（22.61%），第三是"受人尊敬的职业"（15.00%），第四是"能推动社会发展的职业"（13.18%）。

表4-4 职业期望的性别差异

单位：人，%

职业期望类型	男 样本量	男 占比	女 样本量	女 占比
能推动社会发展的职业	178	20.39	116	13.18
助人、为社会服务的职业	138	15.81	199	22.61
得到人们的高度评价的职业	66	7.56	70	7.95
受人尊敬的职业	92	10.54	132	15.00

续表

职业期望类型	男 样本量	男 占比	女 样本量	女 占比
能赚钱的职业	160	18.33	103	11.70
虽平凡,但有固定收入的职业	191	21.88	228	25.91
若不为人所用,就自谋职业	48	5.50	32	3.64
总计	873	100	880	100

注:Pearson chi2 (6) = 50.1706, Pr = 0.000; likelihood - ratio chi2 (6) = 50.4926, Pr = 0.000。
资料来源:2012 年中国家庭追踪调查成年人数据库初高中阶段的样本。

比较男生和女生职业期望类型分布情况可以发现,二者的主选类型较接近,但比例分布存在明显差异。Pearson 的 χ^2 检验和似然比 χ^2 检验结果显示,男生和女生职业期望类型分布存在显著差异。其中,男生的职业期望类型以"虽平凡,但有固定收入的职业"和"能推动社会发展的职业"为主,而女生的职业期望类型以"虽平凡,但有固定收入的职业"和"助人、为社会服务的职业"居多。无论男生还是女生,都非常注重职业的稳定性。并且,男生和女生都很重视职业满足社交的需求,但男生较女生有更大的推动社会发展的欲望。究其原因,可能是男生的社会角色在发挥作用,传统观念引导男生比女生更趋于追求职业对社会发展的贡献。本研究结果与吴谅谅和李宝仙的研究结果一致。[①]

二、职业期望的年龄差异分析

本研究采用 2012 年 CFPS 未成年人数据库和成年人数据库的样本对职业期望的年龄差异进行分析。表 4-5 给出了未成年人和成年人的职业期望类型分布情况。从未成年人职业期望类型的分布情况看,未成年人的职业期望类型中,选择比例最高的是"助人、为社会服务的职业"(28.86%),第二是"受人尊敬的职业"(20.79%),第三是"虽平凡,但有固定收入的职业"(15.03%),第四是"能赚钱的职业"(14.33%)。从成年人职业期望类型的分布情况看,在成年人选择的职业期望类型中,选择比例最高的是"虽平凡,但有固定收入的职业"(23.90%),第二是

---

① 吴谅谅、李宝仙:《大学毕业生的职业期望及影响因素研究》,《应用心理学》2001 年第 3 期。

"助人、为社会服务的职业"（19.22%），第三是"能推动社会发展的职业"（16.77%），第四是"能赚钱的职业"（15.00%）。

表 4-5 未成年人和成年人职业期望类型分布

单位：人，%

职业期望类型	未成年人 样本量	未成年人 占比	成年人 样本量	成年人 占比
能推动社会发展的职业	284	11.06	294	16.77
助人、为社会服务的职业	741	28.86	337	19.22
得到人们的高度评价的职业	172	6.70	136	7.76
受人尊敬的职业	534	20.79	224	12.78
能赚钱的职业	368	14.33	263	15.00
虽平凡，但有固定收入的职业	386	15.03	419	23.90
若不为人所用,就自谋职业	83	3.23	80	4.56
总计	2568	100	1753	100

注：① Pearson chi2（6）= 153.1775，Pr = 0.000；likelihood - ratio chi2（6）= 154.4491，Pr = 0.000。② 未成年人指16岁以下的人口，成年人指16岁及以上的人口。
资料来源：2012年中国家庭追踪调查未成年人数据库和成年人数据库。

比较未成年人和成年人的职业期望类型分布情况可以发现，二者的主选类型较接近，但比例分布存在明显差异。Pearson 的 χ2 检验和似然比 χ2 检验结果显示，未成年人和成年人的职业期望类型分布不同。其中，未成年人的职业期望类型以"助人、为社会服务的职业"和"受人尊敬的职业"为主，而成年人的职业期望类型以"虽平凡，但有固定收入的职业"和"助人、为社会服务的职业"居多。

三、职业期望的地区差异分析

不同地区意味着不同的经济发展水平、不同的文化传统和不同的生存情境，职业期望是否也表现出相应的差异呢？本研究采用2012年CFPS成年人数据库初高中阶段的样本对职业期望的地区差异进行分析。表4-6给出了不同地区青少年职业期望的类型分布情况。从城市地区青少年职业期望类型分布情况看，选择比例最高的是"虽平凡，但有固定收入的职业"（20.58%），其次是"能赚钱的职业"（18.77%），再次是"能推动社会发展的职业"（17.69%）。从城镇地区青少年职业期望类型分布情况看，选择比例最高的是"虽平凡，但有固定收入的职业"（26.27%），其次是"能推动社会发展的职业"（19.92%），再次是"助人、为社会服务的职业"（16.10%）。从农村地区青少年职业期望类型分布情况看，选择比例最高的是"虽平凡，但有固定收入的职业"（23.63%），其次是"助人、为社会服务的职业"（21.60%），再次是"能推动社会发展的职业"（16.14%）。从郊区青少年职业期望类型的分布情况看，选择比例最高的是"虽平凡，但有固定收入的职业"（30.19%），其次是"能赚钱的职业"（18.87%），再次分别是"能推动社会发展的职业"（14.15%）和"助人、为社会服务的职业"（14.15%）。

表4-6 不同地区青少年职业期望类型分布

单位：人，%

职业期望类型	城市	城镇	农村	郊区
能推动社会发展的职业	17.69	19.92	16.14	14.15
助人、为社会服务的职业	14.08	16.10	21.60	14.15
得到人们的高度评价的职业	10.47	9.32	6.61	9.43
受人尊敬的职业	13.36	8.90	13.58	11.32
能赚钱的职业	18.77	15.68	13.58	18.87
虽平凡，但有固定收入的职业	20.58	26.27	23.63	30.19
若不为人所用，就自谋职业	5.05	3.81	4.85	1.89
总计	100	100	100	100
样本量	277	236	1134	106

注：Pearson chi2（18）= 32.4834，Pr = 0.019；likelihood - ratio chi2（18）= 33.1771，Pr = 0.016。

资料来源：2012年中国家庭追踪调查成年人数据库初高中阶段的样本。

总体而言，不论城市、城镇，还是农村、郊区，青少年的职业期望均以"虽平凡，但有固定收入的职业""能赚钱的职业""能推动社会发展的职业""助人、为社会服务的职业"为主要类型。但是，从具体比例来看，四者仍然存在一定差异。并且，Pearson的χ2检验和似然比的χ2检验结果显示，不同地区青少年职业期望类型的分布不同。具体而言，城市地区青少年职业期望类型分布比较均匀，生存需求型、社交需求型和尊重需求型均有；而城镇、农村和郊区青少年的职业期望主要集中在生存需求型和社交需求型，尊重需求型的比例较小。这说明地区差异影响人们的职业期望。相对落后保守的地区，职业期望的生存需求和社交需求分量更重。

四、职业期望的家庭差异分析

家庭是人成长和发展的最重要的初级社会生活场域，家庭生活经历对人的行为、情绪和认知发展的定型有很大的影响。那么，家庭背景和生活环境不同的人，是否也具有不同的职业期望呢？本研究采用 2012 年 CFPS 成年人数据库中处于初高中阶段的样本，分别从家庭社会资本、经济资本和文化资本三个维度，比较不同家庭背景下青少年的职业期望差异。

（一）不同家庭社会资本下的职业期望比较

本研究以父母的最高职业地位作为家庭社会资本的测量标准，将职业地位从高到低分为五大类，其中，管理者、专业人员代表的家庭社会资本最高，无业人员代表的家庭社会资本最低。表 4-7 给出了具有不同家庭社会资本的子女职业期望类型分布情况。

从父母职业类型为管理者、专业人员的情况看，子女职业期望类型选择比例最高的是"能推动社会发展的职业"（22.31%），第二是"虽平凡，但有固定收入的职业"（18.18%），第三是"能赚钱的职业"（17.36%），第四是"助人、为社会服务的职业"（15.70%）。

从父母职业类型为办事员、服务及销售人员的情况看，子女职业期望类型选择比例最高的是"虽平凡，但有固定收入的职业"（21.36%），第二是"助人、为社会服务的职业"（20.39%），第三是"能赚钱的职业"（17.48%），第四是"能推动社会发展的职业"（14.56%）。

从父母职业类型为工人的情况看，子女职业期望类型选择比例最高的是"虽平凡，但有固定收入的职业"（26.38%），第二是"助人、为社会服务的职业"（18.47%），第三是"能赚钱的职业"（15.83%），第四是"能推动社会发展的职业"（15.11%）。

从父母职业类型为农业、林业和渔业工作者的情况看，子女职业期望类型选择比例最高的是"虽平凡，但有固定收入的职业"（23.83%），第二是"助人、为社会服务的职业"（22.46%），第三是"能推动社会发展的职业"（17.10%），第四是"受人尊敬的职业"（14.20%）。

从父母为无业人员的情况看，子女职业期望类型选择比例最高的是"虽平凡，但有固定收入的职业"（30.43%），第二是"能推动社会发展的职业"和"能赚钱的职业"（15.65%），第三是"助人、为社会服务的职业"（12.17%）。

表4-7 家庭社会资本（父母职业类型）与子女职业期望类型分布

单位：人，%

职业期望类型	管理者、专业人员	办事员、服务及销售人员	工人	农业、林业和渔业工作者	无业人员
能推动社会发展的职业	22.31	14.56	15.11	17.10	15.65
助人、为社会服务的职业	15.70	20.39	18.47	22.46	12.17
得到人们的高度评价的职业	14.05	9.71	6.71	6.38	10.43
受人尊敬的职业	9.92	10.68	11.75	14.20	11.30
能赚钱的职业	17.36	17.48	15.83	11.88	15.65
虽平凡,但有固定收入的职业	18.18	21.36	26.38	23.83	30.43
若不为人所用,就自谋职业	2.48	5.83	5.52	4.06	4.35
总计	100	100	100	100	100
样本量	121	103	417	690	115

注：① Pearson chi2（24）= 36.4276，Pr = 0.050；likelihood - ratio chi2（24）= 35.6941，Pr = 0.059。② 军人样本量很小，无法进行比较，因此表4-7中未含军人。
资料来源：2012年中国家庭追踪调查成年人数据库初高中阶段的样本。

具有不同家庭社会资本的子女的职业期望类型分布非常相似。而Pearson的χ2检验和似然比χ2检验结果显示，不同家庭社会资本的子女的职业期望类型分布不存在显著差异。总体而言，不同家庭社会资本的子女的职业期望类型都是以"虽平凡，但有固定收入的职业"为主，说明不同社会资本的家庭都非常注重工作的稳定性。

（二）不同家庭经济资本下的职业期望比较

本研究采用家庭人均纯收入（Y）作为家庭经济资本的代理变量，将家庭人均纯收入分为五个档次，比较各档次下职业期望类型的分布差异。表4-8给出了具有不同家庭经济资本的子女职业期望类型分布情况。

人均纯收入小于5000元的家庭，子女职业期望类型选择比例最高的是"助人、为社会服务的职业"（21.86%），第二是"虽平凡，但有固定收入的职业"（21.33%），第三是"能赚钱的职业"（16.49%），第四是"受人尊敬的职业"（14.70%）。

人均纯收入大于等于 5000 元且小于 10000 元的家庭，子女职业期望类型选择比例最高的是"虽平凡，但有固定收入的职业"（24.61%），第二是"助人、为社会服务的职业"（20.54%），第三是"能推动社会发展的职业"（16.47%），第四是"受人尊敬的职业"（14.15%）。

人均纯收入大于等于 10000 元且小于 15000 元的家庭，子女职业期望类型选择比例最高的是"虽平凡，但有固定收入的职业"（27.14%），第二是"能赚钱的职业"（17.47%），第三是"能推动社会发展的职业"（15.61%），第四是"助人、为社会服务的职业"（14.87%）。

人均纯收入大于等于 15000 元且小于 20000 元的家庭，子女职业期望类型选择比例最高的是"虽平凡，但有固定收入的职业"（30.07%），第二是"能赚钱的职业"和"助人、为社会服务的职业"（16.99%），第三是"能推动社会发展的职业"（16.34%）。

人均纯收入大于等于 20000 元的家庭，子女职业期望类型选择比例最高的是"能推动社会发展的职业"（23.74%），第二是"虽平凡，但有固定收入的职业"（21.01%），第三是"助人、为社会服务的职业"（16.73%），第四是"能赚钱的职业"（14.40%）。

表 4-8　家庭经济资本（人均纯收入）与子女职业期望类型分布

单位：人，%

职业期望类型	Y<5000 元	5000 元≤Y<10000 元	10000 元≤Y<15000 元	15000 元≤Y<20000 元	Y≥20000 元
能推动社会发展的职业	14.52	16.47	15.61	16.34	23.74
助人、为社会服务的职业	21.86	20.54	14.87	16.99	16.73
得到人们的高度评价的职业	7.35	6.59	8.92	7.19	10.12
受人尊敬的职业	14.70	14.15	11.90	9.15	8.95
能赚钱的职业	16.49	11.82	17.47	16.99	14.40
虽平凡，但有固定收入的职业	21.33	24.61	27.14	30.07	21.01
若不为人所用，就自谋职业	3.76	5.81	4.09	3.27	5.06
总计	100	100	100	100	100
样本量	558	516	269	153	257

注：Pearson chi2 (24) = 41.6188, Pr = 0.014; likelihood - ratio chi2 (24) = 41.3385, Pr = 0.015。

资料来源：2012 年中国家庭追踪调查成年人数据库初高中阶段的样本。

具有不同家庭经济资本的子女的职业期望类型分布存在一定的差异。且 Pearson 的 χ2 检验和似然比 χ2 检验结果显示，拥有不同家庭经济资本的子女的职业期望类型分布存在显著差异。总体而言，家庭经济资本水平较低的学生，更倾向于选择"助人、为社会服务的职业"，表明其更注重为他人服务；而家庭经济资本水平居中的学生，更倾向于选择"虽平凡，但有固定收入的职业"，表明其更注重职业的稳定性；而家庭经济资本水平较高的学生，更倾向于选择"能够推动社会发展的职业"，表明其更注重对社会发展的贡献性。

（三）不同家庭教育成就下的职业期望比较

本研究采用父母最高受教育水平作为家庭教育成就的代理变量，将其分为五个档次，比较不同家庭教育成就下子女职业期望类型分布差异。表 4-9 给出了具有不同家庭教育成就的子女职业期望类型分布情况。

父母受教育水平为小学以下的子女，职业期望类型选择比例最高的是"助人、为社会服务的职业"（29.07%），第二是"受人尊敬的职业"、"能赚钱的职业"和"虽平凡，但有固定收入的职业"（16.28%）。

父母受教育水平为小学的子女，职业期望类型选择比例最高的是"虽平凡，但有固定收入的职业"（27.83%），第二是"助人、为社会服务的职业"（21.10%），第三是"能推动社会发展的职业"（16.51%），第四是"能赚钱的职业"（13.76%）。

父母受教育水平为初中的子女，职业期望类型选择比例最高的是"虽平凡，但有固定收入的职业"（24.76%），第二是"助人、为社会服务的职业"（19.05%），第三是"能推动社会发展的职业"（15.90%），第四是"能赚钱的职业"（14.93%）。

父母受教育水平为高中的子女，职业期望类型选择比例最高的是"虽平凡，但有固定收入的职业"（21.78%），第二是"能推动社会发展的职业"（18.37%），第三是"助人、为社会服务的职业"（17.85%），第四是"能赚钱的职业"（14.70%）。

父母具有大学及以上受教育程度的子女，职业期望类型选择比例最高的是"能推动社会发展的职业"（20.47%），第二是"能赚钱的职业"（19.69%），第三是"虽平凡，但有固定收入的职业"（18.11%），第四是"助人、为社会服务的职业"和"得到人们高度评价的职业"（14.17%）。

表4-9 家庭教育成就（父母最高受教育水平）与子女职业期望类型分布

单位：人，%

职业期望类型	小学以下	小学	初中	高中	大学及以上
能推动社会发展的职业	11.63	16.51	15.90	18.37	20.47
助人、为社会服务的职业	29.07	21.10	19.05	17.85	14.17
得到人们的高度评价的职业	5.81	4.59	8.01	8.14	14.17
受人尊敬的职业	16.28	12.23	13.11	12.86	10.24
能赚钱的职业	16.28	13.76	14.93	14.70	19.69
虽平凡,但有固定收入的职业	16.28	27.83	24.76	21.78	18.11
若不为人所用,就自谋职业	4.65	3.98	4.25	6.3	3.15
总计	100	100	100	100	100
样本量	86	327	824	381	127

注：Pearson chi2（24）= 36.2622，Pr = 0.052；likelihood - ratio chi2（24）= 35.3096，Pr = 0.064。

资料来源：2012年中国家庭追踪调查成年人数据库初高中阶段的样本。

具有不同家庭教育成就的子女的职业期望类型分布相似中存在差异。且 Pearson 的 χ2 检验和似然比 χ2 检验结果显示，拥有不同家庭教育成就的子女的职业期望类型分布没有显著差异。总体而言，不同家庭教育成就的子女的职业期望的主选类型都包含"虽平凡,但有固定收入的职业"和"能赚钱的职业"，表明不同教育成就的家庭都注重职业的稳定性和经济收入。虽然，家庭教育成就较高的子女也注重对社会发展的贡献性，而家庭教育成就较低的子女更注重助人、为社会服务。

五、职业期望的教育差异分析

受教育阶段不同，看待事物的能力和评判观念也不同，因此，不同受教育阶段的群体的职业期望也可能存在差异。本研究采用2012年CFPS未成年人数据库和成年人数据库的合并数据对不同受教育阶段的群体的职业期望差异进行分析。表4-10给出了不同受教育阶段群体职业期望类型分布情况。小学受教育阶段的群体，职业期望类型选择比例最高的是"助人、为社会服务的职业"（29.86%），第二是"受人尊敬的职业"（22.27%），第三是"能赚钱的职业"（16.34%），第四是"虽平凡,但有固定收入的职业"（12.00%）。初中受教育阶段的群体，职业期望类型选择比例最高的仍然是"助人、为社会服务的职业"（28.51%），第二是"虽平凡，但有固定收入的职业"（18.93%），第三是"受人尊敬的职业"（18.86%），第四是"能推动社会发展的职业"和"能赚钱的职业"（11.99%）。高中受教育阶段的群体，职业期望类型选择比例最高的是"虽平凡，但有固定收入的职业"（24.82%），第二是"能推动社会发展的职业"（18.69%），第三是"助人、为社会服务的职业"（18.07%），第四是"能赚钱的职业"（13.29%）。大学及以上受教育阶段的群体，职业期望类型选择比例最高的是"虽平凡，但有固定收入的职业"（23.16%），第二是"能赚钱的职业"（18.69%），第三是"助人、为社会服务的职业"（17.25%），第四是"能推动社会发展的职业"（15.97%）。

表4-10 不同受教育阶段群体职业期望类型分布

单位：人，%

职业期望类型	小学	初中	高中	大学及以上
能推动社会发展的职业	9.76	11.99	18.69	15.97
助人、为社会服务的职业	29.86	28.51	18.07	17.25
得到人们的高度评价的职业	6.51	6.29	7.89	8.95
受人尊敬的职业	22.27	18.86	12.77	11.50
能赚钱的职业	16.34	11.99	13.29	18.69
虽平凡,但有固定收入的职业	12.00	18.93	24.82	23.16
若不为人所用,就自谋职业	3.25	3.44	4.47	4.47
总计	100	100	100	100
样本量	1383	1368	963	626

注：Pearson chi2（18）= 223.0653, Pr = 0.000；likelihood - ratio chi2（18）= 228.3920, Pr = 0.000。

资料来源：2012年中国家庭追踪调查未成年人数据库和成年人数据库的合并数据。

比较不同受教育阶段群体职业期望类型分布发现，各受教育阶段群体职业期望类型均以"助人、为社会服务的职业""能赚钱的职业""虽平凡，但有固定收入的职业"为主，但是比例分布存在较大差异。Pearson的 χ^2 检验和似然比 χ^2 检验结果显示，不同受教育阶段群体的职业期望类型分布存在显著差异。总体而言，初中及以下受教育阶段的学生中，选择"助人、为社会服务的职业"的比例很高,这可能与我国小学和初中阶段的思想品德教育有关。这也可能意味着,初中及以下受教育阶段的学生希望从事第三产业服务类工作的比例较高,因为,质性访谈发现,低受教育程度的被访者认为"助人、为社会服务的职业"就是指第三产业服务类的工作。而高中及以上受教育阶段的学生,选择"助人、为社会服务的职业"的比例相对较低,而选择"虽平凡,但有固定收入的职业"的比例相对较高,说明高中以后学生的职业期望变得更加现实,更加追求工作的稳定性。

六、职业期望的代际差异分析

(一) 父母对子女的职业期望与子女个人的职业期望的差异性分析

本研究采用2012年CFPS未成年人数据库分析父母对子女的职业期望与子女个人的职业期望的差异性和相关性。表4-11给出了父母对子女的职业期望与子女个人的职业期望的类型分布情况。从父母对子女的职业期望类型的分布情况看,父母对子女的职业期望类型中,选择比例最高的是"受人尊敬的职业"(24.91%),第二是"虽平凡,但有固定收入的职业"(20.00%),第三是"助人、为社会服务的职业"(16.41%),第四是"能赚钱的职业"(15.31%)。从子女个人的职业期望类型的分布情况看,青少年个人的职业期望类型中,选择比例最高的是"助人、为社会服务的职业"(27.90%),第二是"受人尊敬的职业"(20.54%),第三是"能赚钱的职业"(15.27%),第四是"虽平凡,但有固定收入的职业"(15.03%)。

表4-11 父母对子女的职业期望与子女个人的职业期望类型分布

单位:人,%

职业期望类型	父母对子女的职业期望		子女个人的职业期望	
	样本量	占比	样本量	占比
能推动社会发展的职业	175	12.82	136	10.87
助人、为社会服务的职业	224	16.41	349	27.90
得到人们的高度评价的职业	99	7.25	85	6.79
受人尊敬的职业	340	24.91	257	20.54
能赚钱的职业	209	15.31	191	15.27
虽平凡,但有固定收入的职业	273	20.00	188	15.03

续表

职业期望类型	父母对子女的职业期望		子女个人的职业期望	
	样本量	占比	样本量	占比
若不为人所用,就自谋职业	45	3.30	45	3.60
总计	1365	100	1251	100

注：Pearson chi2（6）= 56.3857，Pr = 0.0000；likelihood - ratio chi2（6）= 56.6392，Pr = 0.0000。

资料来源：2012 年中国家庭追踪调查未成年人数据库。

比较父母对子女的职业期望与子女个人的职业期望类型的分布情况可以发现，二者的选择类型接近，但是比例存在一定的差异。Pearson 的 χ^2 检验和似然比 χ^2 检验结果显示，父母对子女的职业期望和子女个人的职业期望的分布不同。其中父母对子女的职业期望以"助人，为社会服务的职业""受人尊敬的职业""虽平凡，但有固定收入的职业"为主，而子女个人的职业期望倾向于"助人、为社会服务的职业""受人尊敬的职业""能赚钱的职业""虽平凡，但有固定收入的职业"。

（二）父母对子女的职业期望与子女个人的职业期望的相关性分析

从表 4-11 可知，父母对子女的职业期望与子女个人的职业期望的分布具有一定的相似性，比如在主要选择类型上是高度一致的。笔者进一步检验二者是否具有统计意义上的相关性。由于职业期望类型为多分类变量，不符合双变量正态分布的假设，笔者采用 Spearman 秩相关来描述和检验二者之间的相互关系。

表 4-12 子女个人的职业期望与父母对子女的职业期望的 Spearman 秩相关检验

项目	Spearman'srho	Prob > |t|
统计量	0.2046	0.0000

注：原假设为子女个人的职业期望与父母对子女的职业期望相互独立。

资料来源：2012 年中国家庭追踪调查未成年人数据库。

表 4-12 给出了父母对子女的职业期望与子女个人的职业期望的 Spearman 秩相关检验结果。检验结果表明，子女个人的职业期望与父母对子女的职业期望之间的 Spearman 等级相关系数约为 0.2，显著为正，表明子女个人的职业期望与父母对子女的职业期望具有一致性。

第四章 青少年职业期望现状分析

那么,父母对子女的职业期望与子女个人的职业期望的相对分布是怎样的呢?本研究进一步对父母对子女的职业期望与子女个人的职业期望进行交叉对比分析,以明确父母对子女的职业期望类型与子女个人的职业期望类型之间的关系。

表 4-13 父母对子女的职业期望与子女个人的职业期望的交叉汇总

单位:人,%

职业期望类型		父母对子女的职业期望							总计	样本量
		类型1	类型2	类型3	类型4	类型5	类型6	类型7		
子女个人的职业期望	类型1	30.83	17.29	6.02	19.55	9.77	13.53	3.01	100	133
	类型2	11.37	25.36	7.00	22.16	11.08	19.83	3.21	100	343
	类型3	14.29	11.9	15.48	33.33	11.90	10.71	2.38	100	84
	类型4	8.70	12.65	10.28	40.32	11.86	15.42	0.79	100	253
	类型5	10.58	10.58	2.65	23.81	30.16	19.05	3.17	100	189
	类型6	9.14	12.90	8.06	18.82	10.22	36.02	4.84	100	186
	类型7	11.63	13.95	4.65	6.98	20.93	30.23	11.63	100	43

注:职业期望类型1为能推动社会发展的职业;类型2为助人、为社会服务的职业;类型3为得到人们的高度评价的职业;类型4为受人尊敬的职业;类型5为能赚钱的职业;类型6为虽平凡,但有固定收入的职业;类型7为若不为人所用,就自谋职业;下文同。

资料来源:2012年中国家庭追踪调查未成年人数据库。

表 4-13 给出了父母对子女的职业期望与子女个人的职业期望的交叉汇总情况。当子女个人的职业期望类型为类型 1 时,父母对子女的职业期望类型比例最高的也是类型 1 (30.83%),其次是类型 4 (19.55%)。当子女个人的职业期望类型为类型 2 时,父母对子女的职业期望类型比例最高的也是类型 2 (25.36%),其次是类型 4 (22.16%)。当子女个人的职业期望类型为类型 3 时,父母对子女的职业期望类型比例最高的是类型 4 (33.33%),其次是类型 3 (15.48%)。当子女个人的职业期望类型为类型 4 时,父母对子女的职业期望类型比例最高的也是类型 4 (40.32%),其次是类型 6 (15.42%)。当子女个人的职业期望类型为类型 5 时,父母对子女的职业期望类型比例最高的也是类型 5 (30.16%),其次是类型 4 (23.81%)。当子女个人的职业期望类型为类型 6 时,父母对子女的职业期望类型比例最高的也是类型 6 (36.02%),其次是类型 4 (18.82%)。当子女个人的职业期望类型为

类型 7 时，父母对子女的职业期望类型比例最高的是类型 6（30.23%），其次是类型 5（20.93%）。总体来看，子女个人的职业期望与父母对子女的职业期望的主要类型是一致的。

第三节 不同生命历程阶段的职业期望差异

一、成年前后职业期望的差异分析

未成年人和成年人的职业期望存在差异。[①] 那么，同一个人，随着年龄的增长，其职业期望又会发生哪些变化呢？本研究将 2010 年 CFPS 未成年人数据库和 2012 年 CFPS 成年人数据库按个人 ID 和家庭 ID 进行匹配，筛选出 2010—2012 年从未成年人转变为成年人的样本，并以此分析成年前后职业期望的差异。

（一）成年前后职业期望的差异性分析

表 4-14 给出了同一群体成年前后职业期望类型分布情况。从未成年时的职业期望类型分布看，未成年时选择比例最高的职业期望类型是"助人、为社会服务的职业"（26.89%），第二是"受人尊敬的职业"（21.86%），第三是"虽平凡，但有固定收入的职业"（14.62%），第四是"能推动社会发展的职业"（13.52%）。从成年后的职业期望类型分布看，成年时选择比例最高的职业期望类型是"虽平凡，但有固定收入的职业"（24.69%），第二是"助人、为社会服务的职业"（23.11%），第三是"能推动社会发展的职业"（15.57%），第四是"受人尊敬的职业"（13.99%）。

比较成年前后的职业期望类型分布情况可以发现，二者的主选类型相同，但比例分布存在明显差异。Pearson 的 χ^2 检验和似然比 χ^2 检验结果显示，成年前后职业期望类型分布不同。其中，未成年时的职业期望类型以"助人、为社会服务的职业"和"受人尊敬的职业"为主，而成年后

[①] 未成年人指 16 岁以下的人口，成年人指 16 岁及以上的人口，下文同。

第四章　青少年职业期望现状分析

的职业期望类型以"虽平凡，但有固定收入的职业"和"助人、为社会服务的职业"居多。随着年龄的增长，职业期望有贴近现实的变化趋势。

表4-14　成年前后职业期望类型分布

单位：人，%

职业期望类型	未成年 样本量	未成年 占比	成年 样本量	成年 占比
能推动社会发展的职业	86	13.52	99	15.57
助人、为社会服务的职业	171	26.89	147	23.11
得到人们的高度评价的职业	42	6.60	37	5.82
受人尊敬的职业	139	21.86	89	13.99
能赚钱的职业	80	12.58	81	12.74
虽平凡，但有固定收入的职业	93	14.62	157	24.69
若不为人所用，就自谋职业	25	3.93	26	4.09
总计	636	100	636	100

注：Pearson chi2（6）= 30.4160，Pr = 0.000；likelihood-ratio chi2（6）= 30.6922，Pr = 0.000。
资料来源：2010年中国家庭追踪调查未成年人数据库与2012年中国家庭追踪调查成年人数据库匹配后的数据，表示2010—2012年从未成年人转变为成年人的样本。

（二）成年前后职业期望的相关性分析

成年前后的职业期望是否存在显著的相关性呢？表4-15给出了同一群体成年前后职业期望的Spearman秩相关检验结果。检验结果显示，成年后职业期望与成年前职业期望之间的Spearman等级相关系数约为0.2，显著为正，表明同一人成年前后的职业期望具有一致性。

表4-15　成年前后职业期望的Spearman秩相关检验

项目	Spearman'srho	Prob > |t|
统计量	0.2164	0.0000

注：原假设为成年前的职业期望与成年后的职业期望相互独立。
资料来源：2010年中国家庭追踪调查未成年人数据库与2012年中国家庭追踪调查成年人数据库匹配后的数据，表示2010—2012年从未成年人转变为成年人的样本。

那么，成年前后的职业期望的相对分布是怎样的呢？本研究进一步对成年前后的职业期望进行交叉对比分析。表4-16给出了成年前后职业期

分化的逻辑：职业期望、教育获得与社会流动

望的交叉汇总情况。当成年前的职业期望类型为类型1时，成年后职业期望类型比例最高的也是类型1（32.56%），其次是类型6（17.44%）。当成年前职业期望类型为类型2时，成年后职业期望类型比例最高的也是类型2（34.50%），其次是类型6（22.22%）。当成年前职业期望类型为类型3时，成年后职业期望类型比例最高的是类型2和类型6（23.81%）。当成年前职业期望类型为类型4时，成年后职业期望类型比例最高的是类型2（25.18%），其次是类型4（20.86%）。当成年前职业期望类型为类型5时，成年后职业期望类型比例最高的也是类型5（26.25%），其次是类型6（25.00%）。当成年前职业期望类型为类型6时，成年后职业期望类型比例最高的也是类型6（44.09%），其次是类型2（12.90%）。当成年前职业期望类型为类型7时，成年后职业期望类型比例最高的是类型6（32.00%），其次是类型2和类型5（20.00%）。

表4-16 成年前后职业期望的交叉汇总

单位：人，%

职业期望类型		成年后的职业期望							总计	样本量
		类型1	类型2	类型3	类型4	类型5	类型6	类型7		
成年前的职业期望	类型1	32.56	16.28	6.98	6.98	16.28	17.44	3.49	100	86
	类型2	14.04	34.50	4.68	16.96	5.26	22.22	2.34	100	171
	类型3	7.14	23.81	7.14	16.67	21.43	23.81	0.00	100	42
	类型4	14.39	25.18	6.47	20.86	10.79	17.99	4.32	100	139
	类型5	13.75	15.00	8.75	10.00	26.25	25.00	1.25	100	80
	类型6	11.83	12.90	4.30	9.68	8.60	44.09	8.60	100	93
	类型7	8.00	20.00	0.00	4.00	20.00	32.00	16.00	100	25

资料来源：2010年中国家庭追踪调查未成年人数据库与2012年中国家庭追踪调查成年人数据库匹配后的数据，表示2010—2012年从未成年人转变为成年人的样本。

总体来看，成年前后职业期望的主要类型是基本一致的。所不同的是，成年后的职业期望类型中选择"虽平凡，但有固定收入的职业"的比例显著提高，表明随着年龄的增长，职业期望逐渐贴近现实。

二、升学前后职业期望的差异分析

不同教育阶段群体的职业期望差异，说明职业期望可能随教育水平提

高发生变化。笔者将 2010 年 CFPS 未成年人数据库正在上学的样本与 2012 年 CFPS 未成年人数据库和成年人数据库正在上学的样本进行匹配,再按照受教育阶段不同作为升学判断标准,筛选 2010—2012 年发生升学的样本,[①] 并以此分析升学前后学生职业期望的差异。表 4-17 给出了教育阶段转换前后的职业期望类型分布情况。升学前的职业期望类型中,选择比例最高的是"助人、为社会服务的职业"(28.45%),第二是"受人尊敬的职业"(25.25%),第三是"能推动社会发展的职业"和"能赚钱的职业"(12.63%)。升学后的职业期望类型中,选择比例最高的仍然是"助人、为社会服务的职业"(26.56%),第二是"虽平凡,但有固定收入的职业"(21.19%),第三是"受人尊敬的职业"(17.13%),第四是"能推动社会发展的职业"(13.06%)。

表 4-17　教育阶段转换前后职业期望类型分布

单位:人,%

职业期望类型	升学前 样本量	升学前 占比	升学后 样本量	升学后 占比
能推动社会发展的职业	174	12.63	180	13.06
助人、为社会服务的职业	392	28.45	366	26.56
得到人们的高度评价的职业	90	6.53	92	6.68
受人尊敬的职业	348	25.25	236	17.13
能赚钱的职业	174	12.63	166	12.05
虽平凡,但有固定收入的职业	159	11.54	292	21.19
若不为人所用,就自谋职业	41	2.98	46	3.34
总计	1378	100	1378	100

注:Pearson chi2 (6) = 62.1923,Pr = 0.000;likelihood-ratio chi2 (6) = 62.9155,Pr = 0.000。
资料来源:2010 年中国家庭追踪调查未成年人数据库正在上学的样本与 2012 年中国家庭追踪调查未成年人数据库和成年人数据库正在上学的样本进行匹配,表示 2010—2012 年发生升学的样本。

升学前后的职业期望类型分布存在一定的差异。Pearson 的 χ^2 检验和似然比 χ^2 检验结果显示,升学前后职业期望类型分布不同。总体而言,升学后比升学前更加注重工作的稳定性。

[①] 由于 2010 年调查时系统跳转设置问题,成年人数据库职业期望未调查,此处数据不包括 2010 年成年人数据库的数据。

那么，同一群体升学前后的职业期望是否存在显著的相关性呢？表4-18给出了同一群体升学前后职业期望的Spearman秩相关检验结果。检验结果显示，升学后职业期望与升学前职业期望之间的Spearman等级相关系数约为0.15，显著为正，表明同一群体升学前后的职业期望具有一致性。

表4-18 升学前后职业期望Spearman秩相关检验

项目	Spearman'srho	Prob > |t|
统计量	0.1471	0.0000

注：原假设为升学前的职业期望与升学后的职业期望相互独立。
资料来源：2010年中国家庭追踪调查未成年人数据库正在上学的样本与2012年中国家庭追踪调查未成年人数据库和成年人数据库正在上学的样本进行匹配，表示2010—2012年发生升学的样本。

那么，升学前后职业期望的相对分布是怎样的呢？表4-19给出了升学前后职业期望的交叉汇总情况。当升学前的职业期望类型为类型1时，升学后的职业期望类型比例最高的是类型1和类型2（22.41%），其次是类型5（14.94%）。当升学前的职业期望类型为类型2时，升学后的职业期望类型比例最高的仍然是类型2（35.71%），其次是类型6（18.89%）。当升学前的职业期望类型为类型3时，升学后的职业期望类型比例最高的是类型2（32.22%），其次是类型6（18.89%）。当升学前的职业期望类型为类型4时，升学后的职业期望类型比例最高的是类型2（25.86%），其次是类型4（23.56%）。当升学前的职业期望类型为类型5时，升学后的职业期望类型比例最高的仍然是类型5（23.56%），其次是类型6（21.26%）。当升学前的职业期望类型为类型6时，升学后的职业期望类型比例最高的仍然是类型6（39.62%），其次是类型2（18.24%）。当升学前的职业期望类型为类型7时，升学后的职业期望类型比例最高的是类型6（24.39%），其次是类型4（21.95%）。

总体来看，升学前后职业期望的主要类型是基本一致的。所不同的是，升学后的职业期望中选择"虽平凡，但有固定收入的职业"的比例显著提高，表明随着教育阶段的提高，人们更追求职业的稳定性。

表4-19 升学前后职业期望的交叉汇总

单位：人，%

职业期望类型		升学后的职业期望							总计	样本量
		类型1	类型2	类型3	类型4	类型5	类型6	类型7		
升学前的职业期望	类型1	22.41	22.41	7.47	14.37	14.94	12.07	6.32	100	174
	类型2	13.27	35.71	5.10	16.84	6.38	19.64	3.06	100	392
	类型3	8.89	32.22	7.78	17.78	14.44	18.89	0.00	100	90
	类型4	10.34	25.86	5.75	23.56	12.64	19.25	2.59	100	348
	类型5	11.49	19.54	10.92	12.64	23.56	21.26	0.57	100	174
	类型6	12.58	18.24	6.29	10.06	7.55	39.62	5.66	100	159
	类型7	12.2	12.20	7.32	21.95	12.20	24.39	9.76	100	41

资料来源：2010年中国家庭追踪调查未成年人数据库正在上学的样本与2012年中国家庭追踪调查未成年人数据库正在上学的样本进行匹配，表示2010—2012年发生升学的样本。

第四节 本章小结

本章采用中国家庭追踪调查数据对我国在校青少年及父母职业期望的基本情况进行描述性分析，我国在校青少年的职业期望类型中，选择比例明显更高的是"助人、为社会服务的职业"（24.95%），其次是"虽平凡，但有固定收入的职业"（18.63%），再次是"受人尊敬的职业"（17.54%），表明我国大部分青少年比较关注职业的社会贡献性、稳定性和自尊满足功能。而父母对子女的职业期望类型中，选择比例明显更高的是"受人尊敬的职业"（24.91%），其次是"虽平凡，但有固定收入的职业"（20.00%），再次是"助人、为社会服务的职业"（16.41%），表明父母比较关注职业的自尊满足功能、稳定性和社会贡献性。

进一步采用方差分析法，笔者对不同群体之间的职业期望差异以及同一群体在不同时期的职业期望差异进行了分析，检验结果表明，不同群体具有显著不同的职业期望，并且同一群体在不同时期的职业期望也存在一定差异。具体而言：第一，男生和女生都注重职业的稳定性，但男生更追求职业对社会的推动性，而女生更追求职业对社会的贡献性。第二，未成年人更注重职业对社会的贡献性,而成年人更注重职业的稳定性。第三,无论城镇地区还是农村地区的学生都注重职业的稳定性,但城镇地区的学生更注重职业对社会发展的推动作用,而农村地区的学生更注重职业对社会的贡献性。第四,初中及以下的学生更注重职业对社会的贡献性,而高中及以上的学生更注重职业的稳定性。第五,就家庭因素而言,家庭经济资本水平居中,子女更注重职业的稳定性;家庭社会资本和教育成就较高,子女更倾向于追求内心自尊和他人认可的满足;而家庭社会资本和教育成就较低,子女更倾向于助人和为社会服务。

采用 2012 年 CFPS 数据分析不同生命阶段的职业期望差异发现:成年前后的职业期望既有联系又有差异。未成年时的职业期望类型以"助人、为社会服务的职业"和"受人尊敬的职业"为主,而成年后的职业期望类型以"虽平凡,但有固定收入的职业"和"助人、为社会服务的职业"居多。随着年龄的增长,职业期望有贴近现实的变化趋势。随着个人受教育阶段的提高,升学前后的职业期望具有一致性,但同时存在差异。升学后的职业期望中选择"虽平凡,但有固定收入的职业"的比例显著提高,表明随着教育阶段的提高,青少年更追求职业的稳定性。

以上职业期望的群体差异也暗示,职业期望可能是受个人特征、家庭因素、学校因素和社区因素等多种因素共同影响。虽然列联表分析可以探索和认识两个变量之间的关系,但也具有一定的局限性。对于多种因素共同影响下的职业期望来说,列联表分析无法发现两个变量的关系是否受到第三个变量的影响,往往需要采用回归模型做进一步的分析。接下来笔者采用对数回归模型和线性回归模型对各因素对职业期望的净影响进行测量和分析。对数回归模型和线性回归模型不仅具有强大的统计检验能力,可以通过回归结果推断总体,还可以对备选模型进行选择和评价,以便选择出具有最大解释力并且又最简洁的模型。

第五章 职业期望的形成因素分析

"昔孟母，择邻处"，无论我们是否意识到，家庭社会环境都在时刻影响着每一个人，尤其对儿童青少年具有更深刻的影响。环境的教育导向和培养塑造功能，使得每一个人都成为先天遗传基因和后天生活环境共同创造的独一无二的作品。先天遗传基因正如程序语言设计了每个人的身材、容貌和性格等基本条件；而家庭社会环境则如实现程序语言的系统，与程序语言共同决定了基因的最终表达结果。先天基因难以改造，但后天家庭社会环境却容易重塑得多，也正因如此，干预后天家庭社会环境成为促进儿童青少年充分健康发展的有效途径之一。而开展家庭社会环境对青少年发展的影响研究，是了解影响事实、提出可行性政策建议的前提基础。

家庭社会环境具有复杂的系统结构和要素构成。首先，从系统结构来看，家庭社会环境由内而外可划分为个人、家庭、社区等圈层；其次，从功能要素维度来讲，家庭社会环境又可划分为物质环境和文化环境。家庭社会环境中的要素和圈层纵横交错，无时无刻不在重新塑造人们的身体素质和文化素质。尤其对身心正在快速成长发展的儿童青少年来讲，不同家庭社会环境提供的物质给养和文化熏陶直接关系到儿童青少年的身体智力发育和价值观偏好，从而对人具有影响一生的深远意义。

心理学和教育学领域诸多研究结果也支持生活环境对儿童青少年具有重要影响的观点。[①] 然而，统观相关文献发现，多数定量研究都是就某一

---

① Mark Elder, Ken Tarr and David Leaming Md, "The New Zealand Cataract and Refractive Surgery Survey 1997/1998," *Clinical & Experimental Ophthalmology*, Vol. 28, No. 2, 2000, pp. 89 – 95; T. D. Cook, M. R. Herman, M. Phillips and R. A. Settersten Jr, "Some Ways in Which Neighborhoods, Nuclear Families, Friendship Groups, and Schools Jointly Affect Changes in Early Adolescent Development," *Child Development*, Vol. 73, No. 4, 2002, pp. 1283 – 1309; 侯志瑾：《家庭对青少年职业发展影响的研究综述》，《心理发展与教育》2004 年第 3 期。

因素对某一行为表现的分析,虽达到深刻剖析之目的,但往往因其碎片化而缺乏系统性。对于要素多样、结构复杂的生活环境来讲,此法只能"窥一斑",却不能"知全豹"。[1] 而多数定性研究虽注重对生活环境影响的系统性分析,却缺乏来自现实数据的检验,其理论发现的普适性尚无从考证。[2] 基于当前研究缺陷,系统地分析生活环境对青少年发展的影响,并采用定量方法对其构建的理论进行检验,是非常必要的。当然,任何研究都无法完全复原现实生活及其发生过程,但是我们仍然可以探索和刻画事物的基本轮廓和主要架构。通过甄别生活环境中对青少年发展具有影响作用的因素,探索其中的影响机制,也可为制定干预政策,促进青少年健康发展提供研究依据。

观察不同生活圈子中成长起来的基因相同或相近的一批人,比较和检验其后期发展上的差异显著性,是研究生活环境影响的最理想方法。然而,目前我国跟踪调查开展时日尚浅,不足以支持此类研究方案。但是,我们仍然可以通过加强研究设计、寻找短期可测的替代变量,来研究生活圈子对青少年后期发展的影响及机制。考虑到职业在个人生命历程和经济社会地位获得中的重要地位,职业可作为个人发展的测量指标。并且,考虑到目前长期跟踪调查数据缺乏的问题,我们可以从职业期望切入分析生活环境对青少年发展的影响。已有诸多研究结果都支持职业期望与青少年发展的重要关系,认为职业期望决定了青少年发展的目的、动力和方向,可作为观察和测量青少年发展潜力的一个维度,用于探索和分析生活圈子对青少年发展的影响。[3]

在明确研究目的和关注变量的基础上,笔者在勒温场动力理论基础上,进一步从系统结构和要素构成维度,勾勒生活空间的内部结构和构

---

[1] 张卫、李董平、谢志杰:《低经济社会地位与儿童发展》,《华南师范大学学报》(社会科学版) 2007 年第 6 期;张晓、陈会昌、张银娜、孙炳海:《家庭收入与儿童早期的社会能力:中介效应与调节效应》,《心理学报》2009 年 7 期;叶婷、吴慧婷:《低家庭经济社会地位与青少年社会适应的关系:感恩的补偿和调节效应》,《心理学探新》2012 年第 1 期。

[2] 张丽、辛自强、李洪儒:《青少年群体社会化的社会微环境研究》,《青年研究》2007 年第 3 期;常淑敏、张文新:《人类积极发展的资源模型——积极青少年发展研究的一个重要取向和领域》,《心理科学进展》2013 年第 1 期;周丽华、李晓文、乌阿茹娜:《动力系统观视野下的青少年发展研究》,《华东师范大学学报》(教育科学版) 2012 年第 3 期。

[3] 梁海梅、郭德俊、张贵良:《成就目标对青少年成就动机和学业成就影响的研究》,《心理科学》1998 年第 4 期。

成，就生活环境对青少年职业期望的影响进行精细化的理论分析，并采用中国家庭追踪调查数据，构建多个定量模型进行实证检验，试图通过回答以下三类问题揭示生活环境对青少年发展的影响。第一类问题用于考察生活圈子（包括内部圈层环境）是否影响青少年发展，包括两个问题：一是生活圈子对职业期望的影响是否显著，二是个人、家庭和社区圈子中的物质因素和文化因素对职业期望的影响是否显著。第二类问题用于考察不同圈层和不同要素的影响是否存在差异，包括两个问题：一是哪一圈层的影响程度相对更大，二是哪种要素的影响程度相对更大。第三类问题用于考察生活环境如何影响青少年发展，即生活环境对青少年发展的影响机制，包括两个问题：一是不同要素之间如何相互影响，二是不同圈层的各种要素之间如何交互影响。

进一步地，由于无法进行自然实验，笔者通过寻找合理的代理变量来控制不可观测的因素。尽管无法利用自然实验来解决遗漏变量的问题，但是可以通过控制大量可能影响职业期望的变量来降低可能存在的估计偏差。其中，最为重要的是，本研究将已获得的最高学历、是否在重点学校作为学生能力或智商的代理变量。在注重研究设计严密性和理论模型解释力的基础上，探索生活圈子对青少年发展的影响及内部机制。

接下来的内容安排如下：第一节以勒温场动力理论为基础，从系统分层和功能要素维度出发，就生活环境对青少年职业期望的影响进行理论分析，并提出待检验的研究假设；第二节对测量指标识别、数据来源处理与实证分析方法进行一一说明；第三节对回归结果进行分析；第四节是本研究的结论和启示。

第一节 职业期望的内生理论模型构建

在解释职业价值观的形成机制时，笔者将理性选择范式扩展到价值判断领域，提出职业价值观的内生模型，阐述了职业价值观是如何形成的，包括职业期望的来源、调适与稳定过程，以及主要的影响因素和影响机制。

勒温（Lewin）的场动力理论认为个体处于特定的生活空间之中。一个人的行为观念取决于其所在的生活空间，取决于个体与环境的相互作用。这里的生活空间以对人的行为观念发生实际影响作为存在标准，将主体和客体融合为一个具有格式塔性的整体系统，系统内部的不同部分之间相互关联、相互影响，任何一部分的变化都必将引起其他部分的变化。[①] 随着人类活动范围的扩大，个人生活空间的范围也在不断扩大，逐渐成为一个内部结构复杂、构成要素多样的系统。而在场动力理论的后期发展中，场的意义已经不再仅仅体现在生活空间中，而是延伸到社会空间中，成为分析社会环境对个体影响的基础理论之一。

本质上讲，生活空间对个人行为观念的影响，来自其内部不同组成部分或不同事件对个人行为观念的综合影响。对此，勒温曾借用拓扑学的概念解释个人生活空间的内部构成及其对个人行为观念的影响。他将个人的生活空间视为一个椭圆形，椭圆内个人的周围又分为很多区域，分别代表生活空间内各种事件，并采用带有正负号性质的向量（vector）来区分事件对个人行为观念的影响差异。如果该事件对个人行为观念有促进作用则为正向量，反之则为负向量。显然，勒温的分析方法是极具启发性的，然而对生活空间的划分过度简约，缺乏对生活空间层次结构和要素分类的考虑。

事实上，从系统结构来讲，生活空间结构的一大特点就是围绕个体由近至远依次摊开，并且不同空间均对个人行为观念有一定的影响。同时，由于与个人的距离不同、作用频次不同，生活空间中不同圈层对个人行为观念的影响程度也有所不同。而从要素构成来讲，按照物质与意识的区别，生活空间又可划分为物质空间和文化空间，并且，二者对个人行为观念均具有一定程度的影响。同时，由于二者本质上的差异，其对个人行为观念的影响也存在明显差异。经过系统结构和要素构成两个维度的划分，生活空间的内部结构和构成得以清晰体现，可为探索生活空间对个人行为观念影响的内在作用机制提供良好的分析前提。

阿克洛夫（Akerlof）在阐释社会习俗的形成时认为，价值观的形成来自整个社会中发生的黑箱过程。[②] 相反地，布里辛（Bisin）和维迪尔（Verdier）发展了一种理论，这种理论指出，父母有目的地将子女社

---

① Kurt Lewin, "A Dynamic Theory of Personality: Selected Papers," *The Journal of Nervous and Mental Disease*, Vol. 84, No. 5, 1936, pp. 612–613.

② George A. Akerlof, "A Theory of Social Custom, of Which Unemployment May Be One Consequence," *The Quarterly Journal of Economics*, Vol. 94, No. 4, 1980, pp. 749–775.

化，使其具有特定的价值观。[①] 本研究的理论与布里辛和维迪尔的理论具有共同点，即把家庭作为文化传播的基本场所，同时也有不同之处。首先，本研究利用生态系统理论将文化传播的场所从家庭扩展到学校、社区。其次，布里辛和维迪尔假设父母希望他们的孩子拥有与他们相同的文化特质。[②] 这意味着父母使用自己的偏好来评估他们孩子的行为。如果经济环境稳定，父母总是想把自己的偏好传递给孩子。在本研究的理论中，父母选择孩子的价值体系，以最大限度地发挥孩子的效用。出于孩子的利益，一些仁慈的父母也可能会选择让他们的孩子接受不同于他们自己的价值观。研究结果发现，职业价值观的形成，既有超越单一决策者控制的社会力量，也有个人和组织（家庭、学校等）的自觉尝试。职业期望不仅受个人兴趣爱好的影响，而且受到家庭背景、学业成就、文化素质等多重外界因素的显著影响。较高水平的家庭经济资本、社会资本和教育成就，以及学业成就有助于提升职业期望。

一、生活环境对青少年职业期望的影响机制

具体而言，笔者依据交集大小和作用频次，将生活空间划分为"个人-家庭-社区"三个圈层，来详细分析生活圈层对青少年职业期望的影响（见图5-1）。理论上讲，个人的先天禀赋、家庭环境和社区环境都是青少年发展资源的重要来源，因此对青少年职业期望具有重要的影响和意义。而根据物质与意识的本质区别，各圈层空间又可进一步划分为物质空间和文化空间。物质空间指物质要素的总和，主要包括个人智力禀赋、生活饮食起居等变动较小的要素，是个体成长发育的物质基础，使人具有"物性"，首先能以物的形式存在。文化空间指社会文化系统诸要素的总和，主要包括价值观、社会规范、风俗习惯等要素，为个体提供精神文化

---

① Alberto Bisin and Thierry Verdier, "'Beyond the Melting Pot': Cultural Transmission, Marriage, and the Evolution of Ethnic and Religious Traits," *The Quarterly Journal of Economics*, Vol. 115, No. 3., 2000, pp. 955 – 988; Alberto Bisin and Thierry Verdier, "The Economics of Cultural Transmission and the Dynamics of Preferences," *Journal of Economic Theory*, Vol. 97, No. 2, 2001, pp. 298 – 319.

② Alberto Bisin and Thierry Verdier, "'Beyond the Melting Pot': Cultural Transmission, Marriage, and the Evolution of Ethnic and Religious Traits," *The Quarterly Journal of Economics*, Vol. 115, No. 3., 2000, pp. 955 – 988; Alberto Bisin and Thierry Verdier, "The Economics of Cultural Transmission and the Dynamics of Preferences," *Journal of Economic Theory*, Vol. 97, No. 2, 2001, pp. 298 – 319.

给养，使人具有"人本性"，成为真正意义上的人。只有"物性"和"人本性"都得到充分体现时，人才能称为充分发展的人。

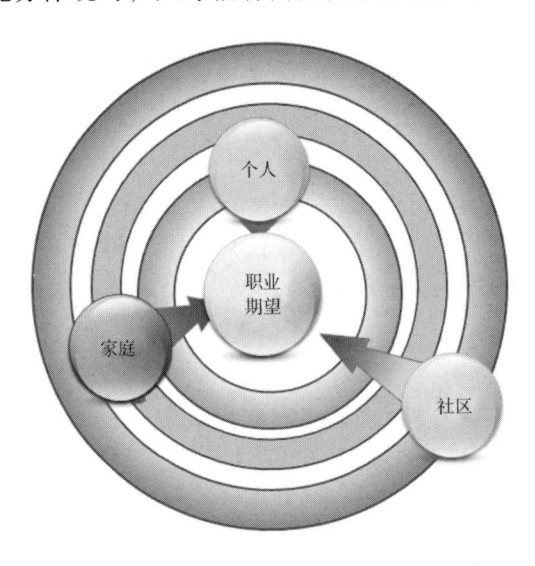

图 5-1　生活圈层对职业期望的影响示意

根据生活圈层的空间结构和要素构成，提出第 1 组有待实证检验的研究假设，目的是回答生活环境以及内部圈层和要素是否影响青少年发展。

假设 1：生活环境对青少年职业期望具有显著影响。
假设 1a：个人圈层的物质要素和文化素质对职业期望具有显著影响。
假设 1b：家庭圈层的物质要素和文化素质对职业期望具有显著影响。
假设 1c：社区圈层的物质要素和文化素质对职业期望具有显著影响。

二、圈层结构对青少年职业期望的影响机制

不同圈层的影响是否存在差异呢？不同要素的影响是否也存在差异

呢？借鉴物理学的平方反比定律分析，不同圈层对青少年职业期望的影响可能存在差异；而辩证唯物主义认为，物质与意识存在本质差异，因此，不同要素对青少年职业期望的影响也可能存在差异。

平方反比定律是指物体或天体的作用强度随距离的平方衰减。例如，灯泡的光照度随着距离的平方减弱。借鉴这一思想，笔者认为，不同圈层对青少年职业期望的影响程度随作用距离的增加而减弱，并随作用频次的减少而减弱。一般而言，个人圈层是生活空间的核心，该圈层的物质因素和文化因素对个体职业期望的作用距离最近且频次最高，因而对个体行为观念的影响最大；社区圈层距离个体相对最远，并且影响频次最少，对行为观念的影响最小；而家庭圈层位于个人圈层和社区圈层中间，作用频次也介于二者中间，对行为观念的影响居中。然而，值得注意的是，对于尚未完全独立的青少年而言，与之具有强有力情感联结的父母是其知识、技能、价值观的重要来源。父母也是子女职业选择的重要参照对象和咨询对象。[①] 因此，对于青少年的职业期望而言，来自家庭圈层的影响也可能远远大于个人圈层。据此，提出第2组研究假设的a问题，来考察不同圈层对青少年职业期望的影响差异。

> 假设2a：不同圈层空间对青少年职业期望的影响程度不同。其中，家庭圈层影响程度最大，个人圈层影响程度次之，社区圈层影响程度再次之。

另外，由于物质与意识的本质区别，物质要素和文化素质对青少年职业期望的影响可能存在差异。勒温认为，个体及所在群体的活动方式也是决定一个人态度的重要因素。不同的人对待和处理同一件事的方式不同，与其内在持有的文化观念有关，即文化观念在一定程度上决定了一个人的行为方式。[②] 由于职业期望是个人价值观在职业需求上的体现，青少年职

---

① H. Sebald, "Adolescents' Shifting Orientation toward Parents and Peers: A Curvilinear Trend over Recent Decades," *Journal of Marriage and the Family*, Vol. 48, No. 1, 1986, pp. 5 – 13; L. E. Issacson and D. Brown, *Career Information, Career Counseling, and Career Development*, M. A.: Allyn & Bacon, 2000.

② Kurt Lewin, "A Dynamic Theory of Personality: Selected Papers," *Journal of Nervous and Mental Disease*, Vol. 84, No. 5, 1936, pp. 612 – 613.

业期望受到文化素质的影响可能更大。而文化空间与物质空间总是相伴而生的，因此职业期望也会受到物质要素的影响。据此，提出第 2 组研究假设的 b 问题，来考察不同要素对青少年职业期望的影响差异。

　　假设 2b：物质要素和文化素质对青少年职业期望的影响程度不同。文化素质影响程度大于物质要素。
　　假设 2b1：在个人圈层，与基础天赋相比，个人文化素养等文化素质与职业期望的相关度更高。
　　假设 2b2：在家庭圈层，与家庭物质要素相比，父母文化素养等文化素质对青少年职业期望的影响更大。
　　假设 2b3：在社区圈层，与基础设施等物质要素相比，社区精神文化面貌等文化素质对青少年职业期望的影响更大。

三、生活圈层对青少年职业期望的影响机制

　　进一步地，生活圈层又是如何影响青少年职业期望的呢？不同圈层和不同要素之间是否存在交互效应？勒温场动力理论认为，人的生活空间是一个具有格式塔性的整体系统，系统内部不同部分之间相互关联、相互影响，其中任何一部分的变化都必将引起其他部分的变化。据此，不同圈层、不同要素对青少年职业期望的影响可能存在交互效应。每一圈层中的促进因素都对个体的行为观念具有重要影响，而当不同圈层中的影响要素相互融合而产生资源提升时，单一圈层中积极因素的影响效应会被扩大。不同圈层中各种资源的激活、改变和联合而实现的资源建构，可以最大程度地发挥生活空间对个体行为观念的影响作用。笔者通过检验圈层之间的交互效应、要素之间的交互效应，探索生活圈层对青少年职业期望的影响。

　　首先，辩证唯物主义认为，"物质基础决定上层建筑"，物质要素为文化素质提供了基本载体，在特定的物质空间中可以形成特定的文化空间。从根本上讲，文化是由物质决定的，物质力为文化力的效能发挥提供物质平台。而任何物质都离不开文化的支撑，文化力为物质力的运行提供能动的推动作用。文化并非独立形成，而是在一定的物质基础上形成的。

也就是说，物质要素影响文化素质。

其次，辩证唯物主义认为，整体由部分构成，同时，整体居于主导地位，统率着部分，具有部分所不具备的功能。如果将生活空间比作以人为圆心，从个人、家庭到社区依次向外摊开的同心圆，那么影响的发生总是由外层向内层、由整体向部分的。家庭由一个个家庭成员组成，家庭的物质基础和文化氛围取决于家庭成员的集体贡献。但是，在一个成熟稳定的家庭中，对于每一个家庭成员，尤其是未成年人，会明显受到家庭环境的影响，自身却不足以改变家庭环境。同理，社区由一个个家庭组成，社区的物质基础和文化氛围取决于住户的整体状况。并且，每一个家庭都会受到社区的显著影响，而无法完全决定社区状况。

依据以上两个维度的逻辑分析，家庭圈层对青少年的职业期望既有直接影响，又有间接影响。并且，家庭圈层通过个人圈层的物质要素间接影响青少年的职业期望。同样，社区圈层对青少年的职业期望既有直接影响，又有间接影响。社区圈层通过家庭圈层的物质要素和文化素质，以及个人圈层的物质要素，来间接影响青少年的职业期望。考虑到本研究框架下社区圈层和家庭圈层物质要素受其他因素的影响较小，[1] 因此，在影响机制分析部分，除个人圈层外，家庭圈层和社区圈层只需从文化素质进行分析。据此，笔者提出第3组有待实证检验的研究假设。

假设3：文化素质受物质要素的影响，内部圈层受外部圈层的影响。

假设3a：社区圈层的文化素质受到物质要素的影响。

假设3b：家庭圈层的文化素质受到物质要素的影响，同时受到来自社区圈层的物质要素和文化素质的影响。

假设3c：个人圈层的文化素质受到物质要素的影响，同时受到来自家庭圈层和社区圈层的物质要素和文化素质的影响。

假设3d：个人圈层的物质要素同时受到来自家庭圈层和社区圈层的物质要素和文化素质的影响。

---

[1] 在家庭圈层，物质要素具有内部决定性，受外部因素影响较小。父母的受教育程度在很大程度上决定了父母的职业地位，二者进一步决定了家庭年人均收入水平。在社区圈层，社区经济建设水平和社区档次具有明显的外生性特征，受其他因素的影响也较小，因此，在本研究框架下，家庭圈层和社区圈层物质要素的影响因素分析是不必要的。

综上可以发现，基于生活圈层的空间层次结构和要素构成，三组假设依次考察了生活圈层是否影响青少年的职业期望、影响程度是否存在差异，以及影响机制路径如何等问题。接下来，笔者采用中国家庭追踪调查（CFPS）数据对上述研究假设进行实证检验。

第二节 数据变量与模型方法

一、数据来源

用于实证检验的基础数据来自 2012 年中国家庭追踪调查（CFPS）项目。该调查采用内隐分层（implicit stratification）、多阶段、多层次、与人口规模成比例的概率抽样方式，在中国内地的 25 个省（区、市）抽取了 14960 户 42590 人的样本，并收集了被调查者非常详细的个人信息、家庭信息和社区信息。[1] 笔者采用成年人数据库中正在上初中和高中的青少年样本分析生活圈层对职业期望的影响。之所以选择成年人数据库初高中青少年作为样本，主要出于以下考虑：①16 岁及以上成年人才具有较稳定和明确的职业期望，未成年人的职业期望尚未成熟稳定，波动较大而不适宜截面分析；②CFPS 关于职业期望的调查对象只针对在校生，因此只选择处于在读状态的样本；③按照我国学制，正在上初中或高中的成年人年龄基本处于 16—19 岁，符合青少年年龄区间要求。

根据研究设计筛选匹配研究样本和变量的具体步骤如下：第一步，根据上学状态，从 2012 年成年人数据库中筛选出正在上初中或高中的个人样本，记为"数据库 1"，样本量为 2099。第二步，通过个人 ID 和家庭 ID，将家庭数据库中的家庭经济收入状况数据匹配到成年人数据库，删除未匹配上的 4 例，记为"数据库 2"，样本量为 2095。在此基础上，先删除原始变量存在缺失值和奇异值等不符合要求的样本，再进一步计算生成综合指标（具体处理方法见下文变量说明部分），最终用于模型回归的样本量

---

[1] 谢宇、胡婧炜、张春泥：《中国家庭追踪调查：理念与实践》，《社会》2014 年第 2 期。

为1071。考虑到本研究主要依据对数回归模型进行分析，样本有偏的问题不予过多考虑。但由于采用的是截面数据，笔者对异方差问题进行了稳健性回归处理。

表 5-1 变量的样本均值

变量	总样本	类型1	类型2	类型3	类型4	类型5	类型6	类型7
个人圈层								
物质要素								
性别***	0.51	0.61	0.44	0.49	0.42	0.64	0.46	0.57
$p=0.0001$	(0.50)	(0.49)	(0.50)	(0.50)	(0.49)	(0.48)	(0.50)	(0.50)
受教育阶段***	0.78	0.85	0.68	0.86	0.73	0.8	0.83	0.74
$p=0.0001$	(0.41)	(0.35)	(0.47)	(0.35)	(0.44)	(0.4)	(0.38)	(0.44)
是否重点***	0.35	0.50	0.28	0.40	0.38	0.35	0.31	0.26
$p=0.0002$	(0.49)	(0.50)	(0.47)	(0.49)	(0.49)	(0.48)	(0.49)	(0.49)
班级规模***	54.98	58.7	55.43	55.17	53.52	52.59	53.15	60.36
$p=0.0033$	(15.61)	(15.65)	(16.3)	(15.14)	(14.44)	(15.89)	(14.77)	(17.05)
文化素质								
沟通交流能力*	5.72	5.91	5.75	5.66	5.68	5.69	5.62	5.70
$p=0.0757$	(0.96)	(0.92)	(0.9)	(0.99)	(1.03)	(0.91)	(0.99)	(0.91)
诚信配合度**	5.90	6.03	6.02	5.65	5.95	5.78	5.85	5.81
$p=0.0224$	(0.94)	(0.91)	(0.83)	(1.05)	(0.97)	(0.97)	(0.95)	(0.99)
精神修养度	5.85	5.99	5.86	5.78	5.88	5.75	5.83	5.70
$p=0.1973$	(0.98)	(0.95)	(0.93)	(1.01)	(1.07)	(0.95)	(1.01)	(0.95)
家庭圈层								
物质要素								
经济资本*	9199	10224	7903	11947	7976	8275	9952	9143
$p=0.0783$	(10689)	(12330)	(7664)	(18743)	(8723)	(7809)	(10950)	(8251)
社会资本*	51713	48121	53040	50394	49226	51293	55027	51909
$p=0.0241$	(21927)	(22785)	(18276)	(25474)	(21608)	(24699)	(21139)	(22303)
教育成就	2.97	2.96	2.87	3.29	2.93	2.99	2.97	3.13
$p=0.1198$	(0.98)	(1.04)	(0.98)	(1.12)	(0.91)	(0.93)	(0.93)	(1.01)
文化素质								
沟通交流能力*	5.34	5.56	5.32	5.34	5.24	5.36	5.24	5.37
$p=0.0811$	(1.06)	(1.03)	(1.05)	(1.01)	(1.14)	(1.08)	(1.02)	(1.05)
诚信配合度	5.49	5.53	5.46	5.41	5.55	5.48	5.49	5.41
$p=0.9524$	(1.07)	(1.1)	(1.04)	(1.07)	(1)	(1.12)	(1.1)	(1.11)

续表

变量	总样本	类型1	类型2	类型3	类型4	类型5	类型6	类型7
精神修养度	5.32	5.42	5.25	5.26	5.33	5.31	5.29	5.43
$p=0.8978$	(1.16)	(1.15)	(1.16)	(1.13)	(1.25)	(1.12)	(1.17)	(0.99)
社区圈层								
物质要素								
社区经济建设水平	3.93	4.04	3.93	4.03	3.73	3.96	3.87	4.26
$p=0.1551$	(1.3)	(1.39)	(1.28)	(1.14)	(1.27)	(1.27)	(1.3)	(1.31)
社区档次***	3.34	3.27	3.57	3.01	3.42	3.22	3.3	3.36
$p=0.0008$	(1.09)	(1.11)	(0.92)	(1.25)	(1.06)	(1.15)	(1.09)	(1.15)
文化素质								
社区成员精神风貌	4.28	4.4	4.29	4.38	4.18	4.2	4.22	4.53
$p=0.2306$	(1.21)	(1.24)	(1.19)	(1.06)	(1.29)	(1.1)	(1.25)	(1.25)
社区整洁度	3.95	4.07	3.92	4.12	3.81	3.91	3.88	4.15
$p=0.2517$	(1.26)	(1.26)	(1.28)	(1.09)	(1.29)	(1.21)	(1.26)	(1.38)
样本量	1071	179	216	77	146	143	263	47

注：①职业期望类型1为能推动社会发展的职业；类型2为助人、为社会服务的职业；类型3为得到人们的高度评价的职业；类型4为受人尊敬的职业；类型5为能赚钱的职业；类型6为虽平凡，但有固定收入的职业；类型7为若不为人所用，就自谋职业；下文同。②性别取值为0和1，其中0代表女，1代表男；受教育阶段取值为0和1，其中0代表初中，1代表高中。③括号内为变量的样本标准差。④p值是多组数据中位数比较的双尾卡方检验结果，***、**和*分别表示在1%、5%和10%的统计水平上显著。

表5-1为描述性统计结果，从职业期望类型分布来看，25%的学生希望从事"虽平凡，但有固定收入的职业"，所占比例最高；第二是希望从事"助人、为社会服务的职业"，占20%；接下来是"能推动社会发展的职业"、"受人尊敬的职业"和"能赚钱的职业"，分别占17%、14%和13%；最后是"得到人们的高度评价的职业"和"若不为人所用，就自谋职业"，分别占7%和4%。总体而言，我国青少年比较关注职业的稳定性和对社会的贡献性。

表5-1的第一部分报告了个人圈层物质要素和文化素质信息。从物质要素来讲，总样本中，男女比例接近，性别比均衡。在职业期望类型为类型1、类型5和类型7的学生中，男生比例明显更高；在其他四类职业期望的学生中，女生比例明显更高。多组差异性检验结果也显示，七组职业期

望类型的性别构成存在显著差异。职业期望类型为类型1、类型3和类型6的学生的受教育阶段相对较高，职业期望类型为类型1、类型3和类型4的学生就读于重点学校的比例较高。而职业期望类型为类型7的学生所在班级规模较大，并且这三项差异均具有统计意义上的显著性。从文化素质来讲，总样本的沟通交流能力均值为5.72分。职业期望类型为类型1和类型2的学生，沟通交流能力相对较高，并且差异具有显著性。总样本学生的诚信配合度均值为5.90分，职业期望类型为类型1、类型2和类型4的学生，诚信配合度较高，并且具有显著差别。总样本学生的精神修养度均值为5.85分。职业期望类型为类型1、类型2和类型4的学生，精神修养度较高。但是，组间差异并不显著。总体而言，个人圈层的不同文化素质指标在职业期望类型上的分布具有较高的一致性。

表5-1的第二部分报告了家庭圈层物质要素和文化素质信息。从物质要素来讲，总样本家庭的经济资本（年人均收入）均值为9199元。职业期望类型为类型1、类型3和类型6的学生，家庭经济资本水平相对较高，且组间差异显著。总样本家庭的社会资本（父母最高职业地位排名）均值为51713。职业期望类型为类型2、类型6的学生，家庭社会资本水平相对较高，且组间差异显著。总样本家庭的教育成就（父母最高受教育程度）均值为2.97，接近高中文化水平。职业期望类型为类型3、类型5和类型7的学生，家庭教育成就相对较高，但组间差异并不显著。从文化素质来讲，总样本学生的家长沟通交流能力均值为5.34分。职业期望类型为类型1、类型5和类型7的学生，家长沟通交流能力相对较强，且差异显著。总样本学生的家长诚信配合度均值为5.49分。职业期望类型为类型1和类型4的学生，家长诚信配合度较高，但不存在明显区别。总样本学生的家长精神修养度均值为5.32分。职业期望类型为类型1、类型4和类型7的学生，家长精神修养度较高，但不存在显著区别。总体而言，家庭圈层的文化素质在职业期望类型上的分布虽不十分明显，但具有一定的规律。

表5-1的第三部分报告了社区圈层物质要素和文化素质信息。从物质要素来讲，总样本社区经济建设水平均值为3.93分。职业期望类型为类型1、类型3和类型7的学生，居住社区的经济建设水平相对较高，但并无明显区别。总样本社区的平均档次为3.34分。职业期望类型为类型2、类型4和类型7的学生，居住社区档次较高。总样本社区成员精神风貌的均值为4.28分。职业期望类型为类型1、类型3和类型7的学生，居住社区的成员

精神风貌相对较好，但差异并不显著。总样本的社区整洁度均值为3.95分。职业期望类型为类型1、类型3和类型7的学生，居住社区的整洁度相对较高，但差异并不显著。总体而言，社区圈层的物质要素和文化素质在职业期望类型上的分布具有较高的一致性。

个人圈层和家庭圈层的文化素质具有相同的测量指标，因此可进一步比较青少年个人与父母的文化修养水平。总样本青少年的沟通交流能力均值为5.72分，较父母高0.38分。t检验结果显示$t=14.667$，说明二者存在显著差异，青少年自身的沟通交流能力显著高于父母。总样本青少年的诚信配合度均值为5.90分，较父母高0.41分。t检验结果显示$t=15.772$，说明二者存在显著差异，青少年的诚信配合度显著高于父母。总样本青少年的精神修养度均值为5.85分，较父母高0.53分。t检验结果显示$t=18.003$，说明二者存在显著差异，青少年的精神修养度显著高于父母。以上三个维度的比较结果显示，青少年的文化素质状况都显著优于父辈。这也说明，随着代际的发展，人们的文化素质有显著提高的变化趋势。

二、变量选取

根据研究设计，本研究主要关注生活圈层中不同圈层的物质要素和文化素质对青少年职业期望的影响，以及不同圈层之间因素的交互影响机制，因此对变量做如下设定。

（一）青少年职业期望类型的判断变量

职业期望是本研究关注的主要被解释变量。中国家庭追踪调查将青少年的职业期望类型划分为七类，类型1为能推动社会发展的职业；类型2为助人、为社会服务的职业；类型3为得到人们的高度评价的职业；类型4为受人尊敬的职业；类型5为能赚钱的职业；类型6为虽平凡，但有固定收入的职业；类型7为若不为人所用，就自谋职业。马斯洛需求层次理论认为，人都潜藏着对生存基础的需求、对社会交际的需求和获得社会承认的需求。并且，每个人对各种需求的迫切程度在不同时期的表现有所差异，只有在低层次需求得到适当满足后，高层次需求才能充分出现。如果将职业期望的七种类型与马斯洛需求层次对比的话，可以发现，七种职业期望对应着不同类型的需求。其中，类型1是价值实现型的职业期望，类型2是社交需求型的职业期望，类型3和类型4是倾向于尊重需求型的职业期望，类型

5、类型 6 和类型 7 是倾向于安全需求型的职业期望。如果贫困文化是与物质匮乏相伴而生的,并且人的需求层次总是由低到高的,那么可以预见,贫困文化程度越严重,青少年职业期望选择类型 5、类型 6 和类型 7 的概率越大。实际情况是否如此,还需进一步做实证检验。

(二) 关于个人圈层物质要素的测量变量

笔者依据玻尔互斥互补哲学原理,在文化素质概念范畴确定的基础上,进一步界定物质要素的概念和范畴,以确定物质要素的测量维度和指标。玻尔的互斥互补原理认为,"任何事物都有许多不同的侧面,对于同一研究对象,一方面,承认了它的一些侧面就不得不放弃其另一些侧面,在这种意义上它们是'互斥'的;另一方面,那些另一些侧面却又是不可完全废除的,因为在适当的条件下,人们还必须用到它们,在这种意义上说二者又是'互补'的"。[①] 物质和文化是生活空间中互斥互补的两种事物,并且二者构成了关于生活空间的完备描述。据此,笔者将不属于文化范畴的影响因素归入物质要素中。与文化素质相比,物质要素具有较强的稳定性和易观测性,并且大部分可以实物形式表现。具体到此处个人圈层,物质要素主要指青少年的天赋智商和人口学特征变量。天赋智商是影响青少年学业成就进而影响职业期望的重要因素,笔者从个人学习能力和前期优质教育资源占有情况来判断青少年的天赋智商水平,分别以受教育阶段、是否就读于重点学校和所在班级规模作为代表。而人口学特征变量一般包括年龄、性别变量,但年龄与受教育阶段高度相关,因此仅需控制性别变量即可。

(三) 关于家庭圈层物质要素的测量变量

家庭圈层的物质要素主要指经济资本、社会资本和教育成就。其中,经济资本以 2011—2012 年的家庭人均收入水平作为代理;社会资本以父母的最高职业地位排名作为代理;教育成就以父母的最高受教育年限作为代理。

(四) 关于社区圈层物质要素的测量变量

社区圈层的物质要素主要指社区的经济社会发展水平,从两个维度测量,分别是社区经济建设水平和社区档次。其中,社区经济建设水平采用

[①] 《尼耳斯·玻尔集(第十卷):物理学以外的互补性(1928—1962)》,戈革译,华东师范大学出版社 2012 年版。

经济程度和基础设施建设程度的平均分来测量，取值区间为［1，7］，且越接近1表示水平越低，越接近7表示水平越高；社区档次从高级到低级分为城市、城镇、郊区和农村4个级别，并分别赋值1、2、3和4，取值越小表示社区档次越高，取值越大表示社区档次越低。

（五）关于个人圈层文化素质的测量变量

笔者参考联合国教科文组织对文化的界定来确定各圈层文化素质的测量维度和指标。联合国教科文组织成员国于1982年第二届世界文化政策大会上给文化下了定义，认为文化是一个社会和社会集团的精神和物质、知识和情感的所有与众不同特色显著的集合总体，除了艺术和文学，它更加体现在人们的日常生活方式、价值体系、传统以及信仰，涉及人们所有的习俗、观念、饮食、休闲、艺术、文学、宗教等活动。[①] 根据文化的含义，并考虑到数据的可得性，笔者分别从诚信配合度、精神修养度、沟通交流能力三个维度测量个人的文化素质。其中，诚信配合度又包括两个测量维度，分别是回答的可靠程度和对调查的配合程度；精神修养度采用衣装整洁度进行测量；沟通交流能力采用两个维度进行测量，分别是访谈中的智力表现和待人接物水平。中国家庭追踪调查从调查员的角度采用评分法对以上指标进行测量，取值区间为［1，7］，且越接近1表示水平越低，越接近7表示水平越高。在此基础上，笔者采用加权平均法合成文化素质的综合变量，作为个人圈层文化素质的测量指标。合并而成的综合指标的取值区间亦为［1，7］，且越接近1表示水平越低，越接近7表示水平越高。

（六）关于家庭圈层文化素质的测量变量

家庭圈层文化素质采用家庭内部主事人的言行举止进行测量。同个人圈层的情况相同，家庭圈层文化素质具有三个综合指标，分别是户主的诚信配合度、精神修养度、沟通交流能力。各指标的具体测量维度与个人圈层相同，并采用加权平均法合并综合指标。合并而成的综合指标的取值区间为［1，7］，且越接近1表示水平越低，越接近7表示水平越高。

（七）关于社区圈层文化素质的测量变量

社区圈层文化素质采用社区整洁度和社区成员精神风貌来测量。指标取值区间为［1，7］，且越接近1表示水平越低，越接近7表示水平越高。

[①] 陆扬、王毅：《文化研究导论》，复旦大学出版社2006年版。

表 5-2 不同圈层物质因素和文化因素测量指标构成

要素	圈层	一级指标	二级指标
物质要素	个人	天赋智商	受教育阶段、是否重点、班级规模
	家庭	经济资本	家庭年人均收入水平
		社会资本	父母最高职业地位排名
		教育成就	父母最高受教育水平
	社区	社区经济建设水平	经济程度和基础设施建设程度
		社区档次	城市、城镇、郊区和农村
文化素质	个人和家庭	沟通交流能力	智力表现和待人接物水平
		诚信配度	回答的可靠程度和对调查的配合程度
		精神修养度	衣装整洁度
	社区	社区成员精神风貌	社区成员精神风貌
		社区整洁度	社区建筑规划格局的整齐度、街道整洁度

三、模型方法

理论上，对于具有分层结构性质的数据，比较适合采用分层线性模型分析。但是分层线性模型对样本容量和质量均有较高的要求。根据诸多分层数据结构与模型估计可靠性研究结果，在组数不少于 30 个且每组样本量不少于 30 的情况下，才能得到较可靠的估计结果。[1] 显然，就本研究而言，个体层面和家庭层面的数据结构均无法满足。因为，一方面家庭成员数超过 30 人的几乎没有，另一方面大部分村居抽到的家庭数少于 30 个。

在数据结构不足以构建分层线性模型的情况下，笔者拟采用多元对数回归模型（multinomial logistic regression model）和多元线性回归模型（multiple linear regression model）作为基本分析模型，通过设计多个综合模型来检验各圈层物质要素和文化素质是否对职业期望具有显著影响，并

---

[1] Frank M. T. A. Busing, " Distribution Characteristics of Variance Estimates in Two-level Models," *Netherlands*: *Psychometric and Research Methodology*, 1993, pp. 93-104; J. Hox, "Multilevel Modeling: When and Why", in Ingo Balderjahn, R. Mathar and M. Schader, eds. *Classification*, *Data Analysis*, *and Data Highways*, Germany: Springer-Verlag, 1998; 张璇、王嘉宇：《关于分层线性模型样本容量问题的研究》，《统计与决策》2010 年第 15 期。

通过模型嵌套检验和边际效应估算来比较各圈层和各要素对职业期望的影响差异，再通过构建不同圈层要素之间的相关检验模型来探索其中的影响机制路径。同时，考虑到截面数据更容易出现异方差现象，笔者采用稳健极大似然估计法减少异方差对回归结果的影响。由于多元线性回归模型早已是学者熟知常用的基础模型，本研究仅对多元对数回归模型进行简述。

多元对数回归模型是简单（二元）对数回归模型的扩展形式。[①] 下面以简单（二元）对数回归模型（binary logistic regression model）为例对估计模型进行说明。估计模型可表达为

$$\text{Prob}(Y_i = 1 \mid X_i) = \frac{\exp(b_0 + b_1 X_1 + b_2 X_2 + \cdots + b_i X_i)}{1 + \exp(b_0 + b_1 X_1 + b_2 X_2 + \cdots + b_i X_i)} \tag{1}$$

其中，$\text{Prob}(Y_i = 1 \mid X_i)$ 表示事件发生的概率，$X_1, X_2, \cdots, X_i$ 表示核心解释变量和其他控制变量。当解释变量为连续型变量时，回归系数 b_i 表示在控制其他变量的情况下，X_i 每改变一个单位，事件发生的优势比将平均改变 $\exp(b_i)$ 倍；而当解释变量为分类变量时，回归系数 b_i 表示在控制其他变量的情况下，X_i 取第 i 类时的事件发生的优势比将是取参照分类组时的 $\exp(b_i)$ 倍。

对于线性模型来讲，标准化的系数值即是解释变量对被解释变量的边际影响程度，表示解释变量变化一个单位时，被解释变量的变化幅度，并且不同解释变量边际影响具有可比性。但对于非线性模型来讲，边际影响并不等于系数值，而需要在回归结果上进一步计算边际效应才可进行比较。简单（二元）对数回归模型边际效应的估计公式可表示为

$$\frac{\partial \text{Prob}(Y_i = 1 \mid X_i)}{\partial X_i} = \Lambda'(X'_i \beta)[1 - \Lambda(X'_i \beta)]\beta \tag{2}$$

其中，$\Lambda'(\cdot) = \Lambda(\cdot)[1 - \Lambda(\cdot)]$。从（2）式可以看到，简单对数回归模型中解释变量对 Y_i 取值为 1 的概率的边际影响不是常数，它会随着解释变量取值的变化而变化。若解释变量为非虚拟变量，一般采用样本均值代入（2）式估算平均边际影响效应。若解释变量为虚拟变量，X_i 取值为 1 和 0 时的 $\text{Prob}(Y_i = 1 \mid X_i)$ 的差值即为虚拟解释变量的边

[①] Daniel A. Powers and Yu Xie, *Statistical Methods for Categorical Data Analysis*, San Diego, C. A.: Academic Press, 2000.

际影响效应。本研究将在以上多元对数模型的稳健性回归结果上进一步计算平均边际效应,并对平均边际效应的大小进行比较,分析不同圈层和不同要素对职业期望的影响差异和相对大小。

第三节　模型的回归结果分析

采用稳健极大似然估计法,本研究估计了不同圈层中不同要素对青少年职业期望的影响系数,据此判断生活圈层是否影响青少年的职业期望;进而估算边际影响效应,结合模型嵌套检验结果分析不同圈层和不同要素的影响差异;再通过不同圈层和不同要素之间的相关检验结果揭示生活圈层对青少年职业期望的影响机制路径。

一、生活圈层是否影响青少年的职业期望

采用稳健极大似然估计法,得到生活圈层影响青少年职业期望的多元对数回归模型估计结果,如表5-3所示。从拟合效果看,PseudoR^2 = 0.0570,说明生活圈可解释青少年职业期望类型选择上6%的变异,高于大多数社会心理模型5%的解释水平。并且,Prob > chi2 = 0.0000,也说明生活圈层对青少年职业期望选择具有显著的解释力。

表5-3　生活圈层影响青少年职业期望的多元对数回归模型估计结果

变量	类型2	类型3	类型4	类型5	类型6	类型7
个人圈层						
物质要素						
性别	-0.681***	-0.527*	-0.754***	0.113	-0.606***	-0.162
	(0.217)	(0.286)	(0.239)	(0.238)	(0.209)	(0.337)
受教育阶段	-0.620**	0.0151	-0.406	-0.0932	0.217	-0.553
	(0.273)	(0.418)	(0.310)	(0.324)	(0.292)	(0.441)
是否重点	-0.714***	-0.445	-0.250	-0.423*	-0.693***	-1.081***
	(0.226)	(0.288)	(0.245)	(0.234)	(0.217)	(0.365)

续表

变量	类型2	类型3	类型4	类型5	类型6	类型7
班级规模	-0.00890	-0.0122	-0.0218***	-0.0231***	-0.0212***	0.0125
	(0.00720)	(0.00952)	(0.00774)	(0.00768)	(0.00683)	(0.0108)
文化素质						
沟通交流能力	-0.233	0.197	-0.326	0.123	-0.311	0.183
	(0.233)	(0.286)	(0.247)	(0.259)	(0.218)	(0.394)
诚信配合度	0.331	-0.717**	0.0102	-0.375	-0.121	-0.179
	(0.222)	(0.279)	(0.242)	(0.240)	(0.210)	(0.330)
精神修养度	-0.0675	0.0797	0.166	-0.114	0.188	-0.460
	(0.186)	(0.223)	(0.212)	(0.220)	(0.182)	(0.293)
家庭圈层						
物质要素						
经济资本	-1.01e-05	7.91e-06	-1.37e-05	-2.15e-05*	5.15e-06	-5.65e-06
	(1.10e-05)	(1.30e-05)	(1.37e-05)	(1.24e-05)	(8.60e-06)	(1.34e-05)
社会资本	8.52e-06*	4.96e-06	1.14e-06	6.41e-06	1.44e-05***	8.07e-06
	(4.75e-06)	(6.63e-06)	(4.99e-06)	(5.37e-06)	(4.60e-06)	(8.25e-06)
教育成就	0.139	0.337**	0.170	0.156	0.124	0.323*
	(0.126)	(0.154)	(0.133)	(0.126)	(0.119)	(0.174)
文化素质						
沟通交流能力	-0.367*	-0.405	-0.810***	-0.384	-0.742***	-0.455
	(0.204)	(0.249)	(0.220)	(0.237)	(0.213)	(0.369)
诚信配合度	0.138	0.490**	0.530***	0.394**	0.511***	0.154
	(0.166)	(0.223)	(0.180)	(0.199)	(0.173)	(0.265)
精神修养度	0.0417	-0.0547	0.278*	0.157	0.232	0.360
	(0.152)	(0.193)	(0.168)	(0.163)	(0.156)	(0.273)
社区圈层						
物质要素						
社区经济建设水平	0.0358	-0.107	-0.126	0.0958	-0.0203	0.199
	(0.130)	(0.144)	(0.132)	(0.142)	(0.119)	(0.210)
社区档次	0.203*	-0.112	0.0736	-0.0694	0.00897	0.0760
	(0.115)	(0.127)	(0.117)	(0.112)	(0.0994)	(0.174)
文化素质						
社区成员精神风貌	0.0809	0.0314	0.0589	-0.0867	0.0331	0.208
	(0.133)	(0.168)	(0.151)	(0.145)	(0.132)	(0.249)

续表

变量	类型2	类型3	类型4	类型5	类型6	类型7
社区整洁度	-0.0448	0.121	-0.0212	-0.0802	-0.0741	-0.138
	(0.135)	(0.170)	(0.145)	(0.149)	(0.130)	(0.267)
常数项	0.837	1.508	2.272*	2.450**	2.381**	-1.528
	(1.117)	(1.280)	(1.168)	(1.153)	(1.059)	(1.561)
Mlogit 模型的整体评价指标	\multicolumn{6}{l}{N = 1071; Waldchi2(102) = 238.61; Prob > chi2 = 0.0000 Logpseudolikelihood = -1851.951; PseudoR² = 0.0570}

注：①职业期望类型1为参照组；②括号内为稳健标准误；③ ***、** 和 * 分别表示在1%、5%和10%的统计水平上显著。

在个人圈层，从物质要素来讲，与选择职业期望类型1相比，性别为男会显著降低选择职业期望类型2、类型3、类型4、类型6的优势比；受教育阶段提高会显著降低选择职业期望类型2的优势比；就读于重点学校会显著降低选择职业期望类型2、类型5、类型6、类型7的优势比；所在班级规模较大会降低选择职业期望类型4、类型5、类型6的优势比。从文化素质来讲，与选择职业期望类型1相比，青少年的诚信配合度越高，选择职业期望类型3的优势比越低；而沟通交流能力和精神修养度的影响并不显著。这表明，个人圈层对青少年职业期望具有显著影响，并且该影响不仅来自物质要素，而且来自文化素质。

在家庭圈层，从物质要素来讲，与选择职业期望类型1相比，家庭经济资本越多选择职业期望类型5的优势比越低；家庭社会资本越多选择职业期望类型2和类型6的优势比越高；家庭教育成就越高选择职业期望类型3和类型7的优势比越高。从文化素质来讲，与选择职业期望类型1相比，父母沟通交流能力越强选择职业期望类型2、类型4、类型6的优势比越低；父母的诚信配合度越高选择职业期望类型3、类型4、类型5、类型6的优势比越高；而父母精神修养度越高，子女选择职业期望类型4的优势比越高。这表明，家庭圈层对青少年职业期望具有显著影响，并且该影响不仅来自物质要素，而且来自文化素质。

在社区圈层，与选择职业期望类型1相比，居住社区档次越低，青少年选择职业期望类型2的优势比越高，其他物质要素和文化素质对青少年职业期望类型选择的影响并不显著。这表明社区圈层对青少年职业期望的影响较微弱，并且影响主要来自物质要素。

二、圈层结构对职业期望的影响差异分析

该部分首先通过模型嵌套检验结果，从整体上判断各圈层和各要素对青少年职业期望的影响效力是否显著以及解释力的大小，再通过平均边际效应对各圈层和各要素的具体指标的影响力进行比较。

表5-4给出了不同圈层和要素影响力的检验结果。从圈层维度来讲，个人、家庭和社区圈层的物质要素和文化素质总共解释了青少年职业期望类型变异的6%。其中，个人圈层解释了青少年职业期望类型4%的变异，家庭圈层解释了不到2%，社区圈层解释了不到1%，表明个人圈层的解释力最大，家庭圈层次之，社区圈层解释力最小。从模型嵌套检验结果来看，模型AB嵌套于模型ABC的检验结果接受原假设，表明社区圈层对青少年职业期望的影响不显著；模型A嵌套于模型AB的检验结果拒绝原假设，表明家庭圈层对青少年职业期望有显著影响；模型B嵌套于模型AB的检验结果拒绝原假设，表明个人圈层对青少年职业期望有显著影响。不同圈层对青少年职业期望的影响可总结为，个人圈层和家庭圈层对青少年职业期望有显著影响，并且个人圈层的影响力大于家庭圈层，而社区圈层的影响不显著。

从要素维度来讲，物质要素和文化素质总共解释了青少年职业期望类型变异的6%。其中，物质要素解释了青少年职业期望类型变异的4%，而文化素质解释了2%，表明物质要素的解释力大于文化素质。从模型嵌套检验结果来讲，模型E嵌套于模型DE的检验结果拒绝原假设，表明物质要素对青少年职业期望有显著影响；模型D嵌套于模型DE的检验结果也拒绝原假设，表明文化素质对青少年职业期望有显著影响。不同要素对青少年职业期望的影响可总结为，物质要素和文化素质都对青少年职业期望有显著影响，并且物质要素的影响力大于文化素质。

表5-4 不同圈层和要素影响力检验结果

	圈层和要素	基础模型			
		PseudoR^2	Prob > chi2	Loglikelihood	LRchi2
模型ABC	个人+家庭+社区	0.06	0.00	-1852	224.02
模型AB	个人+家庭	0.05	0.00	-1862	204.27

续表

		基础模型			
	圈层和要素	PseudoR²	Prob > chi2	Loglikelihood	LRchi2
模型 A	个人	0.04	0.00	−1894	139.29
模型 A1	个人-物质	0.03	0.00	−1912	103.55
模型 A2	个人-文化	0.01	0.00	−1942	43.11
模型 B	家庭	0.02	0.00	−1927	73.42
模型 B1	家庭-物质	0.01	0.01	−1945	37.51
模型 B2	家庭-文化	0.01	0.01	−1946	36.49
模型 C	社区	0.01	0.08	−1947	34.03
模型 C1	社区-物质	0.01	0.00	−1949	29.40
模型 C2	社区-文化	0.00	0.69	−1959	9.19
模型 DE	物质要素+文化素质	0.06	0.00	−1852	224.14
模型 D	物质要素	0.04	0.00	−1888	153.36
模型 E	文化素质	0.02	0.00	−1922	83.76
		嵌套检验			
	原假设	△PseudoR²	LRchi2	Prob > chi2	
模型 ABC					
模型 AB	AB 嵌套于 ABC	0.01(17%)	19.97	0.70	
模型 A	A 嵌套于 AB	0.02(20%)	64.57	0.00	
模型 A1	A1 嵌套于 A	0.01(25%)	35.74	0.01	
模型 A2	A2 嵌套于 A	0.03(75%)	96.18	0.00	
模型 B	B 嵌套于 AB	0.03(60%)	130.44	0.00	
模型 B1	B1 嵌套于 B	0.01(50%)	35.91	0.01	
模型 B2	B2 嵌套于 B	0.01(50%)	36.93	0.01	
模型 C	C 嵌套于 ABC	0.05(83%)	189.80	0.00	
模型 C1	C1 嵌套于 C	0.00(0%)	4.63	0.97	
模型 C2	C2 嵌套于 C	0.01(100%)	24.85	0.02	
模型 DE					
模型 D	D 嵌套于 DE	0.02(33%)	71.1	0.01	
模型 E	E 嵌套于 DE	0.04(67%)	140.08	0.02	

注：由于嵌套检验不适用于稳健性回归结果，此处模型回归未做稳健性处理。

进一步分析圈层内部的物质要素和文化素质的影响差异。①在个人圈层内部，物质要素解释了青少年职业期望类型变异的3%，比文化素质的解释力高2个百分点。并且，模型A1嵌套于模型A和模型A2嵌套于模型A的检验结果都拒绝了原假设，表明个人圈层的物质要素和文化素质对青少年职业期望选择具有显著的解释力，并且物质要素的解释力更强。②在家庭圈层内部，物质要素和文化素质分别解释了青少年职业期望类型变异的1%。并且，模型B1嵌套于模型B和模型B2嵌套于模型B的检验结果都拒绝了原假设，表明家庭圈层的物质要素和文化素质对青少年职业期望类型选择具有显著的解释力，并且物质要素和文化素质的解释力相当。③在社区圈层内部，物质要素解释了青少年职业期望类型变异的1%，而文化素质几乎没有解释力。并且，模型C2嵌套于模型C的检验结果拒绝原假设，表明物质要素对青少年职业期望具有显著解释力；模型C1嵌套于模型C的检验结果接受原假设，表明文化素质对青少年职业期望的解释力不显著。也就是说，社区圈层的文化素质不具有解释力，仅物质要素解释了青少年职业期望类型变异的1%。

表5-5进一步给出了各圈层具体指标对青少年职业期望的边际影响效应估计结果。从各要素的具体测量指标分析其对青少年职业期望的影响大小发现，物质要素和文化素质具体指标的边际影响效应也存在明显差异。

表5-5 不同圈层要素影响职业期望的平均边际效应估计结果

变量	类型1	类型2	类型3	类型4	类型5	类型6	类型7
个人圈层							
物质要素							
性别	0.064***	-0.049**	-0.009	-0.043**	0.068***	-0.042	0.011
	(0.023)	(0.024)	(0.016)	(0.021)	(0.021)	(0.026)	(0.012)
受教育阶段	0.026	-0.087***	0.011	-0.032	0.008	0.090***	-0.016
	(0.032)	(0.027)	(0.023)	(0.026)	(0.028)	(0.035)	(0.016)
是否重点	0.076***	-0.044*	0.0023	0.032	0.007	-0.048*	-0.026*
	(0.023)	(0.026)	(0.016)	(0.022)	(0.021)	(0.028)	(0.014)
班级规模	0.002***	0.001	0.000	-0.001	-0.001*	-0.002**	0.001**
	(0.001)	(0.001)	(0.001)	(0.001)	(0.000)	(0.001)	(0.000)
文化素质							
沟通交流能力	0.019	-0.019	0.022	-0.025	0.032	-0.042	0.013
	(0.024)	(0.026)	(0.015)	(0.021)	(0.023)	(0.027)	(0.015)

续表

变量	类型1	类型2	类型3	类型4	类型5	类型6	类型7
诚信配合度	0.012 (0.023)	0.076*** (0.025)	-0.044*** (0.015)	0.010 (0.021)	-0.038* (0.021)	-0.011 (0.026)	-0.005 (0.012)
精神修养度	-0.003 (0.019)	-0.018 (0.021)	0.004 (0.011)	0.018 (0.019)	-0.018 (0.020)	0.038 (0.023)	-0.021* (0.011)
家庭圈层							
物质要素							
经济资本	8.47e-07 (1.02e-06)	-9.26e-07 (1.37e-06)	9.02e-07 (7.41e-07)	-1.14e-06 (1.38e-06)	-2.14e-06* (1.22e-06)	2.47e-06** (1.21e-06)	-1.58e-08 (4.96e-07)
社会资本	-1.07e-06** (4.91e-07)	2.94e-07 (5.55e-07)	-1.41e-07 (3.76e-07)	-8.01e-07* (4.55e-07)	-6.68e-08 (4.91e-07)	1.74e-06*** (6.06e-07)	4.95e-08 (3.11e-07)
教育成就	-0.022* (0.013)	-0.001 (0.014)	0.014* (0.008)	0.004 (0.011)	0.002 (0.010)	-0.005 (0.014)	0.008 (0.006)
文化素质							
沟通交流能力	0.072*** (0.022)	0.021 (0.023)	0.004 (0.013)	-0.044** (0.019)	0.010 (0.022)	-0.063** (0.027)	-0.001 (0.014)
诚信配合度	-0.050*** (0.018)	-0.035* (0.018)	0.012 (0.012)	0.027* (0.015)	0.010 (0.019)	0.043** (0.022)	-0.007 (0.010)
精神修养度	-0.021 (0.016)	-0.019 (0.017)	-0.013 (0.011)	0.019 (0.015)	0.003 (0.015)	0.022 (0.020)	0.010 (0.010)
社区圈层							
物质要素							
社区经济建设水平	-0.001 (0.013)	0.007 (0.016)	-0.008 (0.008)	-0.016 (0.011)	0.013 (0.013)	-0.004 (0.015)	0.008 (0.008)
社区档次	-0.006 (0.011)	0.031** (0.014)	-0.010 (0.007)	0.004 (0.011)	-0.014 (0.010)	-0.007 (0.013)	0.002 (0.006)
文化素质							
社区成员精神风貌	-0.005 (0.014)	0.009 (0.015)	0.001 (0.009)	0.003 (0.014)	-0.015 (0.013)	0.001 (0.017)	0.007 (0.010)
社区整洁度	0.006 (0.014)	-0.001 (0.017)	0.011 (0.010)	0.002 (0.013)	-0.006 (0.014)	-0.009 (0.018)	-0.004 (0.010)

续表

变量	类型1	类型2	类型3	类型4	类型5	类型6	类型7
Mlogit 模型的整体评价指标	\multicolumn{7}{l}{N = 1071;Waldchi2(102) = 238.61;Prob > chi2 = 0.0000 Logpseudolikelihood = − 1851.951;PseudoR^2 = 0.0570}

注：①系数表示平均边际效应；②括号内为稳健标准误；③ ***、** 和 * 分别表示在1%、5% 和10%的统计水平上显著。

从个人圈层来讲，物质要素中受教育阶段从初中升到高中对职业期望的边际影响效应远大于性别和是否重点学校，而班级规模在均值水平上每增加1人导致的边际影响效应更小。文化素质中诚信配合度在均值水平上每增加1分对青少年职业期望的边际影响效应大于精神修养度，并且二者都大于沟通交流能力提高带来的边际影响效应。

从家庭圈层来讲，物质要素中家庭年人均收入水平在均值水平上每提高1000元对子女职业期望的边际影响效应与父母受教育程度在均值水平上提高一个等级导致的边际影响效应非常接近。而父母职业地位排名虽然对子女职业期望选择有较大的解释力，但是边际影响效应较小，父母职业地位排名在均值水平上每提高一个等级（约10000名）对子女职业期望的边际影响效应仅为0.01—0.02。在文化素质中，父母的沟通交流能力在均值水平上每提高1分对子女职业期望的边际影响效应大于诚信配合度在均值水平上每提高1分带来的边际影响效应。并且，二者的边际影响效应都远大于精神修养度导致的边际影响效应。

从社区圈层来讲，物质要素中社区档次在均值水平上每提高1个等级对青少年选择"助人、为社会服务的职业"类型的边际影响效应在0.03左右，大于社区经济建设水平的边际影响效应。而文化素质中所有因素对青少年职业期望的影响都不显著，即边际影响效应为0。

值得注意的是，个人文化素质和家庭文化素质具有相同的测量指标，因此可进一步比较两个圈层文化素质的影响差异。虽然表5-4显示个人圈层文化素质和家庭圈层文化素质对青少年职业期望的整体解释力都在1%左右，并无明显差距，但是，从具体测量指标来看，个人圈层和家庭圈层文化素质的影响差异明显。从沟通交流能力来讲，父母的沟通交流能力在均值水平上每提高1分对子女职业期望的边际影响效应远大于青少年个人沟通交流能力的边际影响效应。从诚信配合度来讲，父母的诚信配合度与青少年个人的诚信配合度对职业期望的边际影响效应并无明显差异。而从精神修养度来讲，青少年个人的精神修养度对其职业期望的边际影响效应大于父母精神修养度的边际影响效应。也就是说，虽然青少年的文化素质和父母的文化素质对青少年职业期望的整体解释力相当，但是内部具体指标的影响存在明显差异。

三、生活圈层对职业期望的影响机制分析

表5-6给出了不同圈层和不同要素之间的相关性检验结果。通过分析不同圈层和要素之间的相关性可以发现生活圈层影响青少年职业期望的路径机制。

总体而言，文化素质受物质要素影响，内部圈层受外部圈层影响。不同圈层和要素之间的相互影响关系如图5-2所示。

（1）在社区圈层，文化素质受物质要素的显著影响。文化素质与物质要素的偏回归系数在1%的统计水平上拒绝原假设，表明二者具有非常显著的相关性。其中，社区经济建设水平每提高1分，社区成员精神风貌将提高0.6分，而社区的整洁度也将提高0.7分。

（2）在家庭圈层，文化素质受社区圈层物质要素和文化素质的共同影响。具体而言，社区档次每提高1个级别，家庭圈层中父母的精神修养度将提高0.06分，并且回归系数在10%的统计水平上显著；而社区成员精神风貌每提高1分，父母的沟通交流能力将提高0.30分，诚信配合度将提高0.27分，精神修养度将提高0.29分。

（3）在个人圈层，物质要素受家庭圈层和社区圈层物质要素的影响，而文化素质受个人圈层物质要素、家庭圈层物质要素和文化素质以及社区圈层文化素质的影响。

其中，个人圈层的物质要素同时受到来自家庭圈层和社区圈层物质要素的影响，并且家庭圈层的影响更大。具体而言，家庭年人均收入每提高10000元，学生受教育阶段提高的优势比将上升54%（$e^{0.434}-1=0.54$，$p<0.01$），而进入重点学校的优势比也将上升15%（$e^{0.138}-1=0.15$，$p<0.05$）。父母最高受教育程度每提高1个阶段，学生受教育阶段提高的优势比将上升46%（$e^{0.379}-1=0.46$，$p<0.01$），而进入重点学校的优势比也将上升24%（$e^{0.218}-1=0.24$，$p<0.01$）。社区档次每提高1个级别，学

分化的逻辑：职业期望、教育获得与社会流动

表 5-6 生活圈层影响青少年职业期望的路径机制模型估计结果

变量	个人圈层 物质要素 受教育阶段	个人圈层 物质要素 是否重点学校	个人圈层 文化素质 沟通交流能力	个人圈层 文化素质 诚信配合度	个人圈层 文化素质 精神修养度	家庭圈层 文化素质 沟通交流能力	家庭圈层 文化素质 诚信配合度	家庭圈层 文化素质 精神修养度	社区圈层 文化素质 社区成员精神风貌	社区圈层 文化素质 社区整洁度
个人圈层										
性别			−0.054 (0.041)	−0.078* (0.044)	−0.145*** (0.054)					
受教育阶段			0.073 (0.062)	−0.042 (0.051)	0.0953* (0.062)					
是否重点			0.129*** (0.051)	0.087* (0.045)	0.061 (0.058)					
班级规模			0.002* (0.000)	0.000 (0.000)	0.000 (0.000)					
家庭圈层										
经济资本	4.34e−05*** (0.000)	1.38e−05** (0.000)	0.000 (0.000)	0.000 (0.000)	3.53e−06* (0.000)	0.000 (0.000)	0.000 (0.000)	0.000 (0.000)		
社会资本	0.000 (0.000)	0.000 (0.000)	0.000 (0.000)	0.000 (0.000)	0.000 (0.000)	0.000 (0.000)	0.000 (0.000)	0.000 (0.000)		
教育成就	0.379*** (0.092)	0.218*** (0.084)	−0.016 (0.021)	−0.021 (0.034)	0.034 (0.031)	0.062 (0.047)	−2.43e−06* (0.000)	0.063 (0.048)		
沟通交流能力	−0.134 (0.151)	−0.04 (0.13)	0.368*** (0.05)	0.128*** (0.04)	0.251*** (0.05)		−0.023 (0.049)			
诚信配合度	−0.032 (0.126)	−0.163 (0.102)	0.138*** (0.035)	0.413*** (0.041)	0.130*** (0.048)					

· 134 ·

第五章 职业期望的形成因素分析

续表

变量	物质要素		个人圈层 文化素质			家庭圈层 文化素质			社区圈层 文化素质	
	受教育阶段	是否重点学校	沟通交流能力	诚信配合度	精神修养度	沟通交流能力	诚信配合度	精神修养度	社区成员精神风貌	社区整洁度
精神修养度	-0.114 (0.121)	-0.073 (0.087)	0.129*** (0.037)	0.076** (0.033)	0.237*** (0.043)					
社区圈层										
社区经济建设水平	-0.094 (0.089)	0.024 (0.078)	-0.023 (0.028)	-0.023 (0.028)	0.000 (0.036)	0.027 (0.031)	-0.054 (0.042)	0.042 (0.049)	0.609*** (0.035)	0.714*** (0.026)
社区档次	-0.319*** (0.109)	-0.120* (0.067)	0.031 (0.016)	0.019 (0.024)	0.034 (0.029)	-0.032 (0.039)	0.013 (0.038)	-0.058* (0.037)	-0.041* (0.028)	-0.044* (0.039)
社区成员精神风貌	0.023 (0.101)	0.083 (0.099)	0.038 (0.025)	0.044* (0.032)	0.043 (0.037)	0.302*** (0.038)	0.266*** (0.049)	0.294*** (0.048)		
社区整洁度	0.188* (0.107)	0.000 (0.093)	0.000 (0.033)	-0.015 (0.038)	0.000 (0.036)	0.063 (0.047)	0.052 (0.048)	0.087* (0.047)		
常数项	1.230* (0.732)	-1.516** (0.609)	2.017*** (0.231)	2.379*** (0.234)	2.167*** (0.232)	3.741*** (0.263)	4.513*** (0.242)	3.646*** (0.271)	2.019*** (0.143)	1.287*** (0.148)
样本量	1071	1071	1071	1071	1071	1071	1071	1071	1071	1071
拟合优度	0.08	0.03	0.46	0.45	0.44	0.2	0.09	0.2	0.44	0.55
F(14,1070)			41.89	35.27	43.09	31.83	15.85	31.54	288.93	507.34
Prob > F			0.00	0.00	0.00	0.00	0.00	0.00	0.00	0.00
R-squared			0.46	0.45	0.44	0.19	0.09	0.19	0.44	0.55
RootMSE			0.71	0.70	0.74	0.95	1.03	1.04	0.91	0.84
Waldchi2(13)	71.25	42.75								
Prob > chi2	0.00	0.00								
Logpseudolikelihood	-512.93	-678.61								

注：①括号内为稳健标准误；②***、**和*分别表示在1%、5%和10%的统计水平上显著。

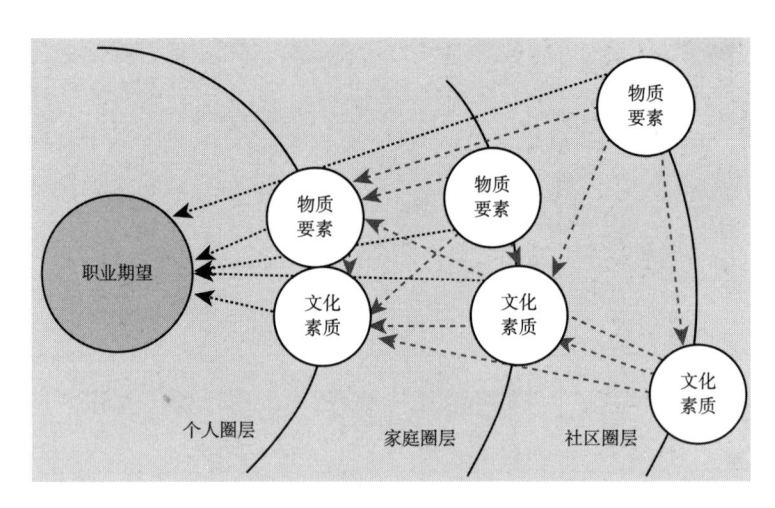

图 5-2 不同圈层要素的影响关系

生受教育阶段提高的优势比将上升 38%（$e^{0.319} - 1 = 0.38$，$p < 0.01$），而进入重点学校的优势比也将上升 12%（$e^{0.12} - 1 = 0.12$，$p < 0.01$）。社区整洁程度每提高 1 分，学生受教育阶段提高的优势比将上升 21%（$e^{0.188} - 1 = 0.21$，$p < 0.1$）。

个人圈层的文化素质同时受到个人圈层物质要素、家庭圈层物质要素和文化素质以及社区圈层文化素质的影响，并且家庭圈层文化素质的影响最大。具体而言，在个人圈层的物质要素中，如果是男生，诚信配合度会比女生低 0.08 分，精神修养度也会比女生低 0.15 分。就读于重点学校学生的沟通交流能力将显著提高 0.13 分，诚信配合度将显著提高 0.09 分。班级规模每增加 10 人，学生沟通交流能力提高 0.02 分。在家庭圈层中，家庭年人均收入每提高 10000 元，学生的精神修养度将提高 0.04 分。父母的沟通交流能力每提高 1 分，学生的沟通交流能力将提高 0.37 分，诚信配合度将提高 0.13 分，精神修养度将提高 0.25 分。父母的诚信配合度每提高 1 分，学生的沟通交流能力将提高 0.14 分，诚信配合度将提高 0.41 分，精神修养度将提高 0.03 分。父母的精神修养度每提高 1 分，学生的沟通交流能力将提高 0.13 分，诚信配合度将提高 0.08 分，精神修养度将提高 0.24 分。在社区圈层，社区成员精神风貌每提高 1 分，学生的诚信配合度将提高 0.04 分。

第四节 本章小结

无论我们是否意识到，生活环境都在时刻影响着我们每一个人，尤其对儿童青少年具有更重要的影响。在我国长期追踪调查开展时日尚浅的情况下，笔者以职业期望作为青少年发展的先遣指标，从个人、家庭和社区三个圈层，就生活圈层对青少年职业发展的影响进行了理论分析和实证检验，为揭示生活圈层对青少年发展的影响事实、制定政策、促进青少年健康发展提供理论依据。

首先，从系统结构和要素构成两个维度，就生活环境对青少年职业期望的影响进行理论分析，认为生活空间是围绕个人由近至远依次摊开的圈层结构体，每一圈层又由物质要素和文化素质共同组成，并且不同圈层对个人的行为观念都具有一定程度的影响。有所不同的是，圈层与个人的距离远近将导致影响程度存在差异；而物质与意识的本质区别决定物质要素和文化素质对青少年职业期望的影响存在差异。

其次，从方法论角度而言，在数据结构不满足分层线性模型需求的情况下，笔者通过多元对数回归模型和多元线性回归模型的组合方法，检验生活环境对青少年职业期望的影响，比较各圈层和各要素的影响大小，并探索其中的内部影响机制。

具体而言，基于2012年CFPS数据，笔者发现，我国大部分青少年比较关注职业的稳定性和对社会的贡献性，但不同阶层的青少年职业期望存在明显差异。首先，智力发展水平高的青少年更倾向于选择能推动社会发展、受人尊敬和得到人们的高度评价的职业期望类型；文化素质高的青少年更倾向于选择能推动社会发展，助人、为社会服务的职业期望类型。家庭经济条件好、父母职业地位高、沟通交流能力强的青少年更倾向于选择稳定的、能推动社会发展和能够满足自尊成就感需求的工作，而家庭收入水平较低的青少年更倾向于选择工资高的工作。

实证检验结果进一步发现：①生活圈层对青少年的职业期望具有显著影响。个人圈层和家庭圈层的物质要素和文化素质均对青少年的职业期望有显著的影响。而社区圈层对青少年职业期望的影响较微弱，且影响仅来自物质要素。②不同圈层和要素对青少年职业期望的影响力存在差异。具体而言，从圈层维度来讲，个人圈层和家庭圈层均对青少年的职业期望有显著影响，并且个人圈层的影响力大于家庭圈层，但社区圈层的影响不显著；从要素维度来讲，物质要素和文化素质都对青少年职业期望有显著影响，并且物质要素的解释力（2/3）大于文化素质（1/3）。而在圈层维度和要素维度交叉情况下，各圈层内部物质要素和文化素质的影响也存在差异，个人圈层物质要素的解释力大于文化素质，家庭圈层物质要素和文化素质的解释力相当，社区圈层物质要素具有显著的解释力，但文化素质几乎没有解释力。③由外向内，由物质向文化，不同圈层和要素之间通过交互作用传递影响，共同构成了生活圈层影响青少年职业期望的路径网络，扩大了生活环境对青少年发展的影响。具体而言，在社区圈层，文化素质受物质要素的显著影响；在家庭圈层，文化素质受社区圈层物质要素和文化素质的共同影响；在个人圈层，物质要素受家庭圈层和社区圈层物质要素的影响，而文化素质受个人圈层物质要素、家庭圈层物质要素和文化素质以及社区圈层文化素质的影响。

当然，本研究还存在一些局限性。首先，研究方法仍有改进余地。对于具有嵌套结构的生活圈子，更适合采用分层线性模型分析，以恰当处理个体效应和组效应之间的关系。但是，当前数据在个人圈层和家庭圈层均不满足要求，只能通过多个模型组合的方法估计和探索生活圈层对青少年职业期望的影响。虽然，本研究通过经验分析得到的结论具有有效性，但在未来数据结构允许、满足条件的情况下可采用分层线性模型改进研究。其次，文化素质的测量指标有待改进。根据联合国教科文组织对文化的定义，文化不仅体现在人们的日常生活方式，而且体现在价值体系、传统以及信仰，因此，文化测量应该囊括多个方面，并采用一系列变量的组合进行测量。但是，囿于当前数据不足，文中仅从人们的日常生活方式测量了文化素质，虽然对青少年职业期望差异具有显著解释力，亦达到了揭示文化素质影响青少年职业期望的目的，但准确地说，并不能完全代表文化素质的整体，而有待继续改进。

出于客观原因，本研究在方法和要素测量上存在一些局限性，但研究设计对于认识生活圈层对青少年职业发展的影响仍然有所帮助，并且研究结论对于判断和揭示生活圈层对青少年职业期望影响仍然有效，可为促进青少年发展提供研究依据。青少年是祖国的未来和希望,青少年的发展也意味着国家未来的竞争潜力提升。在青少年发展越来越受重视的背景下,本研究对于从生活环境入手干预青少年健康发展具有启示意义。

第六章 职业期望对初中后教育获得的影响分析

本部分采用纵向设计方法，基于2010年和2012年中国家庭追踪调查数据，以初中后的教育获得为切入点，分别从教育分流和轨道选择、优质教育资源获得等方面考察前期职业期望对后期教育获得的影响。

对于每个人来说，实现自己的职业理想，都是人生的一大要务。因为它不仅决定了个人的经济收入水平和社会声望地位，而且对自我成就感具有重要影响。随着我国经济体制的深化改革和子女顶替用工制度的废除，劳动力市场竞争日渐活跃激烈，人们的职业选择余地明显增加，公平竞争机会也越来越多。子代的职业选择不再像以往那样受到父辈职业和家庭成分的严重制约。用工制度改革使得职业选择上的自由度明显增加。这给家庭经济社会地位的代际流动带来新的活力。而在远大职业理想的驱动下，父母对子女的教育投资也受到前所未有的重视。

早在20世纪60年代，Blau和Duncan就基于先赋性和后致性的个体流动机制，对人们的教育获得和职业获得进行了卓越的解释，并成为研究教育获得和职业获得的基本范式。[1] 然而，该模型仅给出了因素之间的经验相关，却并未详细解释其中的内在影响机制，需要新的理论和实证予以解释和证明。不少学者（包括邓肯本人）对布劳-邓肯模型进行了拓展。[2] 而在众多衍生模型之中，以20世纪60年代末威斯康星学派构建的社会心理模型最具突破力。威斯康星学派认为，布劳-邓肯模型使用父辈的分层位置来解释子辈的教育获得和职业获得是毋庸置疑的，但是，未能

---

[1] Peter M. Blau and Otis Dudley Duncan, *The American Occupational Structure*, New York: John Wiley & Sons, 1967.

[2] 许嘉猷：《社会阶层化与社会流动》，三民书局1986年版。

将社会心理因素纳入模型，而这些社会心理因素（包括参照群体、重要他人、自我概念、行为预期等）都可能对教育获得和职业获得产生显著的影响。基于以上考虑，笔者将"智力"、"学业成绩"、"重要他人"、"职业抱负"和"教育期望"等相关变量纳入模型，对人们的教育获得和职业获得给出更详细的解释。[1] 而 Janssen 针对职业期望的实证研究结果进一步表明，职业期望对教育获得具有显著的解释力。[2] 近年来，Pinxten 等的研究发现，职业期望对教育获得的影响，尤其是对教育分流的影响，开始变得越来越重要。[3] 尽管以往的研究成果非常丰富，但是关于中国的实证研究却非常缺乏。

拥有深厚儒学文化底蕴的中国，"修身齐家治国平天下"自古就是众多青年的职业理想，"望子成龙，望女成凤"也是中国父母的共同心愿。在这种宏观文化价值观念的影响下，职业期望不再只是个人兴趣爱好的反映，还是来自重要他人及生活圈层影响的职业认知，且是受到整个文化价值观念熏陶的结果。此时，职业期望在教育获得和职业获得中扮演的角色不再只是偶然因素，而是受到整个社会价值观念影响的必然因素。跨文化比较研究也发现，亚裔青年有更高的职业期望和教育期望，[4] 亚洲父母也对子女有更高的期望和更积极的投入。在儒家思想的影响下，中国人的职业期望对教育获得的影响，可能远超欧美国家。那么，实际情况又是怎样的呢？当代中国，在劳动力市场化和教育大众化的背景下，人们高涨的职业期望是否真的能够增加个人的教育获得？这些问题值得人们思考和检验。

本研究分别以父母对子女的职业期望以及子女个人的职业期望为关键变量，[5] 通过实证检验前期职业期望与后期教育获得（包括升学与否、教育

---

[1] 范晓光：《威斯康辛学派挑战"布劳－邓肯"的地位获得模型》，《中国社会科学报》2011 年 5 月。

[2] T. Janssen, *Determinants of Parents' Aspirations and Expectations for Their Children's Educational and Occupational Attainments*, Ph. D. dissertation, The University of Wisconsin-Madison, 1982.

[3] Maarten Pinxten, Bieke De Fraine, Wim Van Den Noortgate, Jan Van Damme and Dickson Anumendem, "Educational Choice in Secondary School in Flanders: The Relative Impact of Occupational Interests on Option Choice," *Educational Research and Evaluation*, Vol. 18, No. 6, 2012, pp. 541 – 569.

[4] Yu Xie and Kimberly Goyette, "Social Mobility and Educational Choices of Asian Americans," *Social Science Research*, Vol. 32, No. 3, 2003, pp. 467 – 498.

[5] 出于文字简洁的考虑，在没有特别说明的情况下，本书所指的"父母或父辈的职业期望"均表示"父母对子女的职业期望"，而"子女的职业期望"则指"子女个人的职业期望"。

轨道和教育质量）的经验关系，来考察当代中国青少年及其父母的职业期望对教育获得的实际影响。由于当前的数据条件无法对职业期望与每个阶段教育获得之间的关系做全面的梳理，只能通过一个横截面来透视职业期望与教育获得之间的因果联系，本研究选择非义务教育的转折点——初中后的教育获得作为切入点，来深度考察职业期望对教育获得的影响。

第一节　扩展后的威斯康星理论模型

布劳－邓肯地位获得模型在千丝万缕的社会网络中，概括出影响教育获得的最重要的因素，而威斯康星模型则试图解释影响得以发生的内部机制。其将职业期望、教育期望等心理变量加入模型，将内部作用机制的研究推向了一个新的高度。然而，长久以来，职业期望都是以中介因素的身份出现在模型中的，也就是说，以往的研究多将职业期望看作一种内生的非独立的因素，并将其作为经济社会地位影响教育获得的中间桥梁，而未曾关注到职业期望同经济社会地位一样，很可能对教育获得具有重要的独立的影响。之所以如此说，是因为即使是在市场经济发达、个人理性预期成熟的欧美国家，职业期望也绝非完全内生于家庭经济社会地位和个人能力等因素，相反，在一定程度上会受到参照群体、重要他人以及整个社会文化价值观念的熏陶和渲染。Schoon 和 Parsons 的研究结果表明，社会生活环境对塑造人的职业期望具有非常关键的作用。[1] Wicht 和 Ludwig-Mayerhofer 的一项基于德国的实证研究结果也显示，职业期望不仅受家庭、社区的影响，而且受到就读学校更为重要的影响。[2] 可见，职业期望并非完全内生于家庭经济社会地位，有必要将其视为一种独立于家庭经济社会地位的因素来检验其对教育获得的影响。尤其是在中国这个具有深厚儒学文化底蕴，并且崇尚价值观念一致的国家，个人的职业期望更是在很

---

[1] Ingrid Schoon and Sam Parsons, "Teenage Aspirations for Future Careers and Occupational Outcomes," *Journal of Vocational Behavior*, Vol. 60, No. 2, 2002, pp. 262 – 288.

[2] Alexandra Wicht and Wolfgang Ludwig-Mayerhofer, "The Impact of Neighborhoods and Schools on Young People's Occupational Aspirations," *Journal of Vocational Behavior*, Vol. 85, No. 3, 2014, pp. 298 – 308.

大程度上受到整个社会文化价值观念的影响。因此,在有关中国的研究中,将职业期望处理成外生变量更为合适。当然,在中国,经济社会地位对教育获得的部分影响也将通过职业期望的路径来实现。而在模型中同时加入职业期望和经济社会地位变量时,经济社会地位通过职业期望发挥作用的中介效应将被排除掉,剩余部分则是职业期望作为外生变量对教育获得的净效应。

那么,职业期望对教育获得产生影响的逻辑是什么?在职业地位获得过程中,教育成就是职业获得的重要原因之一。那么,反过来,出于行为理性的假设,人们的教育投资和生产就是根据某种需要而进行的,尤其是根据实现职业期望的需要而进行的。因此,职业期望也是教育投资的重要原因之一,可能对教育投资数量、质量和类型具有重要影响。本研究将教育投资行为视为个人和家庭对未来职业期望的反映,即有怎样的职业期望,就会实施怎样的家庭教育投资行为。

进一步地,职业期望又是如何对教育获得产生影响的?职业期望,归根到底是一种期望,因此,本研究以"期望效应"为基础,就职业期望对教育获得产生影响的原因和过程进行理论分析。1968 年,Rosenthal 和 Jacobson 在实验中发现,如果教师期待自己的学生在学习上获得更大的成就,教师就会以更愉快、更友好以及更积极的方式来对待学生,并对学生的学习动机产生有利的影响。这一实验证明了"期望效应"的存在,即个体的期待作为一种可变化的心理状态,不仅对个体本人具有行为推动作用,也可以对他人的行为产生影响。这种"期望效应"称为"罗森塔尔效应",又称为"皮格马利翁效应"。[①] 而职业期望对教育获得的作用机制与经典罗森塔尔实验具有相似性,都是通过"憧憬—期待—行动—感应—接受—外化"这一机制产生的。就父母职业期望对子女教育获得的影响而言,父母对子女的未来持有美好的职业前景预期,那么更可能在前期教育阶段就为这种期待付出具体的努力,如给予子女积极的评价、帮助、指导等,而子女感受到父母对自己的关怀和鼓励,也可能在内心上接受父母的期望,内化为对自己的期望,并在学业上做出相应努力,最终大大提高教育获得的数量和质量。就子女个人的职业期望对教育获得的影响而言,个人职业期望越高,越有可能提升学习动力,在学习上付出更多的

---

① 程琳:《父母期望、初中生自我期望与学习成绩的关系》,硕士学位论文,河南大学,2010 年。

时间和精力，从而可能获得更多数量和更高质量的教育。如果职业期望的罗森塔尔效应是存在的，那么职业期望就可能对教育获得产生作用。

在职业期望的罗森塔尔效应存在的假设下，笔者以布劳－邓肯模型和威斯康星模型为基础，进一步构建了中国青少年教育获得模式的理论模型。笔者认为，与欧美国家相比，在中国，人们的教育获得受职业期望或者说是社会文化价值观念的影响更大。除了个人智力水平、家庭经济社会地位会对教育获得产生影响之外，通过期望效应的作用机制，父母职业期望和子女职业期望都对教育获得产生影响。此外，宏观层面上的社会价值观念，也会通过人们的职业期望和经济社会地位对教育获得产生影响。总体而言，社会价值观念和职业期望等社会心理因素对教育获得的影响是不可忽视的。以下笔者将采用追踪调查数据，根据研究目的，设计研究方案，逐步检验职业期望对教育获得的影响。

第二节　研究设计与研究假设

本研究选择非义务教育的转折点——初中后的教育获得作为切入点，来深度考察职业期望对教育获得的影响。初中升学阶段是我国义务教育阶段的终点，也是职业型教育和普通高中等多形式的非义务教育阶段的起点，同时也正处于个人进入劳动力市场的最低合法年龄。特殊的位置使得该阶段的教育分流结局具有类型多样的特点。根据《中国统计年鉴2010》的数据，目前我国学龄人口在小学升初中阶段的升学比例已接近100%，而在初中升高中阶段的升学比例快速下降到88%，较前一阶段降低了12个百分点，高中升大学阶段的升学比例则处在83%的水平，较前一阶段降低了5个百分点。这表明，初中升高中阶段是当前退学行为的第一个高发阶段。而从年龄段来看，初中升高中阶段的学生年龄多在16岁左右，刚好达到进入劳动力市场的最低合法年龄，考虑到提前进入劳动力市场参加工作的收益，该阶段中止教育的风险较之前阶段明显提高。综合以上因素，初中后教育分流是竞争最为激烈，也是分流结果最为多样的一次分流，因此初中升高中阶段是分析职业期望对教育分流影响的一个非常理想的截面。以下则根据初中后的教育分流路径，逐步提出职业期望对教育分流影响的系列研究假设。

根据我国的教育体制和学生的教育分流实际情况，上学与否是初中后教育分流中差别最大的一类分化。据此，本研究先将当前我国初中后的教育分流大致分为两条主要路径：一是升学，继续接受教育；二是退学，中止教育。在当前终身教育还有待规范与调整的形势下，过早地中止教育对职业获得具有严重危害。学校教育的中止，在很大程度上意味着教育成就增长的闭合，也意味着个人失去了接受更多教育的机会和相应更高的职业地位。正因为教育对职业地位获得具有重要影响，个人的职业期望才可能对教育中止行为产生相应的影响。如果父母对子女抱有较高的职业期望或个人具有较高的职业期望，那么将更倾向于继续上学，以为实现职业理想创造必要的前提；而如果父母对子女抱有较低的职业期望或个人具有较低的职业期望，那么将更倾向于中止教育。据此，本研究提出第一个研究假设。

假设1：职业期望影响教育获得数量，职业期望越高，越倾向于接受更多的学校教育；职业期望越低，越倾向于辍学。

进一步地，在升学路径下，学轨制（tracking，即学术型教育和职业型教育的分化）对教育分流具有更加细化的影响。它将初中后的教育进一步区分为学术型教育（普通高中）和职业型教育（职业高中、职业中专）两条轨道。在包括中国的大多数国家，学术型教育轨道通常是面向大学及以上的教育，目的是培养精英人才；而职业型教育轨道则是直接面向劳动力市场，目的是培养普通的技术人员或职员。[1] 职业型教育和学术型教育的分流则意味着学生进入不同的学制轨道，接受不同性质和类型的教育，从而与不同的职业目标和经济社会地位联系在一起。[2] 许多国家的实证研究结果也验证了，进入学术型教育轨道的学生，毕业后获得了更高地位的职业；而进入职业型教育轨道的学生，失去了接受高等教育的机会和相应更高的职业地位。[3] 可见，教育轨道对职业获得具有重要的

---

[1] 吴愈晓：《中国城乡居民的教育机会不平等及其演变（1978—2008）》，《中国社会科学》2013年第3期。
[2] 刘精明：《教育选择方式及其后果》，《中国人民大学学报》2004年第1期。
[3] N. Yossi Shavit and Mueller Walter, "Vocational Secondary Education, Tracking and Occupational Attainment in a Comparative Perspective", in T. Hallinan Maureen, eds. *Handbook on Sociology of Education*, New York: Plenum Publishing, 2000.

影响。而也正是因为不同的教育轨道可能影响后期的职业获得，才使得不同的职业期望可能影响教育轨道的选择。如果父母对子女抱有较高的职业期望或个人具有较高的职业期望，希望将来成为社会精英，那么将更倾向于选择学术型教育，而非职业型教育。相反，职业期望较低，那么可能更倾向于选择职业型教育。据此，本研究提出第二个研究假设。

> 假设2：职业期望影响教育轨道的选择，职业期望越高，希望将来成为社会精英，越倾向于选择学术型教育，即上普通高中；而职业期望越低，越倾向于选择职业型教育，即上职业高中或职业中专。

除学轨制之外，重点学校制度也对教育资源获得具有重要影响。王威海和顾源的一项研究发现，在中国社会，中学阶段的重点与非重点学校的路径分流对个人的职业获得具有非常重要的影响，高中教育质量也对职业获得具有重要影响。[①] 而方长春的调查结果也显示，我国很多学校，特别是比较好的高中，"为解决办学经费困难"，都存在一定比例的"特价生"，即部分初中升学成绩未能达线而通过缴纳一部分额外费用获取入学资格的学生。[②] 这也就是说，父母为了让子女获得更高质量的高中教育，可能通过某种方式来干预初中后的优质教育资源的获得。这也为父母和子女职业期望影响中学阶段的重点与非重点学校的路径分流提供了客观前提。基于教育质量对职业获得具有重要影响的事实，如果父母对子女抱有较高的职业期望或个人具有较高的职业期望，那么将更倾向于就读重点学校，而不是非重点学校。据此，本研究提出第三个研究假设。

> 假设3：职业期望影响教育质量获得。职业期望越高，上重点高中的可能性越大。职业期望越低，上非重点高中的可能性越大。

---

① 王威海、顾源：《中国城乡居民的中学教育分流与职业地位获得》，《社会学研究》2012年第4期。
② 方长春：《家庭背景与教育分流——教育分流过程中的非学业性因素分析》，《社会》2005年第4期。

第三节 数据变量与模型方法

一、数据来源与整理

基于2010年和2012年中国家庭追踪调查（CFPS）数据，本研究通过分析2010—2012年处于初中升高中阶段的学生样本，来检验上述研究假设。中国家庭追踪调查采用内隐分层（implicit stratification）、多阶段、多层次、与人口规模成比例的概率抽样方式，于2010年在中国内地的25个省（区、市），抽取了一个14960户42590人的样本，并在后期对个人样本展开长期的跟踪调查，是国内第一个如此大规模、综合性、以学术为目的的社会跟踪调查项目。[1] 该数据收集了被调查者非常详细的教育信息，不仅包括被调查者的教育状况、当前的教育阶段、求学起始时间、就读年级等基本信息，而且包括就读学校类型（普通高中、职业高中、职业中专、成人高中）、级别（重点或非重点）等细节信息。另外，该调查还通过"您将来最希望从事什么类型的职业"和"您希望孩子长大后从事什么类型的职业"这两个问题收集了学生本人以及父母对子女的职业期望。除以上两点外，由于是对个体进行跟踪调查，该数据还为本研究提供了两次调查时间之间教育分流状况，可以采用前一期的职业期望和两期之间的教育分流情况，来检验前者与后者之间的因果关系，并可以通过时差消除二者之间的内生性，从而提高实证模型的解释力。而严格意义上说，不对内生性问题做出处理的社会学定量研究，其结论均缺乏"反事实"（counter factual）框架之下的因果解释效力。[2] 总体而言，该数据能为本研究提供恰当的经验数据资料。

根据研究设计，笔者需要先对CFPS数据进行预处理，筛选出符合研究目的的样本。具体处理步骤如下。第一步，从2010年的儿童数据库和

---

[1] 谢宇、胡婧炜、张春泥：《中国家庭追踪调查：理念与实践》，《社会》2014年第2期。
[2] 陈云松、吴晓刚：《走向开源的社会学：定量分析中的复制性研究》，《社会》2012年第3期。

成年人数据库中筛选出有可能在 2010—2012 年发生初中后分流事件的个人样本。根据我国的升学制度，以 2010 年调查时教育状态为"上学"，且就读阶段为"初中二年级和三年级"作为标准进行筛选，得到 1255 个符合条件的样本，记为"数据库1"。第二步，通过个人 ID 和家庭 ID，分别将 2012 年的儿童数据库和成年人数据库数据匹配到"数据库1"，最终匹配上 962 个符合条件的样本，记为"数据库2"。第三步，删除 2012 年仍然在上初中的样本 108 个，最终得到在 2010—2012 年发生初中升高中教育分流的样本 854 个。其中，来自 2010 年成年人数据库的样本 224 个，来自 2010 年儿童数据库的样本 630 个。

在此基础上，笔者进一步判断样本在初中升高中阶段的教育分流情况，并依次生成表示教育获得的变量 Y_1，表示教育轨道的变量 Y_2，以及表示教育质量的变量 Y_3。有效样本量和变量的描述性统计见表 6-1。

表 6-1 有效样本量和变量的描述性统计

变量	含义	编码	取1的频次	取2的频次	有效样本量
教育获得	未升学/升学	0/1	632	—	815
教育轨道	未升学/职业高中、职业中专/普通高中	0/1/2	292	326	801
教育质量	未升学/非重点高中/重点高中	0/1/2	196	128	507
父母的职业期望	能推动社会发展的职业	0/1	85	—	815
	助人、为社会服务的职业	0/1	94	—	815
	得到人们的高度评价的职业	0/1	48	—	815
	受人尊敬的职业	0/1	110	—	815
	能赚钱的职业	0/1	72	—	815
	虽平凡,但有固定收入的职业	0/1	112	—	815
	若不为人所用,就自谋职业	0/1	294	—	815
子女的职业期望	能推动社会发展的职业	0/1	127	—	815
	助人、为社会服务的职业	0/1	182	—	815
	得到人们的高度评价的职业	0/1	49	—	815
	受人尊敬的职业	0/1	139	—	815
	能赚钱的职业	0/1	95	—	815
	虽平凡,但有固定收入的职业	0/1	131	—	815
	若不为人所用,就自谋职业	0/1	92	—	815

续表

变量	含义	编码	取1的频次	取2的频次	有效样本量
性别	女/男	0/1	398	—	815
居住地	乡村/城镇	0/1	327	—	815
初中学校级别	是否曾经在重点初中就读	0/1	140	—	815
前期学业成就	数学成绩(分)		均值:78.79;方差:26.93		747
父亲职业地位	父亲职业地位排名		均值:50282;方差:18136		794
母亲受教育程度	母亲受教育年限(年)		均值:5.85;方差:4.39		809

二、变量选取

(一)因变量

根据研究设计,本研究主要关注初中升高中阶段的教育获得、教育轨道和教育质量的情况,因此,本研究的因变量包括:

(1)关于教育获得的判断变量 Y_1,即2012年的上学状态,包括两类,取值0表示未升学,取值1表示升学。研究对象为2010—2012年所有可能发生初中升高中教育分流的样本。

(2)关于教育轨道的判断变量 Y_2,即2012年的具体教育类型,包括三类,取值0表示未升学,取值1表示获得职业型教育(职业高中、职业中专),取值2表示获得学术型教育(普通高中)。研究对象为2010—2012年所有可能发生初中升高中教育分流的样本。

(3)关于教育质量的判断变量 Y_3,即2012年是否就读于重点学校,包括三类,取值0表示未升学,取值1表示获得非重点高中教育资源,取值2表示获得重点高中教育资源。研究对象仅限于2010—2012年未升学和升入普通高中的样本,不含职业型教育的样本。

(二)自变量

本研究的核心自变量是2010年青少年个人的职业期望和父母对子女的职业期望。之所以既考虑个人的职业期望,又考虑父母对子女的职业期望,是因为处于初中阶段的青少年的职业期望虽已成型,但尚未成熟,仍然受到父母等重要他人的影响。处于初中阶段的青少年,面临解答"我是谁"、"我的人生要往何处去"以及"怎样依靠自己的努力来完成理想的自己"等一系列重大的人生问题，① 也正是在解答这些问题的过程中，青少年的自我期望被逐步树立和明确。而父母作为其生活中的重要成员，对其抱有的期望就成为青少年建立自我期望的重要信息来源。Trusty 的研究也发现，母亲对青少年的期望与青少年对自己的期望之间存在显著的相关性。② 因此，有必要同时关注青少年个人的职业期望和父母对子女的职业期望。

进一步地，本研究根据职业地位和声望对 CFPS 中的职业期望进行高低排序。CFPS 将人们的职业期望划分为七大类，分别是类型 1 能推动社会发展的职业；类型 2 助人、为社会服务的职业；类型 3 得到人们的高度评价的职业；类型 4 受人尊敬的职业；类型 5 能赚钱的职业；类型 6 虽平凡，但有固定收入的职业；类型 7 若不为人所用，就自谋职业。显然，该分类更多地是以职业地位和声望为标准进行划分，而非按照一般的分工标准来划分。按照马克斯·韦伯"威望、权力、财富"的社会分层三重标准，以上七种职业期望类型中，类型1、类型3、类型4的职业地位相对较高，类型6、类型7的职业地位相对较低，而类型2和类型5的职业地位居中。从职业对受教育程度的教育要求来讲，以上七种职业期望中，类型1、类型3、类型4的职业对受教育程度的要求最高，类型2、类型5和类型7的职业对受教育程度的要求最低，而类型6的职业对受教育程度的要求居中（见表6-2）。进而，根据职业地位与教育要求具有一致性的客观规律推知，职业地位越高，对应的教育要求也越高。对于职业期望回答"不知道"或者"拒绝回答"的样本，其职业目标模糊，职业期望较低，笔者将其归入职业期望最低的一类。

表6-2 职业期望类型及其对应的社会身份、职业地位和教育要求

编号	职业期望类型	社会身份	职业地位	教育要求
1	能推动社会发展的职业	社会精英	H	H
2	助人、为社会服务的职业	社会精英、普通技术人员、职员	M	L

---

① Erik H. Erikson, "On the Nature of Psycho-historical Evidence: In Search of Gandhi," *Daedalus*, Vol. 97, No. 3, 1968, pp. 695 - 730.

② Jerry Trusty, "Paper High Educational Expectations and Low Achievement: Stability of Educational Goals Across Adolescence," *Journal of Educational Research*, Vol. 93, No. 6, 2000, pp. 356 - 365.

续表

编号	职业期望类型	社会身份	职业地位	教育要求
3	得到人们的高度评价的职业	职业领域中的骨干	H	H
4	受人尊敬的职业	职业领域中的骨干	H	H
5	能赚钱的职业	社会精英、普通技术人员	M	L
6	虽平凡,但有固定收入的职业	普通技术人员、职员	L	M
7	若不为人所用,就自谋职业	普通技术人员	L	L

注：H 表示相对较高；L 表示相对较低；M 表示相对居中。

此外,由于职业期望类型较多,实证分析对样本量的需求较大,笔者进一步对有规律的缺失数据进行适当处理,以提高估计结果的稳定性。在2010年中国家庭追踪调查时,由于系统设置跳转错误,2010年成年人数据库中上学者的职业期望没有被调查到,其样本量为221。在2012年调查时,CFPS修补了这一漏洞,对此,本研究采用2012年个人的职业期望作为2010年其职业期望的代理。根据已有研究结论,成年人的职业期望具有较好的稳定性,[1] 且2010年与2012年的职业期望之间存在显著的正向关系,[2] 因此,本研究采用两年后的职业期望作为2010年职业期望的代理。此外,在2010年和2012年的中国家庭追踪调查中,父母希望子女从事的职业类型均只调查了子女年龄为单数的家庭,而年龄双数组子女的父母职业期望缺失。考虑到青少年时期子女职业期望在很大程度上受到父母职业期望的影响,[3] 且父母的职业期望与子女的职业期望之间的Spearman相关系数在1%的统计水平上显著,[4] 即父母职业期望与子女职业期望之间存在显著的正向关系,因此,本研究采用子女个人的职业期望作为父母对子女的职业期望缺失值的代理。除此之外,对于在2010—2012年初中

---

[1] Erik H. Erikson, "On the Nature of Psycho-Historical Evidence: In Search of Gandhi," *Daedalus*, Vol. 97, No. 3, 1968, pp. 695 – 730.

[2] 就2010—2012年发生初中升高中教育分流的学生而言,个人前期职业期望与后期职业期望的Spearman相关系数为0.1511,p值为0.0029,自由度为6,样本量为386。

[3] Jerry Trusty, "Paper High Educational Expectations and Low Achievement: Stability of Educational Goals Across Adolescence," *Journal of Educational Research*, Vol. 93, No. 6, 2000, pp. 356 – 365；侯志瑾、陈淑芳、周司丽、李栩：《父母对大学生生涯发展期望量表的编制》,《中国临床心理学杂志》2012年第5期。

[4] 就2010—2012年发生初中升高中教育分流的学生而言,父母的职业期望与个人的职业期望的Spearman相关系数为0.1585,p值为0.0001,自由度为6,样本量为630。

升高中阶段退学的人（样本量为50），其2010年个人职业期望也没有被调查到。对于这部分人而言，退学原因可归为两类，一类是自愿退学，另一类是成绩未达标、家庭经济困难等因素导致的被迫退学。对于自愿退学者而言，其职业期望一般较低。而对于被迫退学者的职业期望需要另加讨论。目前关于职业期望及其影响因素的研究结果表明，学业成就和家庭经济状况也与职业期望存在正向关系，即成绩差或者家庭经济条件差的学生，其职业期望较低。[①] 也就是说，被迫退学者的职业期望很可能比没有退学者的职业期望低。而从实际退学者的前期职业期望来看，类型5、类型6和类型7三者合计占到70%左右，因此可将退学者的职业期望归入较低的一类。为了减轻缺失值填补方法对统计结果的影响，本研究在建立对数回归模型时将职业期望最低的一类处理为统计分析的参照组。

虽然采用此方法会导致职业期望对教育获得影响的绝对大小失去原来的意义，但是相对大小受到的影响较小，即相对大小仍然具有意义。而且，本研究的目的并不在于测量职业期望对教育获得影响的绝对大小，而在于探讨不同职业期望类型对教育获得的影响是否存在差异，哪一种职业期望类型对教育获得的影响相对较大，哪一种职业期望类型的影响相对较小。因此，采用此方法处理数据是适宜的。删除其余缺失值后的样本量为815。

（三）控制变量

本研究的控制变量主要包括个人学习能力，以2010年的数学成绩作为代理；家庭经济社会地位，以父亲的职业地位排名、母亲的受教育年限和家庭主要居住地作为代理；考虑到优质教育机会的累积性优势效应（较早的阶段如果获得重点学校的就读资格，那么后续的教育阶段也更可能获得优质的教育机会），笔者还控制了初中阶段是否就读于重点学校（是=1，否=0）。此外，笔者还控制了年龄、性别等人口学变量。

表6-3给出了以子女职业期望类型分组的变量描述性统计情况。从职业期望类型分布来看，22%的学生希望从事"助人、为社会服务的职业"，所占比例最高；第二是希望从事"得到人们的高度评价的职业"，

---

① 吴谅谅、李宝仙：《大学毕业生的职业期望及其影响因素研究》，《应用心理学》2001年第3期；韩翼祥、翁杰、周必彧：《中国大学生的就业决策和职业期望——以浙江省为例》，《中国人口科学》2007年第3期。

占17%；接下来是"能推动社会发展的职业"和"虽平凡，但有固定收入的职业"，占16%；最后是"能赚钱的职业"、"若不为人所用，就自谋职业"和"受人尊敬的职业"，分别占12%、11%和6%。总体而言，我国的初中生比较关注职业对社会的贡献性，抑或是倾向于从事服务类职业。①

表6-3　以子女职业期望类型分组的变量的样本均值

变量	总样本	类型1	类型2	类型3	类型4	类型5	类型6	类型7
教育获得***	0.78	0.85	0.83	0.86	0.81	0.79	0.82	0.38
$p=0.0001$	(0.42)	(0.36)	(0.38)	(0.35)	(0.39)	(0.41)	(0.38)	(0.49)
教育轨道***	1.18	1.34	1.22	1.47	1.21	1.15	1.28	0.56
$p=0.0001$	(0.78)	(0.73)	(0.72)	(0.74)	(0.75)	(0.74)	(0.75)	(0.79)
教育质量***	0.89	1.11	1.03	1.22	0.90	0.80	0.93	0.32
$p=0.0001$	(0.78)	(0.76)	(0.81)	(0.75)	(0.74)	(0.71)	(0.70)	(0.64)
年龄***	14.58	14.35	14.38	14.73	14.22	14.44	14.75	15.64
$p=0.0001$	(1.29)	(1.33)	(1.18)	(1.04)	(1.00)	(1.16)	(1.30)	(1.51)
性别***	0.49	0.63	0.38	0.41	0.39	0.63	0.49	0.55
$p=0.0002$	(0.50)	(0.48)	(0.50)	(0.50)	(0.50)	(0.48)	(0.50)	(0.50)
居住地**	0.40	0.50	0.33	0.43	0.40	0.44	0.44	0.29
$p=0.0157$	(0.49)	(0.50)	(0.47)	(0.50)	(0.49)	(0.50)	(0.50)	(0.46)
前期学业成就***	78.79	87.68	78.95	86.81	76.99	72.45	78.48	70.83
$p=0.0001$	(26.93)	(26.79)	(25.20)	(29.07)	(26.71)	(26.24)	(26.81)	(26.87)
初中学校级别**	0.17	0.14	0.16	0.35	0.15	0.14	0.15	0.23
$p=0.0199$	(0.38)	(0.35)	(0.37)	(0.48)	(0.36)	(0.35)	(0.36)	(0.42)
父亲职业地位	50282	50665	48489	48042	51559	49248	52921	49840
$p=0.3274$	(18136)	(18138)	(17476)	(17960)	(18865)	(19713)	(16694)	(18710)
母亲受教育程度**	5.85	6.83	5.51	6.20	5.70	6.15	6.02	4.70
$p=0.0239$	(4.39)	(4.08)	(4.45)	(4.76)	(4.28)	(4.82)	(4.15)	(4.27)
样本量	815	127	182	49	139	95	131	92

注：①职业期望类型1为能推动社会发展的职业；类型2为助人、为社会服务的职业；类型3为得到人们的高度评价的职业；类型4为受人尊敬的职业；类型5为能赚钱的职业；类型6为虽平凡，但有固定收入的职业；类型7为若不为人所用，就自谋职业；下文同。②括号内为变量的样本标准差。③p值是多组数据中位数比较的双尾卡方检验结果，***、**和*分别表示在1%、5%和10%的统计水平上显著。

---

① 在个案深度访谈中发现，部分农村地区受教育程度较低的被访者将"助人、为社会服务的职业"理解为第三产业服务类工作，比如服务员、物业人员、饭店里的服务员。这一点与研究者对"助人、为社会服务的职业"的理解存在差异。并且，农村地区学生选择"助人、为社会服务的职业"比例相对较高。

首先，表6-3报告了持有不同职业期望的学生在初中后的教育获得、教育轨道分流和教育质量级别信息。从教育获得来讲，总样本中，学生的升学比例为78%。职业期望类型为类型1、类型2、类型3、类型4和类型6的学生升学比例较高，而职业期望类型为类型5和类型7的学生升学比例较低，并且差异显著。从教育轨道分流来讲，总样本中，学生升入职业高中、职业中专的比例较高，而升入普通高中的比例较低。职业期望类型为类型1、类型2、类型3、类型4和类型6的学生升入普通高中的比例较高，而职业期望类型为类型5和类型7的学生升入职业高中、职业中专的比例较高，并且差异显著。从教育质量级别来讲，总样本中，学生升入非重点高中的比例很高，而升入重点高中的比例很低。职业期望类型为类型1、类型2、类型3、类型4和类型6的学生升入重点高中的比例较高，而职业期望类型为类型5和类型7的学生升入非重点高中的比例较高，并且差异显著。

其次，表6-3报告了持有不同职业期望的学生的人口学信息。从年龄来讲，总样本年龄均值为14.58岁。职业期望类型为类型3、类型6和类型7的学生年龄较大，其他职业期望类型的学生的年龄较小，并且差异显著。从性别比例来讲，总样本性别比例较为均衡。职业期望类型为类型1、类型5和类型7的学生中男生比例较高，其余职业期望类型中女生比例较高，并且差异显著。从城乡比例来讲，总样本中来自城镇的学生占40%，来自农村的学生占60%。职业期望类型为类型1、类型3、类型5和类型6的学生中城镇学生比例较高，而其他职业期望类型中农村学生比例较高，并且差异显著。

再次，表6-3报告了持有不同职业期望的学生的学业信息。从学习成绩来讲，总样本学生的数学成绩均值为78.79分。职业期望类型为类型1、类型2和类型3的学生的数学成绩明显更高，而其他职业期望类型的学生的数学成绩明显较低，并且差异显著。从初中就读学校级别情况看，总样本中只有17%的学生曾经就读于重点初中。职业期望类型为类型3和类型7的学生就读于重点初中的比例明显较高，而其余职业期望类型的学生就读于重点初中的比例较低，并且差异显著。

最后，表6-3报告了持有不同职业期望的学生的家庭信息。从父亲的职业地位来讲，总样本学生的父亲职业地位排名均值为50282名。职业期望类型为类型2、类型3、类型5和类型7的学生的父亲的职业地位排名较靠前，而其余职业期望类型的学生的父亲职业地位排名较靠后，但差异并不显著。从母亲的受教育程度来讲，总样本学生的母亲受教育年限均值为5.85年。职业期望类型为类型1、类型3、类型5和类型6的学生的母亲受教育年限相对较高，其余职业期望类型的学生的母亲受教育年限相对较低，并且差异显著。

表6-4给出了以父母职业期望类型分组的变量描述性统计情况。首先，从职业期望类型分布来看，除类型7比例被放大不予考虑外，父母对子女的职业期望类型相对较多的是"虽平凡，但有固定收入的职业"、"受人尊敬的职业"和"助人、为社会服务的职业"；相对较少的是"能推动社会发展的职业"、"能赚钱的职业"和"得到人们的高度评价的职业"。

表6-4 以父母职业期望类型分组的变量的样本均值

变量	总样本	类型1	类型2	类型3	类型4	类型5	类型6	类型7
教育获得***	0.78	0.87	0.76	0.90	0.89	0.75	0.88	0.66
$p=0.0005$	(0.42)	(0.34)	(0.43)	(0.31)	(0.31)	(0.44)	(0.33)	(0.47)
教育轨道***	1.18	1.43	1.14	1.38	1.28	1.04	1.29	1.03
$p=0.0003$	(0.78)	(0.72)	(0.79)	(0.68)	(0.66)	(0.74)	(0.68)	(0.86)
教育质量***	0.89	1.19	0.92	1.21	1.02	0.69	0.97	0.74
$p=0.0001$	(0.78)	(0.74)	(0.84)	(0.74)	(0.69)	(0.73)	(0.66)	(0.80)
年龄***	14.58	14.96	14.88	14.69	14.25	14.67	14.83	14.36
$p=0.0001$	(1.29)	(1.24)	(1.26)	(1.19)	(1.15)	(1.22)	(1.42)	(1.29)
性别*	0.49	0.58	0.39	0.56	0.41	0.56	0.45	0.51
$p=0.0522$	(0.50)	(0.50)	(0.49)	(0.50)	(0.49)	(0.50)	(0.50)	(0.50)
居住地	0.40	0.38	0.37	0.38	0.41	0.49	0.34	0.42
$p=0.5226$	(0.49)	(0.49)	(0.49)	(0.49)	(0.49)	(0.50)	(0.48)	(0.49)
前期学业成就	78.79	85.18	78.17	78.61	82.41	78.48	80.17	75.27
$p=0.0268$	(26.93)	(26.44)	(25.83)	(31.03)	(25.91)	(25.97)	(29.13)	(26.12)
初中学校级别	0.17	0.24	0.15	0.25	0.21	0.14	0.15	0.15
$p=0.2563$	(0.38)	(0.43)	(0.36)	(0.44)	(0.41)	(0.35)	(0.36)	(0.36)
父亲职业地位	50282	52215	49647	45933	52441	53585	49000	49544
$p=0.3686$	(18136)	(16209)	(17097)	(21743)	(17681)	(17590)	(18077)	(18572)
母亲受教育程度	5.85	6.31	5.49	5.31	6.28	4.94	6.11	5.89
$p=0.4509$	(4.39)	(3.97)	(4.74)	(4.72)	(4.18)	(4.66)	(4.28)	(4.37)
样本量	815	85	94	48	110	72	112	294

注：①括号内为变量的样本标准差。②p值是多组数据中位数比较的双尾卡方检验结果，***、**和*分别表示在1%、5%和10%的统计水平上显著。

首先，表6-4报告了对子女持有不同职业期望的父母与子女初中后的教育获得、教育轨道分流和教育质量级别信息。从教育获得来讲，父母职业期望类型为类型1、类型3、类型4和类型6的学生升学比例较高，其余职业期望类型的学生升学比例较低，并且差异显著。从教育轨道分流来讲，父母职业期望类型为类型1、类型3、类型4和类型6的学生升入普通高中的比例较高，而其余职业期望类型的学生升入职业高中、职业中专的比例较高，并且差异显著。从教育质量级别来讲，父母职业期望类型为类型1、类型3、类型4和类型6的学生升入重点高中的比例较高，而其余职业期望类型的学生升入非重点高中的比例较高，并且差异显著。

其次，表6-4报告了不同父母职业期望下学生的人口学信息。从年龄来讲，父母职业期望类型为类型1、类型2和类型6的学生年龄较大，其余职业期望类型的学生年龄较小，并且差异显著。从性别来讲，父母职业期望类型为类型1、类型3、类型5和类型7的学生中男生比例较高，其余职业期望类型中女生比例较高，并且差异显著。

最后，无论城镇还是农村、父母职业地位高低和受教育年限长短，父母对子女的职业期望都不存在显著差异。这在一定程度上说明，无论贫富贵贱，在我国，父母对子女将来从事的职业都具有同样美好的期待。

笔者采用以上数据进行实证检验，参照 Powers 和 Xie[1] 以及王济川和郭志刚[2]的方法，将职业期望变量处理为多分类变量，在检验职业期望是否对教育获得有显著性影响的基础上，进一步具体讨论哪一种职业期望对教育获得的影响相对较大，哪一种职业期望对教育获得的影响相对较小。

三、统计分析模型

由于本研究所有的因变量都是分类变量，笔者选用对数回归模型进行统计估计。其中，关于教育获得的模型，由于因变量包括两类，笔者选用简单（二元）对数回归模型（binary logistic regression model）进行统计估

---

[1] Daniel A. Powers and Yu Xie, *Statistical Methods for Categorical Data Analysis*, San Diego, C. A. : Academic Press, 2000.
[2] 王济川、郭志刚：《Logistic 回归模型——方法与应用》，高等教育出版社2001年版。

计；而教育轨道模型和教育质量模型，由于因变量都包括三类，笔者选用多元对数回归模型（multinomial logistic regression model）进行统计估计，该模型可以被视为简单（二元）对数回归模型的扩展形式。[1]

以职业期望对教育获得的影响为例，其估计模型如下：

$$\hat{p} = \frac{\exp(b_0 + b_1 X_1 + b_2 X_2 + \cdots + b_i X_i)}{1 + \exp(b_0 + b_1 X_1 + b_2 X_2 + \cdots + b_i X_i)}$$

其中，$\hat{p}$ 表示升学概率，X_1，X_2，…，X_i 表示核心解释变量和其他控制变量。当解释变量为连续型变量时，回归系数 b_i 表示在控制其他变量的情况下，X_i 每改变一个单位，升学优势比将平均改变 $\exp(b_i)$ 倍；而当解释变量为分类变量时，回归系数 b_i 表示在控制其他变量的情况下，X_i 取第 i 类时的升学优势比将是取参照分类组时的 $\exp(b_i)$ 倍。

第四节 模型回归分析结果

一、职业期望对初中后升学情况的影响

表 6-5 给出了职业期望对初中后升学影响的模型估计结果。模型（1）和模型（2）是父母的职业期望对教育获得影响的估计结果；模型（3）和模型（4）是子女的职业期望对教育获得影响的估计结果。可以发现，与前期多数相关研究结果一致，年龄、性别、居住地、前期学业成就、家庭经济社会地位均对初中后升学情况有显著影响。[2] 以模型（2）的估计结果为例，其他因素保持不变，初中生的年龄越大，升学概率越

---

[1] Daniel A. Powers and Yu Xie, *Statistical Methods for Categorical Data Analysis*, San Diego, C. A.: Academic Press, 2000.

[2] 李春玲：《社会政治变迁与教育机会不平等——家庭背景及制度因素对教育获得的影响（1940—2001）》，《中国社会科学》2003 年第 3 期；刘精明：《高等教育扩展与入学机会差异：1978—2003》，《社会》2006 年第 4 期；吴愈晓：《中国城乡居民的教育机会不平等及其演变（1978—2008）》，《中国社会科学》2013 年第 3 期；王甫勤、时怡雯：《家庭背景、教育期望与大学教育获得——基于上海市调查数据的实证分析》，《社会》2014 年第 1 期。

小；相对于女生而言，男生的升学概率更小；相对于乡村而言，居住在城镇的初中生升学概率更大；前期学业成就越高，升学概率越大；母亲受教育程度越高，升学概率也越大。此外，在控制了其他因素后，本研究关注的职业期望也对初中后的升学情况有显著影响，且不同职业期望类型对初中后的升学概率的影响有所不同。

表6-5 职业期望对教育获得影响的二元对数回归模型估计结果

变量	父母的职业期望		子女的职业期望	
	模型（1）	模型（2）	模型（3）	模型（4）
年龄	-0.299***	-0.240***	-0.0591	0.0344
	(0.0739)	(0.0884)	(0.0735)	(0.0901)
性别	-0.376**	-0.360*	-0.372**	-0.392*
	(0.180)	(0.204)	(0.185)	(0.212)
居住地	0.677***	0.557**	0.589***	0.391*
	(0.194)	(0.226)	(0.196)	(0.230)
类型1	1.545***	1.389***	2.117***	2.220***
	(0.359)	(0.409)	(0.343)	(0.404)
类型2	0.664**	0.668**	1.964***	2.271***
	(0.284)	(0.322)	(0.307)	(0.360)
类型3	1.712***	1.864***	2.152***	2.370***
	(0.497)	(0.572)	(0.469)	(0.564)
类型4	1.442***	1.420***	1.798***	2.109***
	(0.336)	(0.378)	(0.324)	(0.378)
类型5	0.521*	0.507	1.732***	2.042***
	(0.308)	(0.350)	(0.346)	(0.406)
类型6	1.531***	1.481***	1.918***	2.274***
	(0.323)	(0.353)	(0.322)	(0.378)
前期学业成就		0.0247***		0.0243***
		(0.00403)		(0.00411)
父亲职业地位		-5.38e-06		-5.30e-06
		(6.19e-06)		(6.16e-06)
母亲受教育程度		0.0812***		0.0955***
		(0.0252)		(0.0260)

续表

变量	父母的职业期望		子女的职业期望	
	模型(1)	模型(2)	模型(3)	模型(4)
初中学校级别		0.101 (0.286)		0.375 (0.298)
常数项	4.913*** (1.087)	2.159 (1.422)	0.458 (1.173)	-3.116** (1.561)
样本量	815	725	815	725
log-likelihood	-390.02	-310.49	-387.18	-302.88
PseudoR²	0.1015	0.1859	0.1080	0.2058

注：① ***、** 和 * 分别表示在1%、5%和10%的统计水平上显著；②括号内为标准误。

本研究分别根据模型（2）和模型（4）分析父母对子女的职业期望以及子女个人的职业期望对初中后升学情况的影响。

其一，父母前期的职业期望对子女初中后升学与否有显著影响，且不同类型职业期望的影响有所不同。具体而言，相对于职业期望类型7，前期职业期望类型为类型5的学生升学优势比并无显著差异；职业期望类型为类型2的学生升学优势比略有提高；职业期望类型为类型3的学生升学优势比提高幅度最大；而职业期望类型为类型1、类型4、类型6的学生升学优势比提高幅度居中。

其二，子女前期的职业期望也对初中后的升学情况有显著影响，且不同类型职业期望的影响有所不同。具体而言，相对于职业期望类型7，前期职业期望类型为类型4和类型5的学生升学优势比提高幅度相对较小；职业期望类型为类型3的学生升学优势比提高幅度最大；职业期望类型为类型1、类型2和类型6的学生升学优势比提高幅度居中。

进一步地，比较父母职业期望和子女职业期望对初中后升学情况的影响差异发现，子女个人的职业期望对其初中后升学情况的影响更显著，且影响程度更大。此外，通过比较不同类型职业期望对教育获得的影响差异还发现，不论是父母对子女的期待，还是子女个人的理想，职业期望类型为类型3的学生升学优势比的提高幅度都是最大的，而职业期望类型为类型5的学生升学优势比的提高幅度都最小。这也表明，在人们的观念和现实社会中，教育对于获得高度社会评价的职业具有非常重要的作用，但是对于赚钱的促进作用不大。

二、职业期望对初中后升学轨道选择的影响

表6-6给出了职业期望对初中后教育轨道选择影响的多元对数回归模型的估计结果。模型（1）至模型（3）是前期父母职业期望对后期子女教育轨道选择影响的估计结果，模型（4）至模型（6）是前期子女个人的职业期望对后期教育轨道选择影响的估计结果。以模型（1）至模型（3）为例，从左到右依次比较的是进入职业高中、职业中专与未升学的情况，进入普通高中与未升学的情况，进入普通高中与职业高中、职业中专的情况。与前期多数相关研究结果一致，年龄、性别、居住地、前期学业成就、家庭经济社会地位均对初中后升学情况有显著影响。而在控制了其他因素的影响后，前期职业期望也对后期教育轨道选择有显著影响。以下分别对父母及初中生个人的前期职业期望对初中后教育轨道选择的影响进行分析。

表6-6 职业期望对教育轨道选择影响的多元对数回归模型估计结果

变量	父母的职业期望			子女的职业期望		
	模型(1) 职业高中、职业中专 VS. 未升学	模型(2) 普通高中 VS. 未升学	模型(3) 普通高中 VS. 职业高中、职业中专	模型(4) 职业高中、职业中专 VS. 未升学	模型(5) 普通高中 VS. 未升学	模型(6) 普通高中 VS. 职业高中、职业中专
年龄	-1.091***	0.210**	1.276***	-0.609***	0.641***	1.249***
	(0.131)	(0.104)	(0.116)	(0.118)	(0.117)	(0.113)
性别	-0.166	-0.545**	-0.367*	-0.227	-0.557**	-0.330
	(0.240)	(0.227)	(0.211)	(0.238)	(0.242)	(0.212)
居住地	0.544**	0.657***	0.184	0.314	0.467*	0.153
	(0.263)	(0.250)	(0.224)	(0.255)	(0.262)	(0.224)
类型1	2.056***	1.091**	-0.0777	1.408***	3.232***	1.824***
	(0.481)	(0.439)	(0.368)	(0.493)	(0.516)	(0.546)
类型2	1.510***	0.254	-0.771**	1.720***	3.047***	1.327***
	(0.403)	(0.364)	(0.386)	(0.440)	(0.464)	(0.513)
类型3	2.577***	1.358**	-0.518	1.447**	3.465***	2.018***
	(0.630)	(0.622)	(0.443)	(0.674)	(0.653)	(0.638)

续表

变量	父母的职业期望			子女的职业期望		
	模型(1) 职业高中、职业中专 VS. 未升学	模型(2) 普通高中 VS. 未升学	模型(3) 普通高中 VS. 职业高中、职业中专	模型(4) 职业高中、职业中专 VS. 未升学	模型(5) 普通高中 VS. 未升学	模型(6) 普通高中 VS. 职业高中、职业中专
类型4	2.009*** (0.429)	1.013** (0.413)	0.111 (0.311)	1.386*** (0.463)	3.091*** (0.494)	1.705*** (0.537)
类型5	1.595*** (0.423)	-0.189 (0.415)	-1.300*** (0.430)	1.484*** (0.489)	2.812*** (0.520)	1.328** (0.561)
类型6	2.560*** (0.416)	0.864** (0.392)	-1.201*** (0.357)	1.707*** (0.466)	2.960*** (0.480)	1.253** (0.530)
前期学业成就	0.00676 (0.00484)	0.0386*** (0.00482)	0.0311*** (0.00450)	0.00855* (0.00477)	0.0385*** (0.00503)	0.0300*** (0.00451)
父亲职业地位	-9.57e-06 (7.11e-06)	-3.21e-06 (6.80e-06)	4.73e-06 (5.62e-06)	-8.08e-06 (6.81e-06)	-3.64e-06 (6.95e-06)	4.44e-06 (5.62e-06)
母亲受教育程度	0.101*** (0.0299)	0.0698** (0.0279)	-0.0353 (0.0262)	0.111*** (0.0293)	0.0829*** (0.0294)	-0.0281 (0.0261)
初中学校级别	-0.205 (0.345)	0.200 (0.305)	0.332 (0.279)	0.0944 (0.344)	0.563* (0.331)	0.468* (0.283)
常数项	14.37*** (2.037)	-6.020*** (1.724)	-20.37*** (1.843)	7.063*** (1.992)	-14.73*** (2.112)	-21.79*** (2.003)
样本量	714			714		
log-likelihood	-558.76			-561.60		
PseudoR²	0.2665			0.2628		

注：① ***、** 和 * 分别表示在1%、5%和10%的统计水平上显著；②括号内为标准误。

首先，分析父母职业期望对子女初中后教育轨道选择的影响。从偏回归系数结果来看，前期父母对子女持有不同的职业期望，将对子女初中后的教育轨道选择有重要影响。

相对于未升学而言，与职业期望类型7相比，父母职业期望类型为其余六类都对子女选择职业高中、职业中专（职业型教育轨道）有显著的正向影响。其中，父母对子女的职业期望类型为类型2、类型4和类型5

的学生，选择职业高中、职业中专的优势比提高幅度相对较小；而父母职业期望类型为类型1、类型3和类型6的学生，选择职业高中、职业中专的优势比提高幅度较大。这说明，与退学相比，父母职业期望越高，子女进入职业高中、职业中专的概率越大。相对于未升学而言，与职业期望类型7相比，父母职业期望类型为类型1、类型3、类型4、类型6将对子女选择普通高中（学术型教育轨道）有显著的正向影响。其中，父母对子女的职业期望类型为类型4和类型6的学生，选择普通高中的优势比将略有提高；而父母职业期望类型为类型1和类型3的学生，选择普通高中的优势比提高幅度较大。这说明，与退学相比，父母职业期望越高，子女进入普通高中的概率越大。相对于职业高中、职业中专（职业型教育轨道）而言，与职业期望类型7相比，父母职业期望类型为类型2、类型5、类型6将显著降低子女进入普通高中（学术型教育轨道）的概率。其中，父母对子女的职业期望类型为类型2的学生，升入普通高中的优势比将略有下降；而父母职业期望类型为类型5和类型6的学生，进入普通高中的优势比将明显下降。这说明，与职业高中、职业中专相比，父母职业期望越低，子女选择普通高中的概率越小，而选择职业高中、职业中专的概率越大。

其次，分析初中生个人职业期望对初中后教育轨道选择的影响。从偏回归系数结果来看，前期职业期望对初中后的教育轨道选择有显著影响，且不同的职业期望对初中后教育轨道选择的影响程度有所不同。

相对于未升学而言，与职业期望类型7相比，前期职业期望类型为其余六类都对个人选择职业高中、职业中专（职业型教育轨道）有显著的正向影响。其中，个人职业期望类型为类型1、类型3、类型4和类型5的学生，选择职业高中、职业中专的优势比提高幅度较小；而职业期望类型为类型2和类型6的学生，选择职业高中、职业中专的优势比提高幅度加大。这说明，与退学相比，个人职业期望越低，选择就读职业高中、职业中专的概率越大。相对于未升学而言，与职业期望类型7相比，前期职业期望类型为其余六类都对个人选择普通高中（学术型教育轨道）有显著的且较大的正向影响。其中，个人的职业期望类型为类型2、类型5和类型6的学生，升入普通高中的优势比提高幅度较小；个人职业期望类型为类型1、类型3、类型4的学生，升入普通高中的优势比将大幅提高。这说明，与退学相比，个人职业期望越高，选择就读普通高中的概率将越大。相对于职业高中、职业中专（职业型教育轨道）而言，与职业期望类型 7 相比，前期职业期望类型为其余六类都对其升入普通高中（学术型教育轨道）有显著的影响。其中，个人职业期望类型为类型 2、类型 5 和类型 6 的学生，升入普通高中的优势比略有提高；而个人职业期望类型为类型 1、类型 3 和类型 4 的学生，升入普通高中的优势比将大幅提高。这说明，个人职业期望越高，选择普通高中的概率越大，而选择职业高中、职业中专的概率越小。

最后，进一步比较父母职业期望与子女职业期望对教育轨道选择的影响差异发现，与父母职业期望相比，子女职业期望对初中后的教育轨道选择的解释力更强且影响程度更大。这可能与父母往往对子女抱有更高的期望有关。相反，青少年更了解自己，且更可能根据自己的实际条件，设定更加合理的期望，从而使职业期望对教育决策的解释力更强。综合比较不同类型职业期望对教育轨道选择的影响差异发现，无论是父母的期待，还是子女的个人理性，职业期望类型为类型 1、类型 3 和类型 4 时，选择普通高中（学术型教育轨道）的概率更大，而职业期望类型为类型 2、类型 5 和类型 6 时，选择职业高中、职业中专（职业型教育轨道）的概率将更大。

三、职业期望对优质教育资源获得的影响

表 6-7 给出了职业期望影响优质教育资源获得的多元对数回归模型的估计结果。模型（1）至模型（3）是前期父母职业期望对后期子女教育质量获得的影响，模型（4）至模型（6）是前期子女个人的职业期望对后期教育质量获得的影响。以模型（1）至模型（3）为例，从左到右依次比较的是进入非重点高中与未升学的情况，进入重点高中与未升学的情况，进入重点高中与非重点高中的情况。与前期多数相关研究结果一致，年龄、性别、居住地、前期学业成就、家庭经济社会地位均对初中后教育质量获得有显著影响。而在控制了其他因素的影响后，前期职业期望也对后期教育质量获得有显著影响。以下分别对父母及初中生个人的前期职业期望对后期教育质量获得的影响进行详细分析。

表6-7 职业期望对教育质量影响的多元对数回归模型估计结果

变量	父母的职业期望 模型(1) 非重点 VS. 未升学	父母的职业期望 模型(2) 重点 VS. 未升学	父母的职业期望 模型(3) 重点 VS. 非重点	子女的职业期望 模型(4) 非重点 VS. 未升学	子女的职业期望 模型(5) 重点 VS. 未升学	子女的职业期望 模型(6) 重点 VS. 非重点
年龄	0.074 (0.120)	0.032 (0.143)	-0.043 (0.132)	0.636*** (0.144)	0.619*** (0.164)	-0.018 (0.129)
性别	-0.360 (0.254)	-0.832*** (0.292)	-0.472* (0.253)	-0.462* (0.277)	-0.881*** (0.317)	-0.419 (0.257)
居住地	0.598** (0.279)	0.707** (0.313)	0.108 (0.264)	0.290 (0.292)	0.453 (0.329)	0.163 (0.262)
类型1	1.130** (0.487)	1.450*** (0.525)	0.320 (0.407)	3.273*** (0.600)	4.075*** (0.749)	0.802 (0.686)
类型2	0.212 (0.428)	0.728 (0.454)	0.515 (0.427)	2.780*** (0.538)	3.710*** (0.692)	0.929 (0.678)
类型3	1.314* (0.672)	1.492** (0.730)	0.178 (0.534)	3.233*** (0.733)	4.087*** (0.858)	0.854 (0.738)
类型4	1.488*** (0.453)	0.893* (0.536)	-0.596 (0.418)	3.154*** (0.573)	3.306*** (0.747)	0.152 (0.713)
类型5	0.105 (0.459)	-0.306 (0.583)	-0.410 (0.550)	3.160*** (0.608)	3.386*** (0.797)	0.226 (0.749)
类型6	1.194*** (0.429)	0.388 (0.532)	-0.806* (0.435)	3.182*** (0.554)	3.191*** (0.730)	0.009 (0.691)
前期学业成就	0.038*** (0.006)	0.051*** (0.007)	0.012** (0.005)	0.038*** (0.006)	0.049*** (0.007)	0.011* (0.006)
父亲职业地位	-6.72e-06 (7.91e-06)	-9.63e-06 (8.66e-06)	-2.91e-06 (6.89e-06)	-5.99e-06 (8.16e-06)	-9.47e-06 (8.98e-06)	-3.47e-06 (6.88e-06)
母亲受教育程度	0.059* (0.031)	0.099*** (0.035)	0.040 (0.031)	0.082** (0.033)	0.117*** (0.038)	0.035 (0.031)
初中学校级别	0.155 (0.344)	0.446 (0.369)	0.291 (0.288)	0.665* (0.382)	1.024** (0.413)	0.360 (0.290)
常数项	-4.352** (1.927)	-5.131** (2.283)	-0.779 (2.069)	-14.93*** (2.536)	-16.54*** (2.895)	-1.602 (2.288)

续表

变量	父母的职业期望			子女的职业期望		
	模型(1) 非重点 VS. 未升学	模型(2) 重点 VS. 未升学	模型(3) 重点 VS. 非重点	模型(4) 非重点 VS. 未升学	模型(5) 重点 VS. 未升学	模型(6) 重点 VS. 非重点
样本量	455			455		
log – likelihood	−408.45			−385.11		
PseudoR²	0.1730			0.2202		

注：①***、**和*分别表示在1%、5%和10%的统计水平上显著；②括号内为标准误。

首先，分析父母职业期望对子女获得优质教育资源的影响。从偏回归系数结果来看，前期父母对子女持有不同的职业期望，将对子女初中后获得的教育质量有重要影响。

相对于未升学而言，与职业期望类型7相比，父母职业期望为类型1、类型3、类型4、类型6都对子女进入非重点高中有显著的正向影响。其中，父母职业期望类型为类型1和类型6的学生，进入非重点高中的优势比提高幅度较小；而父母职业期望类型为类型3和类型4的学生，进入非重点高中的优势比提高幅度较大。这说明，与退学相比，前期职业期望越高，升入非重点高中的概率越大。相对于未升学而言，与职业期望类型7相比，父母职业期望类型为类型1、类型3、类型4将对子女进入重点高中有显著的正向影响。其中，父母对子女的职业期望类型为类型4的学生，进入重点高中的优势比提高幅度较小；而父母职业期望类型为类型1和类型3的学生，进入重点高中的优势比提高幅度较大。这说明，与退学相比，前期职业期望越高，升入重点高中的优势比越大。相对于进入非重点高中而言，与职业期望类型7相比，只有父母职业期望类型为类型6对子女进入重点高中有显著的负向影响，其他职业期望类型均没有显著影响。实证结果基本符合职业期望越低升入重点高中的优势比越低的研究假设。

其次，分析初中生个人职业期望对优质教育资源获得的影响。可以发现，前期职业期望对初中后的教育质量获得有一定的影响，且不同的职业期望对教育质量获得的影响程度有所不同。

相对于未升学而言，与职业期望类型 7 相比，前期职业期望类型为其余六类都对个人进入非重点高中有显著的正向影响。其中，个人的职业期望类型为类型 2、类型 4、类型 5 和类型 6 的学生，进入非重点高中的优势比提高幅度较小；而个人职业期望类型为类型 1 和类型 3 的学生，进入非重点高中的优势比提高幅度较大。也就是说，与退学相比，个人前期职业期望越高，升入非重点高中的概率越高。相对于未升学而言，与职业期望类型 7 相比，前期职业期望类型为其余六类也对个人进入重点高中有显著的正向影响。其中，个人的职业期望类型为类型 2、类型 4、类型 5 和类型 6 的学生，升入重点高中的优势比提高幅度较小；而个人职业期望类型为类型 1 和类型 3 的学生，升入重点高中的优势比提高幅度较大。总体而言，与退学相比，个人前期职业期望越高，升入重点高中的概率越大。相对于进入非重点高中而言，与职业期望类型 7 相比，前期职业期望类型为其余六类对个人进入重点高中没有显著影响。笔者认为其中的原因可能是，相对于普通高中而言，重点高中的数量极少，能否进入重点高中在很大程度上是由考试成绩决定的，非个人主观意愿能左右。一般而言，即使自己有心发愤图强，学习成绩也不可能在短期内就有大幅提高。这决定了职业期望对能否进入重点高中没有显著影响。再者，如果学习成绩太差，即使通过其他助力进入重点高中，也很可能跟不上学习进度，产生厌学情绪反而更加不利。作为家庭教育投资的重要决策人——父母对此亦有考虑，从而即使职业期望较高，也不必非要在重点高中读书，完全可以通过在其他环节助力来实现职业理想。即使从前期数学成绩的偏回归系数来看，前期学业成就确实对进入重点高中有极显著的正向影响。这也从侧面解释了职业期望对优质教育获得没有显著影响的原因可能是学业成就对获得优质教育资源有更重要的作用。

最后，进一步比较父母职业期望与子女职业期望对优质教育获得的影响差异发现，很难说青少年的职业期望较父母职业期望对优质教育资源获得具有更强的解释力。但是可以肯定的是，不论是父母的职业期望，还是子女个人的职业期望，职业期望类型为类型 1 和类型 3 时，进入重点高中的概率将明显提高。基本来讲，职业期望越高，进入重点高中的概率越大。

第五节 本章小结

本部分采用纵向设计方法，以2010年和2012年中国家庭追踪调查数据为基础，选取初中后的教育获得为切入点，通过实证检验前期职业期望与后期教育获得（包括升学与否、教育轨道和教育质量）的经验关系，深度考察了职业期望对教育获得的影响。试图回答以下问题：前期职业期望对后期教育获得是否有显著影响？父母的职业期望与子女的职业期望影响是否存在差异？哪些职业期望类型会提高升学概率？哪些职业期望类型会提高学生选择学术型教育的概率，哪些职业期望类型会提高学生选择职业型教育的概率？进一步地，哪些职业期望类型会提高学生进入重点学校获得优质教育资源的概率？

在控制家庭经济社会背景和前期学业成就等影响因素的情况下，本研究就前期职业期望对后期教育获得的影响进行实证分析。实证结果表明，前期职业期望对后期教育获得具有重要的影响。并且，前期职业期望越高，后期教育获得的收益越大，即在教育获得上，职业期望具有显著的"罗森塔尔效应"。与父母职业期望相比，青少年个人的职业期望对教育获得的解释力更强。这可能是由于青少年较之父母更了解自己的实际情况，能够设定更合理的职业期望。而从不同职业期望类型对升学与否、教育轨道选择和优质教育资源获得的影响来讲，职业期望类型对教育获得的影响存在明显差异。综合来讲，倾向于自谋职业和赚钱的职业期望，可能会提高退学的概率；倾向于推动社会发展、得到社会认可和尊重的职业期望，将提高升学概率，并提高选择学术型教育和进入重点高中的概率；而倾向于平凡安稳和助人的职业期望，也将提高升学概率，但不同的是，这部分学生更可能选择职业型教育和进入非重点高中。

与城镇地区相比，农村地区的青少年持有能赚钱和自谋职业的职业期望比例明显更高，这意味着农村地区的青少年辍学概率将明显高于城镇地区。这将在一定程度上扩大城乡人口受教育程度不平等差距，进而导致下一代城乡发展差距的进一步恶化。

可见，职业期望对教育分流具有重要的影响。无论是在国家教育政策干预上，还是在家庭内部父母对子女的教育上，都应该重视职业期望对教育获得的影响。在了解职业期望对教育获得的影响和差异的基础上，根据个人的实际情况，树立合理的职业期望，不仅有助于个人获得更适合自己的更多更好的教育资源，而且有助于提高国家人才培养质量和效率。

第七章　职业期望对高等教育获得的影响分析

本部分采用纵向设计方法，基于2010年和2012年中国家庭追踪调查数据，以高中到大学的教育转换为切入点，分别从教育类型和学科专业视角，考察职业期望对高等教育获得的影响。

近几十年来，伴随着产业技术的快速升级，劳动力市场对求职者的教育成就的要求越来越高。拥有大学文凭和专业技能已经成为个人在劳动力市场上获得劳动报酬的重要决定因素，甚至还是整个生命历程中获得各种发展机会的重要影响因素。[1] 有关高等教育获得的研究也已经成为社会科学研究的重要课题之一。从已有研究成果看，有关高等教育获得的研究主要有两个焦点。第一个焦点是高等教育获得机会公平性的研究。[2] 其中又主要从两个角度展开，一是横向公平性的考察，包括对不同性别、民族、城乡、区域等平行群体之间高等教育获得机会公平性的检验和比较研究；[3] 二是纵

---

[1] W. Müller and M. Gangl, *Transitions from Education to Work in Europe: The Intergration of Youth into EU Labour Market*, Oxford: Oxford University Press, 2003.

[2] 李春玲：《社会政治变迁与教育机会不平等——家庭背景及制度因素对教育获得的影响（1940—2001）》，《中国社会科学》2003年第3期；丁小浩：《规模扩大与高等教育入学机会均等化》，《北京大学教育评论》2006年第2期；刘精明：《高等教育扩展与入学机会差异：1978—2003》，《社会》2006年第4期；郝大海：《中国城市教育分层研究（1949—2003）》，《中国社会科学》2007年第6期；吴愈晓：《中国城乡居民的教育机会不平等及其演变（1978—2008）》，《中国社会科学》2013年第3期。

[3] 谢作栩、王伟宜：《社会阶层子女高等教育入学机会差异研究——从科类、专业角度谈起》，《大学教育科学》2005年第4期；谢作栩、王伟宜：《高等教育大众化视野下我国社会各阶层子女高等教育入学机会差异的研究》，《教育学报》2006年第2期；徐平：《不同高校类型中农民阶层子女高等教育入学机会差异分析》，《高教探索》2006年第5期；谢作栩、王蔚虹、陈小伟：《我国女性高等教育入学机会的城乡差异研究》，《中国地质大学学报》（社会科学版）2008年第6期；吴愈晓：《中国城乡居民的教育机会不平等及其演变（1978—2008）》，《中国社会科学》2013年第3期。

分化的逻辑：职业期望、教育获得与社会流动

向公平性的考察，包括时间维度上同一群体或不同群体之间教育获得机会公平性的演变趋势，[1] 以及宏观政策实施前后教育获得机会不平等程度的变化情况，[2] 且多以检验 MMI 假设和 EMI 假设的研究居多。第二个焦点是高等教育获得相关影响因素的研究，多以资源转换和文化再生产为理论基础，[3] 其中又以社会资本、经济资本、文化资本和教育成就为视角的研究居多，[4] 并且，在此基础上，有研究进一步分析了以上因素对高等教育获得影响程度随时间发展的变化趋势。[5]

总体而言，有关高等教育获得的研究成果是丰硕的，但研究焦点多集中在高等教育获得机会公平性以及先赋性影响因素的分析上，而很少关注

---

[1] J. O. Jonsson, C. Mills and W. Müller, "A Half Century of Increasing Educational Openness? Social Class, Gender and Educational Attainment in Sweden, Germany and Britain", in R. Erikson and J. O. Josson, eds. *Can Education Be Equalized? The Swedish Case in Comparative Perspective*, Boulder, Colorado: Westview Press, 1996; Richard Breen and Jan O. Jonsson, "Inequality of Opportunity in Comparative Perspective: Recent Research on Educational Attainment and Social Mobility," *Annual Review of Sociology*, Vol. 31, 2005, pp. 223 – 243; Tore Lindbekk, "The Education Backlash Eypothesis: The Norwegian Experience 1960 – 92," *Acta Sociologica*, Vol. 41, 1998；李煜：《制度变迁与教育不平等的产生机制——中国城市子女的教育获得（1966—2003）》，《中国社会科学》2006 年第 4 期。

[2] G. Ballarino, F. Bernardi, M. Requena and H. Schadee, "Persistent Inequalities? Expansion of Education and Class Inequality in Italy and Spain," *European Sociological Review*, Vol. 25, No. 1, 2009, pp. 123 – 138；李煜：《制度变迁与教育不平等的产生机制——中国城市子女的教育获得（1966—2003）》，《中国社会科学》2006 年第 4 期；吴愈晓：《中国城乡居民的教育机会不平等及其演变（1978—2008）》，《中国社会科学》2013 年第 3 期。

[3] 闫广芬、王红雨：《优质高等教育资源的获得及影响因素分析——从社会分层的视角出发》，《现代大学教育》2012 年第 1 期；Pierre Bourdieu, "The School as a Conservative Force: Scholastic and Cultural Inequalities", in J. Eggleston, eds. *Contemporary Research in the Sociology of Education*, London: Methuen, 1974; Alice Sullivan, "Cultural Capita l and Educational Attainment," *Sociology*, Vol. 35, No. 4, 2001, pp. 893 – 912; James S. Coleman, "Social Capital in the Creation of Human Capital," *American Journal of Sociology*, Vol. 94, 1988。

[4] Donald J. Treiman and Yip Kam-bor, "Educational and Occupational Attainment in 21 Countries", in Melvin L. Kohn, eds. *Cross-National Research in Sociology*, Beverly Hills, Calif.: Sage, 1989; Pierre Bourdieu, "The School as a Conservative Force: Scholastic and Cultural Inequalities", in J. Eggleston, eds. *Contemporary Research in the Sociology of Education*, London: Methuen, 1974; Alice Sullivan, "Cultural Capita l and Educational Attainment," *Sociology*, Vol. 35, No. 4, 2001, pp. 893 – 912; James S. Coleman, "Social Capital in the Creation of Human Capital," *American Journal of Sociology*, Vol. 94, 1988.

[5] 李煜：《制度变迁与教育不平等的产生机制——中国城市子女的教育获得（1966—2003）》，《中国社会科学》2006 年第 4 期；吴愈晓：《中国城乡居民的教育机会不平等及其演变（1978—2008）》，《中国社会科学》2013 年第 3 期。

自致性或主观能动性因素的影响。虽然经济社会地位等先赋性因素确实会对高等教育获得产生重要影响，但我们也要注意到个人主观能动性因素在高等教育获得中的积极影响。尤其是诸如教育期望和职业期望等因素在家庭教育投资和个人教育获得中都发挥着重要的决定作用，不仅在很大程度上决定了教育投资的数量，而且在很大程度上影响着教育投资的领域和方向。虽然近年来已有学者开始关注教育期望对大学教育获得的影响，[1] 但是少有人关注职业期望对大学教育获得的影响。实际上，职业期望是家庭或学生个人对其未来能够获得的职业类型或职业经济社会地位的期望，它会对个人今后的受教育程度以及专业教育投资方法产生深刻的影响。[2] 随着我国经济体制的深化改革和子女顶替用工制度的废除，人们的职业期望不再完全受到家庭成分背景的强约束。父母对子女的职业期望和子代个人的职业期望往往高于父代的实际职业地位，较高的职业期望已经成为家庭经济社会地位向上流动的重要动力，而且在代际社会流动中扮演着非常重要的角色。在这一时期，职业期望虽受家庭所属阶层的影响，但其在家庭经济社会地位等因素之外，仍然会对教育获得产生额外的影响。因此，研究职业期望对教育获得的影响是非常有必要的，尤其是在当前经济社会体制和劳动力用工制度向市场化转型的时期。而从个人生命历程视角来看，在向高等教育的转换阶段，人们面临着教育历程中最为丰富多样的选择，不仅面临着选择读本科还是读高职高专，而且面临着百十种的专业选择，从而使得职业期望对高等教育获得具有非常重要的影响。职业期望不仅在很大程度上决定了一个人需要接受多少年的教育、积累多少数量的教育成就，而且决定了一个人学习什么专业、具备什么类型的专业型教育成就。但是，受数据可获性的限制，以往研究较多关注高等教育数量获得方面，对专业差异方面的研究很少，而专业差异恰恰是对个人职业发展更为重要且能反映高等教育获得差异的重要指标。而在当前高等教育规模不断扩展的现实背景下，考察持有不同职业期望的人在高等教育专业获得方面的差异，具有更为重要的现实意义。

基于上述考虑，笔者采用纵向设计方法消除内生性，并基于 2010 年和

---

[1] 王甫勤、时怡雯：《家庭背景、教育期望与大学教育获得——基于上海市调查数据的实证分析》，《社会》2014 年第 1 期。

[2] 徐继岭：《文化资本对高等教育机会获得影响的研究——基于我国当前社会分层的视角》，硕士学位论文，西南大学，2010 年。

2012年两期的中国家庭追踪调查（CFPS）数据，在控制家庭社会资本、经济资本和文化资本以及前期学业成就等影响因素的前提下，从教育类型（本科与高职高专）和学科专业两个视角，采用经验分析方法，探讨和检验职业期望对高等教育获得的影响，以揭示职业期望对高等教育获得的作用机制，冀望为提高我国教育成就、优化教育成就结构提供经验数据支持。

第一节 研究设计与研究假设

本研究采用纵向设计方法消除内生性，以高中到大学的教育转换作为切入点，深度考察职业期望对教育获得的影响。在大部分人的教育历程中，从高中到大学的教育转换也是从通用型教育到专业型教育的转换。个人不仅面临着高职高专教育还是大学本科教育的选择，而且面临着学科专业的选择。无论是大学文凭还是所学专业都对未来的职业发展具有重要的影响。因此，本研究分别从教育类型（本科或高职高专）选择和学科专业选择的视角分析职业期望对高等教育获得的影响。

首先分析职业期望对选择高等教育类型（本科或高专高职）的影响。就我国目前的人才培养模式而言，高职高专教育以培养高等技术应用型人才为根本任务，以培养学生的技术应用能力和知识为主线，强调学生的技术应用能力和动手能力，以适用生产线的劳动需要为目的。[1] 受过高职高专教育的学生毕业后往往对应的是在生产一线工作的岗位。而本科教育以培养高级研究型和管理型人才为任务，以学科理论知识为主线，强调"厚基础、宽口径"的综合知识结构的构建，以适应管理生产的需要。受过本科教育的学生毕业后往往对应的是管理型和研究型的工作岗位，其职业的经济社会地位相对较高。在劳动力市场上，本科文凭往往比专科文凭更具竞争力，更容易获得高薪水、高待遇、高社会地位的工作。以2013届毕业生为例，全国本科毕业生的平均月收入为3560元，而全国高职高专毕业生的平均月收入为2940元，相差620元。[2] 总体而言，本科毕业生

---

[1] 刘世锃：《本科教育与专科教育人才培养模式的比较》，《宁波工程学院学报》2005年第2期。
[2] 麦可思研究院：《中国大学生就业报告2014》，社会科学文献出版社2014年版。

比高职高专毕业生更容易获得较高的职业地位,且收入水平更高,即受教育程度越高,可获得的职业地位越高,受教育程度和职业地位之间存在一致性。据此,本研究提出假设1。

  假设1:职业期望对高等教育类型(本科或高专高职)选择有显著影响。职业期望越高的学生,越倾向于选择上本科;而职业期望越低的学生,越倾向于选择上高专或高职。

此外,掌握不同专业知识和技能的人,在劳动力市场上的收益也存在明显差异。从就业率来讲,不同专业毕业生的就业率存在明显差异。以2013届本科毕业生为例,所学专业为建筑学、安全工程、地质工程、机械电子工程的毕业生半年后就业率都超过95%,而物理学、生物科学与工程专业的毕业生半年后就业率仅为85%,[①]就业率相差10个百分点,表明不同专业的本科毕业生就业率存在明显差异,且技能型专业的毕业生就业率较高,而基础学科类专业的毕业生就业率较低。从工资待遇来讲,不同专业的毕业生也存在明显差异。以2013届本科毕业生为例,建筑学、金融学、软件工程、城市规划专业毕业生半年后的平均月收入超过4000元,而学前教育、临床医学、化学、美术、小学教育、历史学专业的毕业生半年后平均月收入不到3000元。[②] 不同专业毕业生的月收入存在明显差异,且技能型专业的毕业生收入较高,而基础学科类和教育类专业的毕业生收入较低。此外,就职业发展和社会地位而言,不同专业也存在明显差异。在人们的期望和行动具有一致性的情况下,职业期望将对学科专业选择产生影响。那些职业期望较高,期待将来获得较高社会地位的学生,更倾向于选择与高经济社会地位相对口的专业。因此,本研究提出假设2。

  假设2:职业期望对专业选择有显著影响。职业期望越高,越倾向于选择与高经济社会地位相对口的专业;职业期望越低,越倾向于选择与低经济社会地位相对口的专业。

[①] 麦可思研究院:《中国大学生就业报告2014》,社会科学文献出版社2014年版。
[②] 麦可思研究院:《中国大学生就业报告2014》,社会科学文献出版社2014年版。

第二节 数据变量与模型方法

一、数据来源与整理

基于 2010 年和 2012 年中国家庭追踪调查（CFPS）数据，本研究通过分析 2010—2012 年处于高中升大学阶段的学生样本，来检验上述研究假设。中国家庭追踪调查采用内隐分层（implicit stratification）、多阶段、多层次、与人口规模成比例的概率抽样方式，于 2010 年在中国内地的 25 个省（区、市），抽取了一个 14960 户 42590 人的样本，并在后期对个人样本展开长期的跟踪调查，是国内第一个如此大规模、综合性、以学术为目的的社会跟踪调查项目。[1] 该数据收集了被调查者非常详细的教育信息，不仅包括被调查者的教育状况、当前的教育阶段、求学起始时间、就读年级等基本信息，而且包括就读学校类型和级别等细节信息。另外，该数据还通过调查"您将来最希望从事什么类型的职业"收集学生个人的职业期望。除以上两点外，由于是对个体进行跟踪调查，该数据还为本研究提供了两次调查时间之间教育分流状况，可以采用前一期的职业期望和两期之间的教育分流情况，来检验前者与后者之间的因果关系，并可以通过时差消除二者之间的内生性，提高实证模型的解释力。严格意义上说，不对内生性问题做出处理的社会学定量研究，其结论均缺乏"反事实"（counterfactual）框架之下的因果解释效力。[2] 总体而言，CFPS 数据能为本研究提供恰当的经验数据资料。

根据研究设计，笔者需要先对 CFPS 数据进行预处理，筛选匹配出符合研究目的的样本。具体处理步骤如下。第一步，从 2010 年的儿童数据库和成年人数据库中筛选出有可能在 2010—2012 年发生高中升大学事件的个人样本。根据我国的升学制度，以 2010 年调查时教育状态为"上

---

[1] 谢宇、胡婧炜、张春泥：《中国家庭追踪调查：理念与实践》，《社会》2014 年第 2 期。
[2] 陈云松、吴晓刚：《走向开源的社会学：定量分析中的复制性研究》，《社会》2012 年第 3 期。

学"，且就读阶段为"高中二年级或三年级"作为标准进行筛选，得到467个符合条件的样本，记为"数据库1"。第二步，通过个人ID和家庭ID，分别将2012年的儿童数据库和成年人数据库数据匹配到"数据库1"，并删除2012年仍然上高中的样本，最终匹配上467个符合条件的样本，记为"数据库2"。此外，由于系统设置跳转错误，2010年成年人数据库中上学者的职业期望没有被调查到，对此，本研究采用2012年个人的职业期望进行代替。由于人们的职业期望在成年后相对稳定，随时间变化较小，且人们的期望和行动之间往往具有一致性，采用以上处理方法对回归结果的影响较小。删除其他缺失值后的样本量为212。有效样本量和变量的描述性统计见表7-1。

表7-1 有效样本量和变量的描述性统计

变量	含义	编码	取1的频次	有效样本量
本专科分化	升入高专高职/升入本科	0/1	139	271
专业分化	哲学	0/1	0	241
	经济学	0/1	26	241
	法学	0/1	5	241
	教育学	0/1	16	241
	文学	0/1	13	241
	历史学	0/1	1	241
	理学	0/1	22	241
	工学	0/1	71	241
	农学	0/1	7	241
	医学	0/1	13	241
	军事学	0/1	0	241
	管理学	0/1	28	241
	其他专业	0/1	39	241
职业期望	能推动社会发展的职业	0/1	44	212
	助人、为社会服务的职业	0/1	30	212
	得到人们的高度评价的职业	0/1	20	212
	受人尊敬的职业	0/1	16	212
	能赚钱的职业	0/1	47	212
	虽平凡,但有固定收入的职业	0/1	48	212
	若不为人所用,就自谋职业	0/1	7	212

续表

变量	含义	编码	取1的频次	有效样本量
性别	女/男	0/1	242	466
居住地	乡村/城镇	0/1	243	466
高中是否重点班	是否曾经在重点班学习	0/1	150	466
父亲是否有职务	父亲是否有行政/管理职务	0/1	38	375
年龄	学生的年龄（岁）	均值:18.28;方差:1.58		466
前期学业成就	数学成绩（分）	均值:86.16;方差:24.54		427
父母最高职业地位	父母最高职业地位排名	均值:53645;方差:17765		363
父母最高受教育程度	父母最高受教育年限（年）	均值:3.32;方差:1.07		423
家庭经济状况	家庭人均收入（元）	均值:9257;方差:10777		229

二、变量选取

（一）因变量

根据研究设计，本研究主要关注高中升大学的教育转换阶段、高等教育类型（本科或高职高专）的获得情况以及学科专业的获得情况，因此，本研究的因变量包括：

（1）关于高等教育类型获得的判断变量 Y_1，即2012年高等教育获得情况，包括两类，取值0表示就读于高职高专，取值1表示就读于本科。

（2）关于高等教育学科专业获得的判断变量 Y_2，即2012年的所学专业，包括13类一级学科，分别是哲学、经济学、法学、教育学、文学、历史学、理学、工学、农学、医学、军事学、管理学以及其他专业等。

（二）自变量

学生个人的职业期望是本研究的核心自变量。本研究根据职业地位和声望对CFPS中的职业期望进行高低排序。CFPS将人们的职业期望划分为七大类，分别是类型1能推动社会发展的职业；类型2助人、为社会服务的职业；类型3得到人们的高度评价的职业；类型4受人尊敬的职业；类型5能赚钱的职业；类型6虽平凡，但有固定收入的职业；类型7若不为人所用，就自谋职业。显然，该分类更多地是以职业地位和声望为标准进行划分，而非按照一般的分工标准来划分。按照马克斯·韦伯的"威望、权力、财富"的社会分层三重标准，以上七种职业期望类型中，类型1、类型3、类型4的职业地位相对较高，类型6、类型7的职业地位相对较低，而类型2和类型5的职业地位居中。从职业对受教育程度的要求来讲，以上七种职业期望类型中，类型1、类型3、类型4的职业对受教育程度的要求最高，类型2、类型5和类型7的职业对受教育程度的要求最低，而类型6的职业对受教育程度的要求居中（见表7-2）。进而，根据职业地位与教育要求具有一致性的客观规律推知，职业地位越高，对应的教育要求也越高。

表7-2 职业期望类型及其对应的社会身份、职业地位和教育要求

编号	职业期望类型	社会身份	职业地位	教育要求
1	能推动社会发展的职业	社会精英	H	H
2	助人、为社会服务的职业	社会精英、普通技术人员、职员	M	L
3	得到人们的高度评价的职业	职业领域中的骨干	H	H
4	受人尊敬的职业	职业领域中的骨干	H	H
5	能赚钱的职业	社会精英、普通技术人员	M	L
6	虽平凡，但有固定收入的职业	普通技术人员、职员	L	M
7	若不为人所用，就自谋职业	普通技术人员	L	L

注：H表示相对较高；L表示相对较低；M表示相对居中。

本研究基于以上数据进行实证检验。在职业期望对高等教育类型选择影响模型中，本研究参照 Powers 和 Xie[1] 以及王济川和郭志刚[2]的方法，将职业期望变量处理为多分类变量，在检验职业期望是否对高等教育获得有显著性影响的基础上，进一步具体讨论哪一种职业期望对高等教育类型选择的影响较大，哪一种职业期望的影响较小。而在职业期望对学科专业选择影响模型中，由于受样本量限制，该模型中职业期望处理为定量变量。本研究根据不同职业期望对应的职业声望高低，对职业期望的声望进

---

[1] Daniel A. Powers and Yu Xie, *Statistical Methods for Categorical Data Analysis*, San Diego, C. A. : Academic Press, 2000.

[2] 王济川、郭志刚：《Logistic 回归模型——方法与应用》，高等教育出版社2001年版。

行赋值。其中，当职业期望类型为类型 3 和类型 4 时对职业期望赋值 5，当职业期望类型为类型 1 和类型 2 时赋值 4，当职业期望类型为类型 6 时赋值 3；当职业期望类型为类型 5 时赋值 2，当职业期望类型为类型 7 时赋值 1。

（三）控制变量

本研究的控制变量包括家庭社会资本，以父母的最高职业地位和父亲的行政职务作为代理；家庭文化资本，以父母的最高受教育年限作为代理；家庭经济资本，以家庭人均收入作为代理。考虑到个人学习能力差异和优质教育机会的累积性优势效应（较早的阶段如果获得重点学校的就读资格，那么后续的教育阶段也更可能获得优质的教育机会），本研究还控制了个人学习能力和前期优质教育资源占有情况，分别以 2010 年的数学成绩、高中阶段是否就读于重点班级作为代理。此外，笔者还控制了年龄、性别等人口学变量。

表 7-3 给出了描述性统计结果。从总样本的职业期望类型分布来看，职业期望类型为"虽平凡，但有固定收入的职业"、"能赚钱的职业"和"能推动社会发展的职业"的比例明显更高，分别占到了 23%、22% 和 21%。然后是"助人、为社会服务的职业"类型，占到了 14%。接下来是"得到人们的高度评价的职业"、"受人尊敬的职业"和"若不为人所用，就自谋职业"，分别占到 9%、8% 和 3%。

表 7-3　变量的样本均值

变量	总样本	类型 1	类型 2	类型 3	类型 4	类型 5	类型 6	类型 7
本专科分化*	0.52	0.59	0.53	0.65	0.63	0.47	0.46	0.14
$p = 0.0544$	(0.50)	(0.50)	(0.51)	(0.49)	(0.50)	(0.50)	(0.50)	(0.38)
经济学	0.12	0.09	0.00	0.25	0.06	0.13	0.17	0.14
$p = 0.1400$	(0.32)	(0.29)	(0.00)	(0.44)	(0.25)	(0.34)	(0.38)	(0.38)
法学**	0.02	0.00	0.10	0.00	0.13	0.00	0.00	0.00
$p = 0.0048$	(0.15)	(0.00)	(0.31)	(0.00)	(0.34)	(0.00)	(0.00)	(0.00)
教育学	0.06	0.05	0.07	0.10	0.06	0.04	0.06	0.14
$p = 0.9358$	(0.24)	(0.21)	(0.25)	(0.31)	(0.25)	(0.20)	(0.24)	(0.38)
文学*	0.05	0.02	0.03	0.15	0.13	0.00	0.06	0.00

续表

变量	总样本	类型1	类型2	类型3	类型4	类型5	类型6	类型7
$p=0.1000$	(0.21)	(0.15)	(0.18)	(0.37)	(0.34)	(0.00)	(0.24)	(0.00)
历史学	0.00	0.00	0.00	0.00	0.00	0.00	0.02	0.00
$p=0.7552$	(0.07)	(0.00)	(0.00)	(0.00)	(0.00)	(0.00)	(0.14)	(0.00)
理学	0.10	0.14	0.10	0.10	0.06	0.11	0.04	0.29
$p=0.4896$	(0.30)	(0.35)	(0.31)	(0.31)	(0.25)	(0.31)	(0.20)	(0.49)
工学	0.29	0.27	0.23	0.20	0.19	0.43	0.27	0.29
$p=0.3790$	(0.45)	(0.45)	(0.43)	(0.41)	(0.40)	(0.50)	(0.45)	(0.49)
农学	0.03	0.02	0.03	0.10	0.06	0.02	0.00	0.00
$p=0.4062$	(0.17)	(0.15)	(0.18)	(0.31)	(0.25)	(0.15)	(0.00)	(0.00)
医学	0.05	0.05	0.13	0.05	0.06	0.02	0.02	0.00
$p=0.3396$	(0.21)	(0.21)	(0.35)	(0.22)	(0.25)	(0.15)	(0.14)	(0.00)
管理学	0.11	0.14	0.13	0.05	0.00	0.11	0.17	0.00
$p=0.4875$	(0.32)	(0.35)	(0.35)	(0.22)	(0.00)	(0.31)	(0.38)	(0.00)
其他专业	0.17	0.23	0.17	0.00	0.25	0.15	0.19	0.14
$p=0.4107$	(0.38)	(0.42)	(0.38)	(0.00)	(0.45)	(0.36)	(0.39)	(0.38)
年龄	18.53	18.59	18.47	18.60	18.56	18.32	18.58	18.86
$p=0.6480$	(1.18)	(1.17)	(1.04)	(1.19)	(1.36)	(1.20)	(1.22)	(1.07)
性别	0.50	0.57	0.40	0.45	0.38	0.62	0.42	0.71
$p=0.2276$	(0.50)	(0.50)	(0.50)	(0.51)	(0.50)	(0.49)	(0.50)	(0.49)
居住地	0.52	0.59	0.57	0.45	0.38	0.51	0.54	0.43
$p=0.7455$	(0.50)	(0.50)	(0.50)	(0.51)	(0.50)	(0.51)	(0.50)	(0.53)
前期学业成就	79.92	80.70	79.80	84.55	79.06	84.60	74.52	67.57
$p=0.6081$	(32.51)	(35.73)	(30.86)	(25.40)	(33.74)	(33.96)	(32.04)	(33.51)
高中是否重点班	2.85	2.77	2.93	2.90	2.88	2.91	2.67	3.57
$p=0.9024$	(1.51)	(1.51)	(1.53)	(1.65)	(1.71)	(1.61)	(1.39)	(0.98)
父母最高职业地位	51673	53214	47032	46179	53027	52513	53352	58784
$p=0.5091$	(18065)	(19688)	(15871)	(25998)	(8192)	(17300)	(17528)	(16052)
父亲是否有职务	0.09	0.12	0.04	0.07	0.00	0.17	0.05	0.00
$p=0.3758$	(0.28)	(0.33)	(0.19)	(0.27)	(0.00)	(0.38)	(0.22)	(0.00)
家庭经济状况	9880	10765	9221	8605	5481	14214	7606	8507
$p=0.0669$	(12214)	(13136)	(4927)	(10041)	(2820)	(19321)	(7877)	(3448)
父母最高受教育程度	3.31	3.45	3.23	3.50	3.19	3.36	3.13	3.43
$p=0.7534$	(1.34)	(1.04)	(1.14)	(1.28)	(0.91)	(2.03)	(1.12)	(0.53)

分化的逻辑：职业期望、教育获得与社会流动

续表

变量	总样本	类型1	类型2	类型3	类型4	类型5	类型6	类型7
样本量	212	44	30	20	16	47	48	7

注：①职业期望类型1为能推动社会发展的职业；类型2为助人、为社会服务的职业；类型3为得到人们的高度评价的职业；类型4为受人尊敬的职业；类型5为能赚钱的职业；类型6为虽平凡，但有固定收入的职业；类型7为若不为人所用，就自谋职业；下文同。②括号内为变量的样本标准差。③p值是多组数据中位数比较的双尾卡方检验结果，***、**和*分别表示在1%、5%和10%的统计水平上显著。

首先，表7-3报告了高等教育的纵向分化情况，即本科和高职高专分化情况。在总样本中，52%的学生升入本科，48%的学生升入高职高专。职业期望类型为类型1、类型2、类型3和类型4的学生中，升入本科的比例更高，而其他职业期望类型的学生升入高职高专的比例更高。

其次，表7-3报告了高等教育的横向分化情况，即专业分化情况。在总样本中，选择工学的学生比例最高，约为29%；其次是经济学和管理学，分别占到12%和11%；理学、教育学、文学、医学、法学、农学、历史学的学生比例较低，均未超过10%；其他不好判断的专业占17%。按职业期望进行分组，除法学和文学外，其他专业均不存在显著的群组差异。

三、统计分析模型

由于本研究所有的因变量都是分类变量，笔者选用对数回归模型进行统计估计。其中，关于高等教育类型获得的模型，由于因变量包括两类，笔者选用简单（二元）对数回归模型（binary logistic regression model）进行统计估计；而大学学科专业获得模型，由于因变量包括13类，笔者选用多元对数回归模型（multinomial logistic regression model）进行统计估计，该模型可以被视为简单（二元）对数回归模型的扩展形式。[1]

以职业期望对高等教育类型的影响为例，其估计模型如下：

---

[1] Daniel A. Powers and Yu Xie, *Statistical Methods for Categorical Data Analysis*, San Diego, C. A.: Academic Press, 2000.

第七章 职业期望对高等教育获得的影响分析

$$\hat{p} = \frac{\exp(b_0 + b_1X_1 + b_2X_2 + \cdots + b_iX_i)}{1 + \exp(b_0 + b_1X_1 + b_2X_2 + \cdots + b_iX_i)}$$

其中，$\hat{p}$ 表示升学概率，$X_1, X_2, \cdots, X_i$ 表示核心解释变量和其他控制变量。当解释变量为连续型变量时，回归系数 b_i 表示在控制其他变量的情况下，X_i 每改变一个单位，升学的优势比将平均改变 $\exp(b_i)$ 倍；而当解释变量为分类变量时，回归系数 b_i 表示在控制其他变量的情况下，X_i 取第 i 类时的升学优势比将是取参照分类组时的 $\exp(b_i)$ 倍。

第三节 模型回归分析结果

一、职业期望对高等教育类型的影响

本研究采用逐步代入法进行回归，得到职业期望对高等教育类型（本科或高职高专）获得机会影响的模型估计结果，如表7-4所示。总体而言，与模型（1）相比，随着逐步代入社会资本、经济资本和文化资本变量，log-likelihood 和 PseudoR^2 都明显增大，表明模型整体拟合效果有所改善，模型的解释力有所提高。

表7-4 职业期望对高等教育类型获得机会影响的二元对数回归模型估计结果

变量	模型（1）	模型（2）	模型（3）	模型（4）
类型1	1.962*	1.758	1.629	1.738
	(1.184)	(1.220)	(1.239)	(1.244)
类型2	1.936	1.783	1.723	1.880
	(1.205)	(1.240)	(1.251)	(1.260)
类型3	2.291*	2.522*	2.352*	2.399*
	(1.236)	(1.301)	(1.325)	(1.324)
类型4	2.534**	2.719**	2.853**	2.998**
	(1.280)	(1.316)	(1.345)	(1.353)

续表

变量	模型(1)	模型(2)	模型(3)	模型(4)
类型5	1.306	1.223	0.944	1.073
	(1.179)	(1.213)	(1.232)	(1.236)
类型6	1.374	1.563	1.421	1.618
	(1.178)	(1.216)	(1.227)	(1.238)
年龄	0.049	0.069	0.061	0.086
	(0.151)	(0.162)	(0.175)	(0.178)
性别	0.473	0.589	0.628	0.586
	(0.340)	(0.363)	(0.386)	(0.392)
居住地	-0.119	-0.331	-0.247	-0.469
	(0.363)	(0.385)	(0.432)	(0.459)
前期学业成就	0.029***	0.035***	0.040***	0.043***
	(0.008)	(0.009)	(0.009)	(0.010)
高中是否重点班	0.333***	0.356***	0.322***	0.323**
	(0.110)	(0.117)	(0.124)	(0.125)
父母最高职业地位		$-1.89\text{e}-05^*$	$-2.66\text{e}-05^{**}$	$-2.53\text{e}-05^{**}$
		$(1.00\text{e}-05)$	$(1.09\text{e}-05)$	$(1.11\text{e}-05)$
父亲是否有职务		0.155**	0.124	0.145*
		(0.079)	(0.083)	(0.085)
家庭经济状况			$1.88\text{e}-05$	$1.16\text{e}-05$
			$(1.58\text{e}-05)$	$(1.68\text{e}-05)$
父母最高受教育程度				0.364
				(0.222)
常数项	-4.214	-3.890	-4.054	-5.945
	(3.284)	(3.518)	(3.789)	(4.054)
样本量	194	180	165	165
log-likelihood	-112.86	-100.61	-89.40	-88.02
PseudoR^2	0.157	0.191	0.216	0.228

注：① ***、** 和 * 分别表示在1%、5%和10%的统计水平上显著；②括号内为标准误。

从回归结果看，家庭社会资本、前期学业成就、前期优质教育资源占有情况和职业期望类型都对高等教育类型获得有显著的影响，而经济资本和文化资本的影响不显著。以模型（4）为例，首先，家庭社会资本越多，上本科的优势比越高。其中，父母最高职业地位排名每上升

10000 名[①]，将使子女上本科的优势比上升 30%（$e^{-2.53 \times 10^{-5}} - 1 = -0.00003$，$p < 0.05$）。其次，如果父亲有行政或管理职务，也将使子女上本科的优势比上升 16%（$e^{0.145} - 1 = 0.16$，$p < 0.1$）。再次，前期优质教育资源占有情况也对高等教育类型获得有显著影响。如果高中阶段就读于重点班级，那么后期上本科的优势比将上升 38%（$e^{0.323} - 1 = 0.38$，$p < 0.05$）。最后，前期学业成就也对后期高等教育类型获得有显著的正向影响。数学成绩每提高 1 分，上本科的优势比将上升 4%（$e^{0.0430} - 1 = 0.04$，$p < 0.01$）。以上变量对高等教育类型获得的影响不仅与理论预期相符，而且与以往绝大多数研究结果一致。

此外，职业期望类型也对高等教育类型（本科或高职高专）获得有显著影响。首先从模型（1）的回归结果看，在控制前期学业成就和前期优质教育资源占有情况下，相对于进入高职高专而言，与职业期望类型 7 相比，职业期望类型为类型 1、类型 3 和类型 4 的学生进入本科的优势比有显著提高，而职业期望类型为类型 2、类型 5 和类型 6 的学生进入本科的优势比提高幅度不显著。进一步控制家庭社会资本、经济资本、文化资本对高等教育类型获得的影响后，职业期望类型为类型 1 对本科教育获得的影响不再显著，而职业期望类型为类型 3 和类型 4 对本科教育获得的影响始终显著，且回归结果非常稳定。以控制了家庭社会资本、经济资本和文化资本的模型（4）回归结果为例，相对于进入高职高专学习而言，与职业期望类型 7 相比，职业期望类型为类型 3 的学生获得本科学习机会的优势比将提高 10 倍（$e^{2.399} - 1 = 10.01$，$p < 0.1$）；职业期望类型为类型 4 的学生获得本科学习机会的优势比将提高 19 倍（$e^{2.998} - 1 = 19.05$，$p < 0.05$）。以上回归结果表明，与职业期望类型为"若不为人所用，就自谋职业"相比，职业期望类型为"得到人们的高度评价的职业"和"受人尊敬的职业"将显著提高学生获得本科学习的机会，而其他类型职业期望的影响不显著。

二、职业期望对学科专业选择的影响

表 7-5 给出了职业期望对学科专业选择影响的多元对数回归模型的

---

① 排名越靠前，职业地位越高；排名越靠后，职业地位越低。

估计结果。从回归结果来看，职业期望对学科专业选择有显著的影响，并且高等教育类型、年龄、性别、前期学业成就、前期优质教育资源占有情况，以及家庭社会资本、经济资本和文化资本也对学科专业的选择有一定的影响。以下以工学作为参照组，依次对各学科专业选择概率与工学的比较结果进行分析。此外，由于哲学、历史学和军事学样本量太小，本研究不再列出这三个专业的回归结果，仅对其他9个专业与工学的比较结果进行分析。

（1）从经济学与工学的比较结果看，与高职高专学生相比，本科学生选择经济学的优势比将下降69%（$e^{-1.178}-1=-0.69$，$p<0.1$），这可能与近年来高职高专经管类专业扩招有关；与女生相比，男生选择经济学的优势比将下降66%（$e^{-1.088}-1=-0.66$，$p<0.1$）；父母最高职业地位排名每下降10000名，子女选择经济学的优势比将上升30%（$e^{3.46\times10^{-5}}-1=0.00003$，$p<0.05$），即父母职业地位越低越倾向于选择经济学；家庭人均收入每提高10000元，子女选择经济学的优势比将上升60%（$e^{5.77\times10^{-5}}-1=0.00006$，$p<0.05$），而其他因素的影响不显著。

（2）从法学与工学的比较结果看，期望获得的职业声望越高，选择法学的概率越大。期望获得的职业声望每提高1单位，选择法学的优势比将上升300%（$e^{1.390}-1=3.01$，$p<0.1$）。

（3）从教育学与工学的比较结果看，学生的年龄每增加1岁，选择教育学的优势比将上升124%（$e^{0.806}-1=1.24$，$p<0.05$）；与女生相比，男生选择教育学的优势比将下降83%（$e^{-1.802}-1=-0.83$，$p<0.05$）；父母最高职业地位排名每上升10000名，子女选择教育学的优势比将上升40%（$e^{-4.24\times10^{-5}}-1=-0.00004$，$p<0.1$），而其他因素的影响不显著。

（4）从文学与工学的比较结果看，期望获得的职业声望越高，选择文学的概率越大。期望获得的职业声望每提高1单位，选择文学的优势比将上升123%（$e^{0.801}-1=1.23$，$p<0.1$）；数学成绩每提高1分，选择文学的优势比将下降2%（$e^{-0.025}-1=-0.02$，$p<0.05$）；与父亲没有职务相比，父亲有行政或管理职务的学生选择文学的优势比将下降26%（$e^{-0.303}-1=-0.26$，$p<0.1$），其他因素的影响不显著。

（5）从理学与工学的比较结果看，各影响因素的回归系数均不显著，表明职业期望、前期学业成就、家庭资本等因素的影响对学生选择理学抑或工学并没有显著差异。具体到职业期望上，选择理学的学生与选择工学的学生相似，都具有相对较低的职业期望。

（6）从农学与工学的比较结果看，职业期望对选择农学有显著的正向影响。期望获得的职业声望每提高1单位，选择农学的优势比将提高11.13倍（$e^{2.496} - 1 = 11.13$，$p < 0.05$）；学生的年龄每提高1岁，选择农学的优势比将提高2.71倍（$e^{1.311} - 1 = 2.71$，$p < 0.05$）；与高中未就读于重点班的学生相比，就读于重点班的学生选择农学的优势比将下降82%（$e^{-1.725} - 1 = -0.82$，$p < 0.05$）；父母最高职业地位排名每上升10000名，子女选择农学的优势比将上升100%（$e^{-0.0001} - 1 = -0.0001$，$p < 0.05$）；父母最高受教育程度每提高1个等级，子女选择农学的优势比将下降88%（$e^{-2.119} - 1 = -0.88$，$p < 0.05$），其他因素的影响不显著。

（7）从医学与工学的比较结果看，职业期望对选择医学有显著的正向影响。期望获得的职业声望每提高1单位，选择医学的优势比将上升134%（$e^{0.848} - 1 = 1.34$，$p < 0.05$）；与女生相比，男生选择医学的优势比将下降77%（$e^{-1.490} - 1 = -0.77$，$p < 0.1$）；父母最高受教育程度每提高1个等级，子女选择医学的优势比将下降63%（$e^{-0.981} - 1 = -0.63$，$p < 0.05$），其他因素的影响不显著。

（8）从管理学与工学的比较结果看，职业期望对选择管理学并没有显著影响。但高等教育类型对选择管理学有显著影响。与高职高专学生相比，本科学生选择管理学的优势比将下降77%（$e^{-1.460} - 1 = -0.77$，$p < 0.05$），这可能与近年来大专经管类专业扩招有关；学生的年龄每提高1岁，选择管理学的优势比将上升87%（$e^{0.626} - 1 = 0.87$，$p < 0.05$）；与女生相比，男生选择管理学的优势比将下降65%（$e^{-1.040} - 1 = -0.65$，$p < 0.1$）；数学成绩每提高1分，选择管理学的优势比将下降2%（$e^{-0.017} - 1 = -0.02$，$p < 0.05$），其他因素的影响不显著。

（9）从其他专业与工学的比较结果看，与高职高专学生相比，本科学生选择其他专业的优势比将下降75%（$e^{-1.390} - 1 = -0.75$，$p < 0.05$）；与女生相比，男生选择其他专业的优势比将下降72%（$e^{-1.284} - 1 = -0.72$，$p < 0.05$），其他因素的影响不显著。

总体而言，职业期望对学科专业选择有显著的影响。从回归结果看，与选择工学相比，期望获得的职业声望越高，选择法学、文学、农学和医

表 7-5 职业期望对学科专业选择影响的多元对数回归模型估计结果

变量	模型(1) 经济学 vs. 工学	模型(2) 法学 vs. 工学	模型(3) 教育学 vs. 工学	模型(4) 文学 vs. 工学	模型(5) 理学 vs. 工学	模型(6) 农学 vs. 工学	模型(7) 医学 vs. 工学	模型(8) 管理学 vs. 工学	模型(9) 其他专业 vs. 工学
职业期望	0.142 (0.276)	1.390* (0.747)	-0.053 (0.335)	0.801* (0.486)	0.080 (0.271)	2.496** (1.203)	0.848** (0.423)	0.093 (0.273)	0.271 (0.239)
本科	-1.178* (0.673)	0.185 (1.433)	-0.681 (0.810)	0.107 (0.992)	-0.289 (0.664)	-1.526 (1.907)	-1.420 (0.940)	-1.460** (0.683)	-1.390** (0.583)
年龄	-0.285 (0.308)	0.236 (0.563)	0.806** (0.356)	-0.061 (0.431)	0.063 (0.277)	1.311** (0.636)	0.405 (0.393)	0.626** (0.294)	-0.188 (0.252)
性别	-1.088* (0.623)	-0.712 (1.151)	-1.802** (0.814)	-20.06 (5.105)	-0.691 (0.604)	0.510 (1.852)	-1.490* (0.895)	-1.040* (0.641)	-1.284** (0.527)
居住地	0.483 (0.660)	-19.34 (6.331)	-0.152 (0.994)	-0.561 (1.119)	-0.067 (0.649)	-0.182 (1.817)	-0.313 (1.011)	0.101 (0.667)	0.421 (0.574)
前期学业成就	0.003 (0.010)	0.003 (0.024)	-0.008 (0.013)	-0.025** (0.013)	-0.002 (0.010)	0.002 (0.031)	0.004 (0.015)	-0.017** (0.008)	-0.003 (0.008)
高中是否重点班	-0.071 (0.191)	-0.472 (0.452)	0.182 (0.263)	0.005 (0.296)	-0.295 (0.202)	-1.725** (0.869)	0.064 (0.294)	-0.134 (0.217)	0.148 (0.168)
父母最高职业地位	3.46e-05** (1.74e-05)	2.06e-05 (3.32e-05)	-4.24e-05* (2.25e-05)	-4.51e-07 (2.50e-05)	-9.25e-06 (1.64e-05)	-0.0001** (5.54e-05)	3.16e-06 (2.60e-05)	3.20e-06 (2.01e-05)	5.05e-06 (1.41e-05)
父亲是否有职务	0.007 (0.176)	-0.117 (0.197)	-0.149 (0.154)	-0.303* (0.164)	-0.160 (0.123)	0.846 (0.726)	-0.111 (0.184)	0.280 (0.365)	-0.152 (0.121)

续表

变量	模型(1)经济学 VS. 工学	模型(2)法学 VS. 工学	模型(3)教育学 VS. 工学	模型(4)文学 VS. 工学	模型(5)理学 VS. 工学	模型(6)农学 VS. 工学	模型(7)医学 VS. 工学	模型(8)管理学 VS. 工学	模型(9)其他专业 VS. 工学
家庭经济状况	5.77e−05** (2.89e−05)	3.12e−05 (0.001)	−3.56e−05 (6.83e−05)	7.88e−06 (5.89e−05)	2.36e−05 (3.41e−05)	−0.001 (0.001)	9.52e−07 (9.67e−05)	−6.79e−05 (7.02e−05)	3.56e−05 (2.77e−05)
父母最高受教育程度	−0.544 (0.340)	0.048 (0.724)	0.025 (0.516)	0.160 (0.508)	−0.259 (0.346)	−2.119** (0.993)	−0.981* (0.542)	−0.527 (0.386)	−0.247 (0.302)
常数项	4.061 (5.822)	−11.79 (12.21)	−13.07* (7.381)	−1.445 (8.693)	0.251 (5.594)	−20.30 (14.88)	−8.572 (7.917)	−7.968 (5.850)	3.178 (4.862)
样本量	181	181	181	181	181	181	181	181	181
log−likelihood	−286.54	−286.54	−286.54	−286.54	−286.54	−286.54	−286.54	−286.54	−286.54
PseudoR^2	0.2383	0.2383	0.2383	0.2383	0.2383	0.2383	0.2383	0.2383	0.2383

注：①***，**和*分别表示在1%、5%和10%的统计水平上显著；②括号内为标准误。

学的概率就越大。而工学与经济学、教育学、理学、管理学和其他专业的比较模型中，职业期望的回归系数不显著，表明选择经济学、教育学、理学、管理学和其他专业的学生期待获得的职业声望与选择工学的学生并无显著差异。

第四节　本章小结

本研究采用纵向设计方法消除内生性，基于2010年和2012年两期的中国家庭追踪调查数据，选取高中升大学的高等教育转换过程为切入点，分别从高等教育类型和学科专业两个角度，通过经验分析方法，检验和揭示职业期望对高等教育获得的影响。试图回答以下问题：职业期望是否对高等教育获得具有显著影响？职业期望对高等教育类型选择具有怎样的影响？职业期望越高，选择本科的概率是否越大？职业期望对学科专业选择具有怎样的影响？职业期望高的学生会倾向于选择哪些专业，职业期望低的学生会倾向于选择哪些专业？

在控制前期家庭社会资本、经济资本、文化资本以及个人前期学业成就等影响因素的前提下，本研究从高等教育类型和学科专业选择两个角度，就职业期望对高等教育获得的影响进行了经验分析。结果表明，个人的职业期望对高等教育获得具有显著影响，持有不同的职业期望不仅影响高等教育类型（本科或高职高专）的获得，而且影响学科专业的选择。首先，职业期望对高等教育类型的获得有显著的影响。与高职高专相比，个人的职业期望越高，获得本科教育的机会越大。具体而言，与"若不为人所用，就自谋职业"的相对较低的职业期望相比，期待"得到人们的高度评价"和"受人尊敬"的学生，获得本科教育的机会更大，而其他职业期望对本科教育机会获得的影响与参照组并无显著差异。其次，职业期望还会影响学生的学科专业选择。与工学相比，如果一个学生期待将来获得的职业声望越高，那么他选择法学、文学、农学和医学的概率就会越大，而职业期望对学生选择经济学、教育学、理学、管理学和其他专业的影响与对学生选择工学的影响并无显著差异。

从研究结果来看，职业期望确实对高等教育获得具有显著的影响，二者之间呈现以下基本关系,即职业期望越高,在教育类型上越偏好于选择本科教育,且在专业上更偏好于选择法学、文学、农学和医学(与工学相比)。这说明,职业期望不仅在家庭教育投资和教育获得过程中发挥了积极的促进作用,而且对专业型教育成就的形成具有根本性的决定作用。正是由于职业期望在专业型教育成就形成初期发挥着根本性的决定作用,我们应该对职业期望对教育投资的影响予以重视,尤其是职业期望对专业选择的影响。

人们对职业期望的偏好会转化为对某些专业的偏好。从本研究经验分析结果看,职业期望越高越倾向于选择法学、文学等专业,也就是说,人们对法学、文学等专业的投资需求是相对较高的。而从专业型教育投资的角度来看,如果在教育资源供给上放任满足其需求而不加干预或干预过低的话,都将会导致劳动力市场上该专业人才的供给过剩,进而提高该专业人才的失业率。从近十年来大学生就业年度报告也可以验证,法学和文学多次入选失业率最高的10大专业。这表明,以往高校在法学和文学等专业的招生规模确实过大了。虽然人们内心的职业期望是导致法学和文学投资需求过多的重要原因,但是目前对职业期望的深入研究很少,且人们的职业期望在短期内很难改变,导致从需求的角度调整专业型教育投资是非常困难的。而从供给的角度,调节专业型教育投资,优化教育投资结构,是解决当前部分专业失业率过高的必要措施。本研究建议,教育部门不能完全依据民众专业教育投资需求来制订教育资源供给计划,而应始终以劳动力市场需求为主导,确保专业型教育资源供给与劳动力市场需求相匹配,以降低高等教育人才的失业风险和减少教育资源的浪费。

第八章 研究结论与反思

第一节 主要研究发现

依据"三点定位"原则,本研究采用"理论-定性-定量"相结合的方法,对职业期望的决定因素及其在个人教育获得过程中的作用进行了深入分析。在理论上,本研究采用生态系统理论分析范式,研究了各系统层次因素对个人职业期望的影响。并且,进一步从职业期望的"社会影响意识"出发,分析了不同类型的前期职业期望对后期教育获得的因果影响,对当前的研究进行了补充扩展。研究揭示了生活环境中的客观因素对青少年职业期望的影响状况,以及职业期望在青少年教育获得中的引导作用。研究发现对从职业期望入手提高青少年的教育投资水平具有一定的实践指导意义。

首先,运用质性研究方法,通过个案访谈资料解读职业期望的来源、调适与稳定过程和主要影响因素,以及生命历程中职业期望和教育投资的变动关系。通过对10例个案访谈资料的归纳分析,主要有以下三点重要发现。

一是不同生活环境中,个人的职业期望存在差异。个人的职业期望与多重因素有关,不仅与个人兴趣爱好有关,而且在很大程度上与家庭背景、学校环境、社会文化价值观念以及生活经历等因素相关。

二是不同生活环境中,父母对子女的职业期望存在明显差异。生活在落后闭塞环境中的父母,往往对子女的职业期望较低,甚至没有任何职业期望,任其自然发展;生活在落后但不闭塞环境中的父母,往往给子女提供建议，帮助子女制定合理可行的职业期望。教育家黄炎培先生认为，理想的父母要为子女做出良好的职业规划指导，必须具备一定的洞察能力，并且在思想和眼光上必须具有足够的前瞻性。显然，大部分父母并没有为子女做好职业规划指导任务。

三是职业期望与教育历程相伴相生。生命历程中，教育阶段的转换往往伴随职业期望的调整。职业期望在教育投资中发挥了引导作用，在很大程度上决定了教育投资水平和方向领域。并且，这种影响在小学和初中阶段较弱，而在初中后以及高中后的教育分流阶段表现得更为突出。具体而言，该阶段前期职业期望对教育历程变迁和教育投资的决定作用主要表现在以下三个方面：第一，前期职业期望决定初中后和高中后教育阶段转换时升学与否，最终决定一个人的受教育水平，即教育成就；第二，前期职业期望影响教育轨道的选择，尤其是在初中后分流阶段的职业高中、职业中专和普通高中之间的教育轨道选择；第三，前期职业期望影响专业教育获得，尤其是在大学专业选择上，前期职业期望对专业选择具有决定性的影响。

此外，质性研究还得到以下几点启示：①通过将被访者的职业发展历程与美国职业指导专家金斯伯格提出的职业发展阶段进行比较发现，我国青少年的职业期望具有开蒙时间晚，受父母影响小，受亲戚、学校以及影视剧、书刊报纸影响大的特点。其中，受父母影响小的主要原因是很多父母无法为子女提供合格的职业指导，而非父母的作用不重要。②子女个人的职业期望与父母对子女的职业期望具有一致性，并且子女个人的职业期望比父母对子女的职业期望具有更高的明确度。③从职业期望的调适过程看，大部分人的职业期望在初中后期和高中阶段开始趋于稳定。④"找工作靠关系"在很大程度上伤害了广大人民群众树立职业期望的积极性。尤其是对相对缺乏社会关系的家庭的孩子的职业期望打击很大。除此之外，通过质性研究，还明确了被访者对中国家庭追踪调查（CFPS）中各职业期望类型的理解。总体而言，被访者对各选项意思的理解是一致的，但值得注意的是，对"助人、为社会服务的职业"的理解，受教育程度相对较低的被访者多误认为这是第三产业服务类工作的意思。

其次，运用定量分析方法，主要依据2012年CFPS截面数据对全国在校青少年及其父母职业期望的分布情况和群体差异进行分析，并采用2010—2012年CFPS纵贯数据对质性研究发现进行可靠性检验。主要有以下四点发现。

一是采用2012年CFPS数据描述全国在校青少年及其父母的职业期望的基本情况发现：我国在校青少年的职业期望类型中，选择比例明显更高的是"助人、为社会服务的职业"（24.95%），其次是"虽平凡，但有固定收入的职业"（18.63%），再次是"受人尊敬的职业"（17.54%），表明我国大部分青少年比较关注职业的社会贡献性、稳定性和自尊满足功能。而父母对子女的职业期望类型中，选择比例明显更高的是"受人尊敬的职业"（24.91%），其次是"虽平凡，但有固定收入的职业"（20.00%），再次是"助人、为社会服务的职业"（16.41%），表明父母比较关注职业的自尊满足功能、稳定性和社会贡献性。虽然二者选择类型相似，但仍然存在统计意义上的显著差异。

二是采用2012年CFPS数据分析职业期望的群体差异发现：第一，男生和女生都注重职业的稳定性，但男生更追求职业对社会的推动性，而女生更追求职业对社会的贡献性。第二，未成年人更注重职业对社会的贡献性，而成年人更注重职业的稳定性。第三，无论城镇地区还是农村地区的学生都注重职业的稳定性，但城镇地区的学生更注重职业对社会发展的推动作用，而农村地区的学生更注重职业对社会的贡献性。第四，初中及以下的学生更注重职业对社会的贡献性，而高中及以上的学生更注重职业的稳定性。第五，就家庭因素而言，家庭经济资本水平居中，子女更注重职业的稳定性；家庭社会资本和教育成就较高，子女更倾向于追求职业带来的内心自尊和他人认可的满足；而家庭社会资本和教育成就较低，子女更倾向于追求职业提供的助人和为社会服务的机会。

三是采用2012年CFPS数据分析不同生命阶段的职业期望差异发现：成年前后的职业期望既有联系又有差异。未成年时的职业期望类型以"助人、为社会服务的职业"和"受人尊敬的职业"为主，而成年后的职业期望类型以"虽平凡，但有固定收入的职业"和"助人、为社会服务的职业"居多。随着年龄的增长，职业期望有贴近现实的变化趋势。随着个人受教育阶段的提高，升学前后的职业期望具有一致性，但同时存在差异。升学后的职业期望中选择"虽平凡，但有固定收入的职业"的比例显著提高，表明随着教育阶段的提高，青少年更追求职业的稳定性。

四是采用2012年CFPS截面数据分析探索生活环境对青少年职业期

望的影响及机制。根据勒温场动力理论，从系统结构和要素构成两个维度出发，分析生活圈层对青少年职业期望的影响及机制，认为生活空间是围绕个人由近至远依次摊开的圈层结构体，每一圈层又由物质要素和文化素质共同组成，并且不同圈层对个人的行为观念都具有一定程度的影响。不同的是，圈层与个人的距离远近将导致影响程度存在差异；而物质与意识的本质区别决定物质要素和文化素质对青少年职业期望的影响存在差异。在此基础上，通过多元对数回归模型和多元线性回归模型的组合方法，检验和比较各圈层和各要素的影响，探索影响机制。结果表明，生活圈层对青少年的职业期望具有显著影响。个人圈层和家庭圈层的物质要素和文化素质均对青少年的职业期望有显著影响。而社区圈层对青少年职业期望的影响较微弱，且影响仅来自物质要素。不同圈层和要素对青少年职业期望的影响力存在差异。具体而言，从圈层维度来讲，个人圈层和家庭圈层均对青少年的职业期望有显著影响，并且个人圈层的影响力大于家庭圈层，但社区圈层的影响不显著；从要素维度来讲，物质要素和文化素质都对青少年职业期望有显著影响，并且物质要素的解释力（2/3）大于文化素质（1/3）。而在圈层维度和要素维度交叉情况下，各圈层内部物质要素和文化素质的影响也存在差异，个人圈层物质要素的解释力大于文化素质，家庭圈层物质要素和文化素质的解释力相当，社区圈层物质要素具有显著的解释力，但文化素质不具有显著的解释力。由外向内，由物质向文化，不同圈层和要素之间通过交互作用传递影响，共同构成了生活圈影响青少年职业期望的路径网络，扩大了生活环境对青少年发展的影响。具体而言，在社区圈层，文化素质受物质要素的显著影响；在家庭圈层，文化素质受社区圈层物质要素和文化素质的共同影响；在个人圈层，物质要素受家庭圈层和社区圈层物质要素的影响，而文化素质受个人圈层物质要素、家庭圈层物质要素和文化素质以及社区圈层文化素质的影响。

职业期望对教育获得具有显著影响，并且前期持有的不同类型的职业期望对后期教育获得的影响显著不同。

在初中升高中阶段，控制家庭经济社会背景和前期学业成就等影响因素后，前期职业期望对后期教育获得具有重要的影响。并且，前期职业期望越高，后期教育获得的收益越大，即在教育获得上，职业期望具有显著的"罗森塔尔效应"。与父母职业期望相比，青少年个人的职业期望对教育获得的解释力更强。这可能是由于青少年较之父母更了解自己的实际情况，能够设定更合理的职业期望。而从不同职业期望类型对升学与否、教育轨道选择和优质教育资源获得的影响来讲，职业期望类型对教育获得的影响存在明显差异。综合来讲，倾向于自谋职业和赚钱的职业期望，可能会提高退学的概率；倾向于推动社会发展、得到社会认可和尊重的职业期望，将提高升学概率，并提高选择学术型教育和进入重点高中的概率；而倾向于平凡安稳和助人的职业期望，也将提高升学概率，但不同的是，这部分学生更可能选择职业型教育和进入非重点高中。

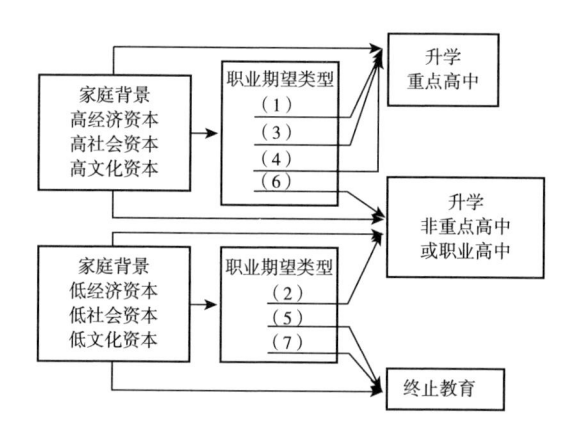

图 8-1 不同职业期望类型对初中后教育分流的影响差异

在高中升大学阶段，在控制前期家庭社会资本、经济资本、文化资本以及个人前期学业成就等影响因素的前提下，个人的职业期望对高等教育获得具有显著影响，持有不同的职业期望不仅影响高等教育类型（本科或高职高专）的获得，而且影响学科专业的选择。首先，职业期望对高等教育类型的获得有显著的影响。与高职高专相比，个人的职业期望越高，获得本科教育的机会越大。具体而言，与"若不为人所用，就自谋职业"的相对较低的职业期望相比，期待"得到人们的高度评价"和"受人尊敬"的学生，获得本科教育的机会更大，而其他职业期望对本科教育机会获得的影响与参照组并无显著差异。其次，职业期望还会影响学生的学科专业选择。与工学相比，如果一个学生期待将来获得的职业声望越高，那么他选择法学、文学、农学和医学的概率就会越大，而职业期望对学生选择经济学、教育学、理学、管理学和其他专业的影响与对学生选择工学的影响并无显著差异。从研究结果来看，职业期望确实对高等教育获得具有显著的影响，二者之间呈现以下基本关系，即职业期望越高，在教育类型上越偏好于选择本科教育，且在专业上更偏好于选择法学、文学、农学和医学（与工学相比）。这说明，职业期望不仅在家庭教育投资和教育获得过程中发挥了积极的促进作用，而且对专业型教育成就的形成具有根本性的决定作用。正是由于职业期望在专业型教育成就形成初期发挥着根本性的决定作用，我们应该对职业期望对教育投资的影响予以重视。

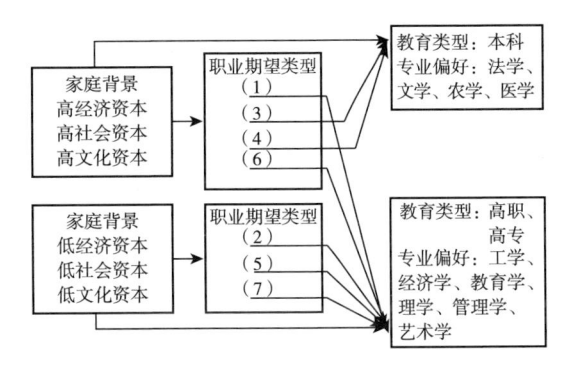

图 8-2 不同职业期望类型对高中后教育分流的影响差异

第二节 主要结论与思考

根据以上研究发现，可以进一步推出以下结论。

（1）个人的职业期望是个人与家庭经济社会因素综合作用的结果。不仅受个人兴趣爱好的影响，而且受到家庭背景、学业成就、文化素质等多重外界因素的显著影响。较高水平的家庭经济资本、社会资本和教育成就，以及学业成就有助于塑造学生的职业期望。

（2）职业期望在教育获得中具有显著的影响作用。在其他条件相同的情况下，前期职业期望是后期教育获得的有效预测指标。

综合以上两点，职业期望既是"被资本形塑的结构"，又是"形塑资本的结构"。前期职业期望类型不仅直接影响教育机会获得和教育获得水平，而且是家庭背景、学校特征和文化环境等因素综合作用的结果。因此，职业期望也是家庭背景影响教育机会获得和教育获得水平的中间途径之一，在家庭经济社会地位的再生产和代际传递过程中发挥了中介作用，在社会阶层分化过程中发挥了"马太效应"的作用。因为，在不受干预的自然状态下，富裕家庭的孩子职业期望高，贫困家庭的孩子职业期望低将是导致贫富差距不断扩大、社会两极分化的重要原因之一。职业期望在家庭代际地位获得和社会阶层分化过程中的影响应引起社会重视。尤其对于贫困家庭而言，职业期望低可能是贫困代际传递的原因之一。

同时，我们也要看到，职业期望既与生活环境显著相关，又不完全由生活环境决定，具有一定的主观能动性和环境可塑性，可成为激发社会流动、提高社会活力的调节杠杆。这意味着，在贫困的预防和干预治理中，职业期望有望成为一项政策的干预切入点。目前，我国贫困家庭的青少年的职业期望水平普遍较低，倾向于减少教育投资和提前终止教育历程，从而带来代际社会流动中的劣势。在调查中也发现，贫困家庭的青少年普遍存在职业认知匮乏、开蒙晚、定位不明确等问题，这对贫困家庭青少年的教育成就获得和后期职业发展都极其不利。因此，本研究认为，在阻断贫困的代际传递、激发贫困群众的内在发展动力上，必须将职业期望纳入政策干预领域，才能彻底拔除穷根、消除贫困。习近平总书记也一再强调，"扶贫先扶志"，要扶思想、扶观念、扶信心，帮助贫困群众建立起摆脱困境的斗志和勇气。本研究的建议是，从初中阶段开始针对青少年开展职业认知教育和开设职业体验课程，帮助他们树立有助于摆脱贫困的职业期望，克服思想困难，获得更多的教育，努力让贫困家庭的孩子不输在起跑线上。

第三节 研究的不足和展望

一、研究的不足

（1）受制于数据结构的限制，本研究未能采用分层线性模型分析生活环境对青少年职业期望的影响,无法区分个体效应和组织效应,是本研究的第一大遗憾。就目前的数据结果,本研究只能以多元对数回归模型为基础,通过比较不同层次影响因素回归模型估计结果的差异,来分析不同层次因素对职业期望影响的差异。

(2) 目前国内大型追踪调查项目多处于起步阶段,由于追踪次数尚少,不足以形成追踪数据(Panel Data)结构,在分析时无法达到控制不随时间发生变化的不可观测因素,是本研究的第二大遗憾。就目前中国家庭追踪调查的两期追踪数据,本研究只能运用纵向设计的研究方法,选取教育转化发生率较大的初中升高中阶段和高中升大学阶段,采用两个时期之间的教育转化率来实证分析前期职业期望对后期教育获得的影响。

(3) 由于2010年中国家庭追踪调查成年人职业期望数据的缺失,本研究在初中后教育分流的实证分析部分,对处于初中阶段的成年人职业期望进行了谨慎的缺失值填补。但回归结果与未缺失的情况可能存在一定的差异,这是本研究的第三大遗憾。随着中国家庭追踪调查的跟进,后期可做弥补。

(4) 前期职业期望对后期升学和优质教育资源获得具有积极影响。而这种影响究竟是通过提高学业成绩来实现,还是通过纯粹的教育意向来发挥影响,抑或二者均有?由于两次调查时点之间发生升学转换前后的成绩或班级排名不具有可比性,其中影响的路径尚无从考证,影响的大小尚无法测量判断。

(5) 由于知识存量有限,研究结论和思考还不够深刻,有待进一步完善。

二、展望

"职业期望、教育获得与社会流动"研究只是贫困代际传递研究、贫富差距研究和社会公平研究中的一部分。今后的研究可在以下几个方面继续深入。

一是继续跟进"职业期望、教育获得与社会流动"研究,弥补目前研究的不足之处。

(1) 随着追踪调查数据的跟进,采用新数据检验各因素对职业期望的影响,弥补2010年成年人职业期望数据缺失带来的遗憾。

（2）继续关注追踪调查收集数据的进度，采用面板数据和定量分析方法，控制不可观察因素的影响，重新检验前期职业期望对后期教育获得的影响。

（3）组织关于"职业地位获得意愿及其影响因素"的问卷调查工作，设计具有明显社会分层意义的职业期望调查，使职业期望能更加准确地反映社会地位获得意愿，提高研究结论的实际有效性；同时注重抽样设计，收集具有分层结构且满足分层线性模型使用要求的数据，检验不同层面因素对职业期望的影响差异，探索不同层面因素对职业期望的影响机制。

二是以"职业期望、教育获得与社会流动"为中心，对研究领域进行扩展。

（1）纵向扩展。将目前的研究再向前推进一步，探索"职业期望与职业获得的关系"。随着追踪数据的跟进，在数据满足研究要求后，进一步开展关于"前期职业期望对后期职业获得的影响"研究。

（2）职业期望及其在教育获得和社会流动中的作用是导致贫困代际传递、贫富差距扩大和社会不平等加剧的传导机制之一。未来，在时间、精力和经济条件允许的情况下，希望能够更深入地探索导致贫困代际传递、贫富差距扩大和社会不平等加剧的传导机制过程。

参考文献

［美］埃弗里特·M. 罗吉斯、拉伯尔·J. 博德格：《乡村社会变迁》，王晓毅译，浙江人民出版社 1998 年版。

［美］埃里克·H. 埃里克森：《同一性：青少年与危机》，孙名之译，浙江教育出版社 1998 年版。

［美］艾尔·巴比：《社会研究方法》，邱泽奇译，华夏出版社 2009 年版。

包蕾萍：《生命历程理论的时间观探析》，《社会学研究》2005 年第 4 期。

包蕾萍：《中国独生子女生命历程：家国视野下的一种制度化选择》，《社会科学》2012 年第 5 期。

［美］保罗·康纳顿：《社会如何记忆》，纳日碧力戈译，上海人民出版社 2000 年版。

［英］保罗·威利斯：《学做工：工人阶级子弟为何继承父业》，秘舒、凌旻华译，译林出版社 2013 年版。

常春梅、李玲：《生命历程理论下的男童性侵犯事件——关于 H 的个案研究》，《中国青年政治学院学报》2010 年第 6 期。

常淑敏、张文新：《人类积极发展的资源模型——积极青少年发展研究的一个重要取向和领域》，《心理科学进展》2013 年第 1 期。

陈向明：《质的研究方法与社会科学研究》，教育科学出版社 2006 版。

陈云松、吴晓刚：《走向开源的社会学：定量分析中的复制性研究》，《社会》2012 年第 3 期。

程琳：《父母期望、初中生自我期望与学习成绩的关系》，硕士学位论文，河南大学，2010 年。

程秋梅、陈毓文：《中辍少年的复学适应：传统复学模式与另类复学途径之比较》，《台大社工学刊》2001 年第 4 期。

［英］E. F. 舒马赫：《小的是美好的》，李华夏译，译林出版社 2007

年版。

［美］丹尼斯·吉尔伯特、约瑟夫·A.卡尔：《美国阶层结构》，彭华民等译，中国社会科学出版社1992年版。

邓玉林、王文平：《基于教育成就产权的知识型员工激励机制研究》，《中国管理科学》2012年第1期。

丁小浩：《规模扩大与高等教育入学机会均等化》，《北京大学教育评论》2006年第2期。

范晓光：《威斯康辛学派挑战"布劳－邓肯"的地位获得模型》，《中国社会科学报》2011年5月。

方长春：《家庭背景与教育分流——教育分流过程中的非学业性因素分析》，《社会》2005年第4期。

［美］格尔伯特·伦斯基：《权利与特权：社会分层的理论》，关信平等译，浙江人民出版社1988年版。

韩翼祥、翁杰、周必彧：《中国大学生的就业决策和职业期望——以浙江省为例》，《中国人口科学》2007年第3期。

郝大海：《中国城市教育分层研究（1949—2003）》，《中国社会科学》2007年第6期。

何晓红：《一个女性农民工的30年进城打工生活史——基于生命历程理论研究的视角》，《中国青年研究》2011年第5期。

洪瑞斌、刘兆明：《工作价值观研究之回顾与前瞻》，《应用心理学研究》2003年第19期。

侯志瑾：《家庭对青少年职业发展影响的研究综述》，《心理发展与教育》2004年第3期。

侯志瑾、陈淑芳、周司丽、李栩：《父母对大学生生涯发展期望量表的编制》，《中国临床心理学杂志》2012年第5期。

黄希庭、张进辅、李红：《当代中国青年价值观与教育》，四川教育出版社1994年版。

黄炎培：《怎样教我中学时期的儿女》，转引自冯林主编《中国家长批判》，中国商业出版社2001年版。

［美］加里·贝克尔：《教育成就理论：关于教育的理论和实证分析》，郭虹等译，中信出版社2011年版。

姜立利：《期望价值理论的研究进展》，《上海教育科研》2003年第2期。

蒋中一、戴洪生：《降低农村初中辍学率和义务教育体制的改革》，《中国人口科学》2005年第4期。

金盛华、李雪：《大学生职业价值观：手段与目的》，《心理学报》2005年第5期。

金耀宇：《国内关于青年职业价值观研究述评》，《四川教育学院学报》2009年第1期。

孔海娥：《生命历程视角下的女性社区参与》，《云南民族大学学报》（哲学社会科学版）2009年第6期。

[美]库尔德·勒温：《拓扑心理学原理》，竺培梁译，北京大学出版社2011年版。

[法]雷蒙·阿隆：《社会学主要思潮》，葛智强等译，华夏出版社2000年版。

李春玲：《社会政治变迁与教育机会不平等——家庭背景及制度因素对教育获得的影响（1940—2001）》，《中国社会科学》2003年第3期。

李红：《当代大学生职业价值观与高校价值观教育》，《四川师范大学学报》2005年第3期。

李建民：《教育成就通论》，上海三联书店1999年版。

李钧鹏：《生命历程研究中的若干问题》，《济南大学学报》（社会科学版）2011年第3期。

李强：《生命的历程：重大社会事件与中国人的生命历程》，浙江人民出版社1999年版。

李强、邓建伟、晓筝：《社会变迁与个人发展：生命历程研究的范式与方法》，《社会学研究》1999年第6期。

李煜：《制度变迁与教育不平等的产生机制——中国城市子女的教育获得（1966—2003）》，《中国社会科学》2006年第4期。

李忠民：《教育成就》，经济科学出版社1999年版。

[美]理伯卡·E.卡拉奇：《分裂的一代》，覃文珍等译，社会科学文献出版社2001年版。

梁海梅、郭德俊、张贵良：《成就目标对青少年成就动机和学业成就影响的研究》，《心理科学》1998年第4期。

廖桂荣：《中国城镇贫困人口的教育成就与反贫困研究》，民族出版社2010年版。

廖桂蓉：《转型期中国城市农民工贫困原因探析》，《改革与战略》2008年第12期。

廖桂蓉：《转型期中国农村区域贫困原因新探》，《农村经济》2008年第8期。

廖桂蓉、龚文海：《文化断裂视角下农民工贫困原因透析》，《湖北经济学院学报》2009年第1期。

廖泉文：《中、日、美价值观对人力资源管理的影响》，《中国人力资源开发》2000年第11期。

凌文辁、方俐洛、白利刚：《我国大学生的职业价值观研究》，《心理学报》1999年第3期。

刘广珠：《职业兴趣的测量与应用》，《青岛化工学院学报》（社会科学版）2000年第2期。

刘精明：《高等教育扩展与入学机会差异：1978—2003》，《社会》2006年第4期。

刘精明：《教育选择方式及其后果》，《中国人民大学学报》2004年第1期。

刘精明：《文革事件对入学升学模式的影响》，《社会学研究》1999年第6期。

刘精明：《向非农职业流动：农民生活史的一项研究》，《社会学研究》2001年第6期。

刘璐俐：《大专学生工作价值观之调查研究》，《第三届两岸心理与教育测量学术研讨会论文》，1997年。

刘世钰：《本科教育与专科教育人才培养模式的比较》，《宁波工程学院学报》2005年第2期。

刘中一：《性别偏好的生成——一个生命历程理论视角的考察》，《山西师大学报》2005年第6期。

楼静波：《当代青年的职业价值观》，《青年研究》1990年第Z1期。

陆扬、王毅：《文化研究导论》，复旦大学出版社2006年版。

[美] 罗森塔尔、雅各布森：《课堂中的皮格马利翁》，唐晓杰、崔允漷译，人民教育出版社2003年版。

罗教讲：《我国的社会流动与流动研究》，《武汉大学学报》（哲学社会科学版）1998年第5期。

罗小红：《血浓于水：台湾老兵口述史个案研究》，《长沙铁道学院学报》

2011 年第 6 期。

［德］马克斯·韦伯：《经济与社会》，阎克文译，上海人民出版社 2010 年版。

［美］马克·赫特尔：《变动中的家庭——跨文化的透视》，宋践、李茹等译，浙江人民出版社 1988 年版。

马和民：《当前中国城乡人口社会流动与教育之关系》，《社会学研究》1997 年第 4 期。

马剑宏、倪陈明：《企业职工的工作价值观特征分析》，《应用心理学》1998 年第 4 期。

《尼耳斯·玻尔集（第十卷）：物理学以外的互补性（1928—1962）》，戈革译，华东师范大学出版社 2012 年版。

宁维卫：《中国城市青年职业价值观研究》，《成都大学学报》（社会科学版）1996 年第 4 期。

［法］P. 布尔迪约、J-C. 帕斯隆：《再生产——一种教育系统理论的要点》，邢克超译，商务印书馆 2002 年版。

彭玉生：《"洋八股"与社会科学规范》，《社会学研究》2010 年第 2 期。

彭玉生：《社会科学中的因果分析》，《社会学研究》2011 年第 3 期。

茹红忠、武龙宝：《关于学生期望与学业成败相关问题的研究》，《教育与教学研究》2010 年第 7 期。

孙莹：《贫困的传递与遏制：城市低保家庭第二代问题研究》，社会科学文献出版社 2005 年版。

王朝明、孙蓉、聂富强等：《社会资本与城市贫困问题研究：一个理论框架及四川城市社区经验证据的检验》，西南财经大学出版社 2009 年版。

王甫勤、时怡雯：《家庭背景、教育期望与大学教育获得——基于上海市调查数据的实证分析》，《社会》2014 年第 1 期。

王广州：《中国老年人口亲子数量与结构计算机仿真分析》，《中国人口科学》2014 年第 3 期。

王汉生、刘亚秋：《社会记忆及其建构：一项关于知青集体记忆的研究》，《社会》2006 年第 3 期。

王济川、郭志刚：《Logistic 回归模型——方法与应用》，高等教育出版社 2001 年版。

王金营：《教育成就与经济增长：理论与实证》，中国财政经济出版社

2001年版。

王威海、顾源:《中国城乡居民的中学教育分流与职业地位获得》,《社会学研究》2012年第4期。

王兆萍:《转型经济发展中的文化断裂与贫困研究》,中国社会科学出版社2007年版。

吴谅谅、李宝仙:《大学毕业生的职业期望及其影响因素研究》,《应用心理学》2001年第3期。

吴愈晓:《中国城乡居民的教育机会不平等及其演变(1978—2008)》,《中国社会科学》2013年第3期。

谢宇、胡婧炜、张春泥:《中国家庭追踪调查:理念与实践》,《社会》2014年第2期。

谢作栩、王伟宜:《高等教育大众化视野下我国社会各阶层子女高等教育入学机会差异的研究》,《教育学报》2006年第2期。

谢作栩、王伟宜:《社会阶层子女高等教育入学机会差异研究——从科类、专业角度谈起》,《大学教育科学》2005年第4期。

谢作栩、王蔚虹、陈小伟:《我国女性高等教育入学机会的城乡差异研究》,《中国地质大学学报》(社会科学版)2008年第6期。

徐光华、陈万明、王怀明:《基于教育成就与投入资本博弈的企业剩余价值分配模式研究》,《管理世界》2006年第6期。

徐继岭:《文化资本对高等教育机会获得影响的研究——基于我国当前社会分层的视角》,硕士学位论文,西南大学,2010年。

徐平:《不同高校类型中农民阶层子女高等教育入学机会差异分析》,《高教探索》2006年第5期。

许嘉猷:《社会阶层化与社会流动》,三民书局1986年版。

[美]亚伯拉罕·马斯洛:《动机与人格》,许金声等译,中国人民大学出版社2007年版。

严善平:《大城市社会流动的实态与机制——来自天津市居民问卷调查的实证分析》,《中国社会科学》2000年第3期。

严善平:《教育成就、制度与工资差别——对大城市二元劳动力市场的实证分析》,《管理世界》2007年第6期。

杨素雯:《女性流动人口的生命历程事件分析——对北京市肖家河社区的实地研究》,硕士学位论文,中央民族大学,2010年。

叶婷、吴慧婷：《低家庭经济社会地位与青少年社会适应的关系：感恩的补偿和调节效应》，《心理学探新》2012年第1期。

余华、黄希庭：《大学生与内地企业员工职业价值观的比较研究》，《心理科学》2000年第6期。

俞文钊：《合资企业的跨文化管理》，人民教育出版社1996年版。

喻永红、李志：《当代大学生职业价值观的特点与教育对策研究》，《教育探索》2003年第12期。

张丽、辛自强、李洪儒：《青少年群体社会化的社会微环境研究》，《青年研究》2007年第3期。

张人杰主编：《国外社会教育学基本文选》，华东师范大学出版社1989年版。

张世勇：《生命历程视角下的返乡农民工研究——以湖南省沅江镇的返乡农民工为表述对象》，博士学位论文，华中科技大学，2011年。

张卫、李董平、谢志杰：《低经济社会地位与儿童发展》，《华南师范大学学报》（社会科学版）2007年第6期。

张晓、陈会昌、张银娜、孙炳海：《家庭收入与儿童早期的社会能力：中介效应与调节效应》，《心理学报》2009年7期。

张璇、王嘉宇：《关于分层线性模型样本容量问题的研究》，《统计与决策》2010年第15期。

赵莉莉：《我国城市第一代独生子女父母的生命历程——从中年空巢家庭的出现谈起》，《青年研究》2006年第6期。

周丽华、李晓文、乌阿茹娜：《动力系统观视野下的青少年发展研究》，《华东师范大学学报》（教育科学版）2012年第3期。

周雪光：《国家与生活机遇——中国中的再分配与分层（1949—1994）》，郝大海等译，中国人民大学出版社2015年版。

周怡：《解读社会：文化与结构的路径》，社会科学文献出版社2004年版。

邹佳、周永康：《国内有关生命历程理论的研究综述》，《黑河学刊》2013年第4期。

Alberto Bisin and Thierry Verdier, "'Beyond the Melting Pot': Cultural Transmission, Marriage, and the Evolution of Ethnic and Religious Traits," *The Quarterly Journal of Economics*, Vol. 115, No. 3., 2000.

Alexandra Wicht and Wolfgang Ludwig-Mayerhofer, "The Impact of Neighborhoods and Schools on Young People's Occupational Aspirations," *Journal of Vocational Behavior*, Vol. 85, No. 3, 2014.

Alice Sullivan, "Cultural Capita l and Educational Attainment," *Sociology*, Vol. 35, No. 4, 2001.

Ann S. Masten, "Resilience in Developing Systems: Progress and Promise as the Fourth Wave Rises," *Development and Psychopathology*, Vol. 19, No. 3, 2007.

Arne L. Kalleberg, "Work Values and Job Rewards: A Theory of Job Satisfaction," *American Sociological Review*, Vol. 42, 1977.

Audrey Collin and Richard A. Young, "New Directions for Theories of Career," *Human Relations*, Vol. 39, No. 9, 1986.

Christos Pantzalis and Jung Chul Park, "Equity Market Valuation of Human Capital and Stock Returns," *Journal of Banking and Finance*, Vol. 33, No. 9, 2009.

Clifford R. Shaw and Henry D. McKay, *Juvenile Delinquency and Urban Areas*, Chicago: University of Chicago Press, 1942.

Concha Delgado-Gaitan, "Sociocultural Adjustment to School and Academic Achievement," *The Journal of Early Adolescence*, Vol. 8, No. 1, 1988.

C. Jencks and S. E. Mayer, "The Social Consequences of Growing up in a Poor Neighborhood", in L. E. Lynn and M. G. H. McGeary, eds. *Inner-City Poverty in the United States*, Washington, D. C.: National Academy Press, 1990.

Daniel A. Powers and Yu Xie, *Statistical Methods for Categorical Data Analysis*, San Diego, C. A.: Academic Press, 2000.

De Graaf, Nan Dirk, Paul M. De Graaf and Gerbert Kraaykamp, "Parental Cultural Capital and Educational Attainment in the Netherlands," *Sociology of Education*, Vol. 73, No. 2, 2000.

Donald J. Treiman and Yip Kam-bor, "Educational and Occupational Attainment in 21 Countries", in Melvin L. Kohn, eds. *Cross-National Research in Sociology*, Beverly Hills, Calif.: Sage, 1989.

Dov Elizur and Abraham Sagie, "Facts of Personal Values: A Structural Analysis of Life and Work Values," *Applied Psychology: An International Review*, Vol. 48, No. 1, 1999.

Dov Elizur, "Facets of Work Values: A Structural Analysis of Work

Outcomes," *Journal of Applied Psychology*, Vol. 69, No. 3, 1984.

D. E. Super, *Manual for the Work Values Inventory*, Chicago: Riverside Publishing Company, 1970.

D. Brown, "The Role of Work and Cultural Values in Occupational Choice, Satisfaction and Success: Atheoretical Statement," *Journal of Counseling & Development*, Vol. 80, No. 1, 2002.

Erik H. Erikson, *Identity, Youth and Crisis*, New York: W. W. Norton & Company, 1968.

E. C. Ravlian and B. M. Meglion, "The Transitivity of Work Values: Hierarchical Performance Ordering of Socially Desirable Stimuli," *Organizational Behavior and Human Decision Process*, Vol. 44, No. 3, 1989.

Frank M. T. A. Busing, "Distribution Characteristics of Variance Estimates in Two-level Models," *Netherlands: Psychometric and Research Methodology*, 1993.

Gail L. Zellman and Jill M. Waterman, "Understanding the Impact of Parent School Involvement on Children's Educational Outcomes," *Journal of Educational Research*, Vol. 91, No. 6, 1998.

Gary S. Becker, "Investment in Human Capital: A Theoretical Analysis," *Journal of Political Economy*, Vol. 70, No. 5, 1962.

George A. Akerlof, "A Theory of Social Custom, of Which Unemployment May Be One Consequence," *The Quarterly Journal of Economics*, Vol. 94, No. 4, 1980.

G. H. Elder, J. S. Eccles, M. Ardelt and S. Lord, "Inner-City Parents under Economic Pressure: Perspectives on the Strategies of Parenting," *Journal of Marriage and the Family*, Vol. 57, No. 3, 1995.

G. H. Elder, Monica Kirkpatrick Johnson and Robert Crosnoe, "The Emergence and Development of Life Course Theory", in Michael J. Shanahan, Jeylan T. Mortimer and Monica Kirkpatrick Johnson, eds. *Handbook of the Life Course*, New York: Kluwer Academic Publishers, 2003.

G. J. Duncan and J. Brooks-Gunn, *Consequences of Growing Up Poor*, New York: Russell Sage, 1997.

G. Ballarino, F. Bernardi, M. Requena and H. Schadee, "Persistent Inequalities? Expansion of Education and Class Inequality in Italy and Spain,"

European Sociological Review, Vol. 25, No. 1, 2009.

G. H. Elder and M. J. Shanahan, "The Life Course and Human Development", in William Damon and R. M. Lerner, eds. *Handbook of Child Psychology: Theoretical Models of Human Development*, New York: Wiley and Stone, 2006.

H. Sebald, "Adolescents' Shifting Orientation toward Parents and Peers: A Curvilinear Trend over Recent Decades," *Journal of Marriage and the Family*, Vol. 48, No. 1, 1986.

Ingrid Schoon and Sam Parsons, "Teenage Aspirations for Future Careers and Occupational Outcomes," *Journal of Vocational Behavior*, Vol. 60, No. 2, 2002.

I. Youniss, "Parent-adolescent Relationships", in W. Damon, eds. *Child Development Today and Tomorrow*, San Francisco: Jossey-Bass Inc, 1986.

James S. Coleman, "Social Capital in the Creation of Human Capital," *American Journal of Sociology*, Vol. 94, 1988.

Jerald G. Bachman, *Youth in Transition: Volume II, The Impact of Family Background and Intelligence on Tenth-grade Boys*, Ann Arbor: Institute for Social Research, 1970.

Jerry Trusty, "Paper High Educational Expectations and Low Achievement: Stability of Educational Goals Across Adolescence," *Journal of Educational Research*, Vol. 93, No. 6, 2000.

John Hobcraft and Kathleen Kiernan, "Childhood Poverty, Early Motherhood and Adult Social Exclusion," *British Journal of Sociology*, Vol. 52, No. 28, 2001.

J. L. Holland, *Making Vocational Choices: A Theory of Vocational Personalities and Work Environment*, Odessa Florida: Psychological Assessment Resources, 1997.

J. L. Holland, "A Theory of Vocational Choice," *Journal of Counseling and Development*, Vol. 6, No. 1, 1959.

J. O. Jonsson, C. Mills and W. Müller, "A Half Century of Increasing Educational Openness? Social Class, Gender and Educational Attainment in Sweden, Germany and Britain", in R. Erikson and J. O. Josson, eds. *Can Education Be Equalized? The Swedish Case in Comparative Perspective*, Boulder, Colorado: Westview Press, 1996.

J. S. Schulenberg, F. W. Vondracerk and A. C. Crouter, "The Influence of the Family on Vocational Development," *Journal of Marriage and the Family*,

Vol. 46, No. 1, 1984.

J. Hox, "Multilevel Modeling: When and Why", in Ingo Balderjahn, R. Mathar and M. Schader, eds. *Classification, Data Analysis, and Data Highways*, Germany: Springer-Verlag, 1998.

K. U. Mayer, "Life Courses and Life Chances in a Comparative Perspective", in S. Svallfors, eds. *Analyzing Inequality: Life Chances and Social Mobility in Comparative Perspective*, Palo Alto, C. A. : Stanford University Press, 2005.

K. U. Mayer, "Promises Fulfilled? A Review of 20 Years of Life Course Research," *Archives Européennes de Sociologie*, Vol. 41, No. 2, 2000.

K. U. Mayer, "Retrospective Longitudinal Research: the German Life History Study", in Menard, S. , eds. *Handbook of Longitudinal Research*, San Diego: Elsevier, 2007.

K. U. Mayer, "The Sociology of the Life Course and Lifespan Psychology: Diverging or Converging Pathways", in M. L. U. E. Tin Staudinger, eds. *Understanding Human Development: Lifespan Psychology in Exchang*, New York: Springer, 2003.

K. U. Mayer, "Whose Lives? How History, Societies and Institutions Define and Shape Life Courses," *Research in Human Development*, Vol. 1, 2004.

Lawrence L. Wu and Jui-Chung Allen Li, "Historical Roots of Family Diversity: Marital and Childbearing Trajectories of American Women," in Settersten Jr. , Richard A. , Frank F. Furstenberg and Rubén G. Rumbaut, eds. *On the Frontier of Adulthood: Theory, Research, and Public Policy*, Chicago: Chicago University Press, 2005.

Lseter C. Thurow, *Investment in Human Capital*, Belmont, California: Wadsworth Publishing Company, 1970.

L. B. Otto, *Helping Your Child Choose A Career*, IN: JIST Works, Inc. 1996.

L. B. Otto, "Youth Perspectives on Parental Career Influence," *Journal of Career Development*, Vol. 27, No. 2, 2000.

L. E. Issacson and D. Brown, *Career Information, Career Counseling, and Career Development*, M. A. : Allyn & Bacon, 2000.

L. K. George, "Life Course Research: Achievements and Potential," in J. T. Mortimer and Shanahan M. J. , eds. *Handbook of the Life Course*, New York:

Kluwer Academic Publishers, 2003.

Maarten Pinxten, Bieke De Fraine, Wim Van Den Noortgate, Jan Van Damme and Dickson Anumendem, "Educational Choice in Secondary School in Flanders: The Relative Impact of Occupational Interests on Option Choice," *Educational Research and Evaluation*, Vol. 18, No. 6, 2012.

Mark Elder, Ken Tarr and David Leaming Md, "The New Zealand Cataract and Refractive Surgery Survey 1997/1998," *Clinical & Experimental Ophthalmology*, Vol. 28, No. 2, 2000.

M. P. Rice, "Intervention Mechanisms Used to Influence the Critical Success Factors of New Ventures: An Exploratory Study", in *Centre for Entrepreneurship of New Technological Ventures, Rensselaer Polytechnic Institute*, New York: Troy, 1992.

M. Ros, S. H. Schwartz and S. Surkiss, "Basic Individual Values, Work Values, and the Meaning of Work," *Applied Psychology: An International Review*, Vol. 48, No. 1, 1999.

M. Ros, "The Structure and Meaning of Values and Political Orientations", paper delivered to the 23rd International Congress of Applied Psychology, Madrid, July, 1994.

M. J. Shanahan, "Pathways to Adulthood in Changing Societies: Variability and Mechanisms in Life Course Perspective," *Annual Review of Sociology*, Vol. 26, No. 1, 2000.

Nancy Burns and K. G. Susan, *The Practice of Nursing Research*, Philadelphia: W. B. Saunders Company, 1998.

N. Yossi Shavit and Mueller Walter, "Vocational Secondary Education, Tracking and Occupational Attainment in a Comparative Perspective", in T. Hallinan Maureen, eds. *Handbook on Sociology of Education*, New York: Plenum Publishing, 2000.

Oscar Lewis, *La Vida: A Puerto Rican Family in the Culture of Poverty*, Toronto: Random House of Canada, 1965.

Peter M. Blau and Otis Dudley Duncan, *The American Occupational Structure*, New York: John Wiley & Sons, 1967.

Pierre Bourdieu, "The School as a Conservative Force: Scholastic and Cultural Inequalities", in J. Eggleston, eds. *Contemporary Research in the Sociology of*

Education, London: Methuen, 1974.

Richard A. Young and John D. Friesen, "The Intentions of Parents in Influencing the Career Development of Their Children," *The Career Development Quarterl*, Vol. 40, No. 3, 1992.

Richard A. Young, "Helping Adolescents with Career Development: the Active Role of Parents," *The Career Development Quarterly*, Vol. 42, No. 3, 1994.

Richard A. Young, "Toward an Ecology of Career Development," *Canadian Counsellor*, Vol. 18, No. 4, 1984.

Richard Breen and Jan O. Jonsson, "Inequality of Opportunity in Comparative Perspective: Recent Research on Educational Attainment and Social Mobility," *Annual Review of Sociology*, Vol. 31, 2005.

Richard Breen and John H. Goldthorpe, "Explaining Educational Differentials: Towards a Formal Rational Action Theory," *Rationality and Society*, Vol. 9, No. 3, 1997.

Rolf Becker, "Educational Expansion and Persistent Inequalities of Education Utilizing Subjective Expected Utility Theory to Explain Increasing Participation Rates in Upper Secondary School in the Federal Republic of Germany," *European Sociological Review*, Vol. 19, No. 1, 2003.

Ross D. Parke and Raymond Buriel, "Socialization in the Family: Ethnic and Ecological Perspectives", in W. Damon and N. Eisenberg, eds. *Handbook of Child Psychology*, New York: Wiley, 1998.

R. Hoppock, *Job Satisfaction*, NewYork: Harper & Row, 1935.

R. Breen and Meir Yaish, "Testing the Breen-Goldthorpe Model of Educational Decision Making", in S. L. Morgan, D. B. Grusky and G. S. Fields, eds. *Mobility and Inequality*, Stanford: Stanford University Press, 2006.

Stephen P. Robbins and Timothy A. Judge, *Organizaitonal Behavior* (Edition 16), New Jersey: Pearson Education, Inc., 2015.

S. Erikson and J. O. Jonsson, "Explaining Class Inequality in Education: The Swedish Test Case in Comparative Perspective," *West View*, 1996.

S. M. Lynch, "Race, Socioeconomic Status, and Health in Life-course Perspective-Introduction to the Special Issue," *Research on Aging*, Vol. 30, No. 2, 2008.

Theodore W. Schultz, "Investment in Human Capital," *American Economic Review*, Vol. 51, No. 1, 1961.

Thomas J. Berndt and Keunho Keefe, "Friends' Influence on Adolescents Adjustment to School," *Child Development*, Vol. 66, No. 5, 1995.

Tore Lindbekk, "The Education Backlash Eypothesis: The Norwegian Experience 1960 – 92," *Acta Sociologica*, Vol. 41, 1998.

T. D. Cook, M. R. Herman, M. Phillips and R. A. Settersten Jr, "Some Ways in Which Neighborhoods, Nuclear Families, Friendship Groups, and Schools Jointly Affect Changes in Early Adolescent Development," *Child Development*, Vol. 73, No. 4, 2002.

T. Janssen, *Determinants of Parents' Aspirations and Expectations for Their Children's Educational and Occupational Attainments*, Ph. D. dissertation, The University of Wisconsin-Madison, 1982.

Urie Bronfenbrenner and P. A. Morris, "The Bioecological Model of Human Development", in W. Damon and R. M. Lerner, eds. *Handbook of Child Psychology* (Vol. 1), New York: Wiley, 2006.

Urie Bronfenbrenner, *The Ecology of Human Development: Experiments by Nature and Design*, Cambridge, M. A. : Harvard University Press, 1979.

V. A. Freedman, L. G. Martin, R. F. Schoeni and J. C. Cornman, "Declines in Late-life Disability: The Role of Early- and Mid-life Factors," *Sociological Science and Medicine*, Vol. 66, No. 7, 2008.

William H. Sewell and Robert M. Hauser, "A Review of the Wisconsin Longitudinal Study of Social and Psychological Factor s in Aspirations and Achievements 1963 – 1992," *Center for Demography and Ecology*, Working Papers, 1993.

W. Müller and M. Gangl, *Transitions from Education to Work in Europe: The Intergration of Youth into EU Labour Market*, Oxford: Oxford University Press, 2003.

Xueguang Zhou and Liren Hou, "Children of the Cultural Revolution: The State and the Life Course in the People's Republic of China," *American Sociological Review*, Vol. 64, No. 1, 1999.

Yu Xie and Kimberly Goyette, "Social Mobility and Educational Choices of Asian Americans," *Social Science Research*, Vol. 32, No. 3, 2003.

附　录

附录一　访谈提纲

亲爱的＿＿＿＿＿＿＿＿同学：

您好！

首先衷心感谢您在紧张的学习之余抽出时间接受我的访谈。

本访谈是为研究"职业期望、教育获得与社会流动"而设计。您的回答不会对您的学习和生活造成任何影响，而且您的回答没有正确与错误之分，但您是否如实回答一些问题，将对访谈结果的真实性和研究结论的准确性有重要影响，因此，请您实事求是回答以下问题。

非常感谢您的合作，祝您生活学习愉快！

第一部分　个人基本情况

1. 年龄、性别、籍贯，家在农村、县城，还是城市？
2. 小学、初中、高中、大学是在哪里上的？是在村里、镇上、县里，还是城市？
3. 父母的受教育程度、职业、党员身份、其他身份。
4. 父母的性格、处事方式，母亲和父亲的影响力。

第二部分　职业期望的形成及影响因素

5. 以前你有没有写过关于"长大后你最想成为_____"的作文或者人生规划？
6. 当时你写的想成为什么？
7. 那是什么时候的事？小学、初中还是高中？
8. 你为什么想成为_____？你觉得这个职业好在哪里？
9. 你的职业期望是否受到他人的影响？是因为你的父母或者亲戚从事这样的职业吗？还是受到谁的影响？他和你是什么关系？是什么样的事情影响了你？
10. 你家的经济收入、爸妈的工作或者职务是否影响你的职业理想？
11. 你的职业理想是否调整过？调整过几次，都是什么？为什么调整？受什么事情或者因素影响了吗？
12. 请你总结一下你的职业期望的调整过程，如何产生、形成和逐渐明确的？包括受到什么因素的影响，如何调整的？
13. 你觉得当时你的职业期望更倾向于以下哪个类型？

类型	职业期望类型	你的主导型类型是哪一个
1	能推动社会发展的职业	
2	助人、为社会服务的职业	
3	得到人们的高度评价的职业	
4	受人尊敬的职业	
5	能赚钱的职业	
6	虽平凡,但有固定收入的职业	
7	若不为人所用,就自谋职业	

第三部分　职业期望是否影响教育期望

14. 当时是否有教育期望？当时希望自己上多少年的学？
15. 你觉得你上学的目的是什么？
16. 你当时是否知道，要实现自己的职业理想，需要多高的受教育程度？

17. 你的职业期望是否与你的教育期望有关？你觉得是怎么回事？请你具体说说你的职业期望是怎样影响你的教育期望的。

第四部分　职业期望对教育获得的影响

18. 在你的教育历程中，你觉得哪些因素决定了你是否继续接受教育，以及接受哪种类型的教育？
19. 你个人的主观价值倾向，比如职业期望，是否影响你和家庭的教育决策？
20. 你当时是否想过，怎样做才能实现自己的职业理想？你能叙述出你的实现路径吗？
21. 你是否会为了实现自己的职业理想而更加努力学习，或者争取考上更好的重点高中、重点大学？或者为了成为一名技术人员，而选择职业教育？
22. 你觉得心中的职业理想是否激励你学习更努力，是否有利于你的升学？在升学与否以及选择学校、专业时，你是否将你的职业理想考虑进去再做决策？职业期望是否影响你的升学和教育轨道转换？你的情况是怎么的？
23. 如果有影响，你能总结一下吗？说说你的职业期望在你的教育历程中的作用，职业期望对你学习动力和各教育阶段的升学和路径转换的影响。
24. 就职业期望对教育获得是否有影响，你认为是怎么回事？有其他不一样的体会或者看法吗？

附录二　主要访谈内容

个案1：女，21岁，中专学历，中国社会科学院研究生院物业公司会服人员

时　间：2015年3月20日上午8:00
地　点：中国社会科学院研究生院

访谈员：戈艳霞

访谈员：你好！我是中国社会科学院研究生院的研究生，最近在做一个关于职业理想和教育经历的研究。主要了解一下你之前是否有过职业理想，是什么样的职业理想，它是否影响你的教育计划，关于这方面的情况，我想和你做个简短的访谈，可以吗？

小　张：我没有上过高中，我上的中专。

访谈员：嗯，你上中专的时候有没有职业理想（打算将来从事的职业）？考虑到你将来想从事的职业，你是否做过教育计划？比如你选择上中专，是否有想过将来从事什么职业？是否了解从事这种职业需要什么样的教育水平、积累哪方面的知识？是否根据职业理想做过教育计划？

小　张：那会儿就想考师范当老师，然后家长就说了很多（不赞成的）原因，说师范怎样怎样的（就业不理想）。受家里的影响就学了财会了，不过也一直没有正经地干财会。

访谈员：这是你上初中的时候吗？

小　张：对。想当老师。然后家里就说老师现在还得转正，不好转，工资也很低。家里人让学财会，然后就上中专学财会，学了三年。快毕业的时候去实习，实习半年之后没有干财会，（转行）做销售了。就感觉做销售特别好，挺适合的。然后老师那个时候就劝我继续上大专，但是我没有上，中专毕业之后出来学的财会。

访谈员：毕业后找的什么工作？

小　张：干了一段时间财会，还教了半年小学。

访谈员：你现在的工作是负责什么的？还是财会吗？

小　张：不是，现在做会服。就是咱们学校会议室，你们开会的时候我们去服务。

访谈员：你今年有多大？

小　张：20 岁。

访谈员：哪里人？

小　张：山西临汾的。

访谈员：你刚才大概地描述了一下，我想再细细聊一聊。你当时想上师范当老师，你为什么想当老师呢？是因为这个职业受人尊敬吗，还是其他原因?

小　张：因为当时我们学校施行那种教育方式，是学生讲课，老师听课，学生必须有充裕的时间自己预习。我们当时上课都是六个人一组，学校教室一圈都是黑板，是这种教学模式。每节课老师抽学生上讲台去讲，讲完之后老师会去补充，特别开放的教学方式。每次我都去讲课，就感觉有点想当老师。

访谈员：在这个过程中你获得了别人的肯定吗？获得了成就感？感觉特别好，是吗？

小　张：对，特别有成就感。

访谈员：你们那儿的教学方式还是很特别的哈。

小　张：嗯，当时我们校长忘了去的哪里考察了一圈，回来给我们全校放的那种改革视频，全校学生都是这么上课，学生讲课，老师听课，老师补充。当时我们初三那一年整个都是这样，从初一下半年开始改革的。上课六个人一组，桌子围一圈，教室一圈都是黑板，比如说今天学新课，老师抽同学上去讲，讲完之后老师再上去补充，添补改正之类的。我觉得这种教学方式非常生动有趣。上了中专之后，晚上自习，同学不会，都是我上去给他们讲的。

访谈员：如果说升学的话，这种方式对你分数的提高有帮助吗？

小　张：有啊，有很大的帮助。第一，因为它能促进你课前提前预习，这个特别好，不预习老师抽到你，你肯定啥也不会。第二，上课讨论，我们六个人一组面对面坐着，就特别好，就比较好讨论，以讨论的形式去上课，不同的意见就可以相互辩论，其实挺好的。

访谈员：可以说那段经历对你想当老师的影响很大吗？

小　张：对。所以我从那会儿就觉得自己特别适合当教师。

访谈员：家人之所以让你去学财会具体是因为什么原因？只是因为工资更高一些吗？

小　张：也不是工资高一些，因为我爸妈以前老去会计室看那些老会计做账，看人家也不是很累，脑子特别灵活，做账特别有实力，一个人记过好几个公司的账，一个月就忙几天，就觉得特别厉害。哪个公司的账捋不顺了，人家去了一会儿账就顺了，这个行业学通了就特别吃香，这个行业也不容易失业，想得也挺长远。

访谈员：那你父母是做什么的？

小　　张：我爸搞建筑的，我妈就在家呢。

访谈员：嗯，你后来为什么没有干财会？是有什么因素影响了你？

小　　张：财会这方面一是说毕业工作也不好找，学校把我分配到了高速公路管理处，那个时候是新建的高速公路管理处，让去实习，当时考到学校前90名的同学都分配到了不错的工作，我就不想去，家里人说让我去，但我就不想去，一心想教学，然后就自己投简历，就去教学了，教了有半年，教的小学，感觉太不容易了，其实根本就没有自己想的那么好，工资比期望的也太低了，那个时候挣几百块钱，然后就放弃了。

访谈员：放弃了后来干什么了？

小　　张：后来说找会计。那时候正儿八经大学毕业做会计的也都二十三四岁，我才19岁，比较好一点的单位、稍微大一些的会计单位也不太可能用我，因为年龄还小，做人家也不放心。再一个就是毕竟是上的中专嘛，看似是上的三年，实际上只学了两年正儿八经的知识，知识也不是特别深，虽然在学校表现得挺好吧，但也学得不是特别深，如果大专再上三年，可能会学得更深入一些。然后，刚出来也没有正儿八经地接触过会计工作，所以也不敢尝试。后来托关系去会计师事务所学了有两个月吧，就做出纳了，就这样。学历是中专，在这个行业也只能做到出纳。再后来就来北京了，就是玩儿来了。

访谈员：你觉得学的专业知识不够深、不够精？你中专在哪个学校读的？

小　　张：在运城上的，运城市财经学校，还是一个比较出名的财会学校。

访谈员：刚才你说是别人想让你继续考大专？还是你自己想考的？

小　　张：家里人让我考，老师也劝我让我考，可是当时我就一直不想上。

访谈员：为什么不想上？

小　　张：那个时候应该是正在做销售呢，返回学校就已经快毕业了，就分配到了高速公路，那时候已经年底了，是二十四号放假，正月十六去报到，已经报了名了，都弄好了，可是到了跟前了就不想去了，就一直给我们那边县里投简历去做教师。

访谈员：你没有读大专的原因是不想去，为什么不想去啊？

小　　张：那个时候脑子就特别简单，当时就感觉我学得还行，因为在学校当班长、学习委员，那会儿还可以，就感觉差不多，怎么都不想

附 录

继续学了，应该出去找份工作了，觉得找份好工作应该不成问题，可是出来碰的壁太多了。

访谈员：是不是说，当时觉得自己的知识是足够的，然后去找工作，到了市场上才发现不够？

小　张：对。去年还一直想着，会计证考下来了嘛，就还想继续往上考，还想考一下成人考，提升一下自己的学历，考函授。

访谈员：你之前还当过半年老师？是因为你喜欢这个职业吗？

小　张：对，校长给我打电话，上了一节课，校长坐在下面，讲完之后校长让我回去等通知，过了好几天也没有回信，我妈说让我别等了，去找别的工作吧，结果学校就通知我去上班，就去干了。

访谈员：感觉这个工作怎么样，和你想象之中的教师那个工作有什么差距没有？

小　张：有一点点吧，当教师还挺不容易的，起早贪黑的。因为是私立学校，学生都是住校的，管得挺严的。小孩嘛，特别难搞，我带一年级，才6岁，有的小孩都不能自理，特别可怜，还得帮他们擦屁股。但也挺可爱的。那个时候我才19岁吧，做了有半年吧，那时候工资才四百块钱。

访谈员：工资够你吃饭吗？管吃住吗？

小　张：管吃住，当时我就没有考虑到工资什么的，因为教师这个职业我喜欢，毕竟我不是师范毕业的，人家能录用我，我讲得了课就已经很不容易了，我很知足。第二个，我喜欢，我可以试试啊，如果这一学期我带好了呢，我带上一两个学期，我可以去别的学校应聘，这样我有资历嘛，我是这样想的。但也没有坚持到底吧。

访谈员：你计划未来做什么职业？还继续做会服吗？

小　张：财会吧。之前学了财会但没有正儿八经地接触过财会，会计证还需要年检，挺麻烦的。我妈说，还是希望我过完年继续把财会这门学精自己这行，毕竟上了三年学也不能浪费。

访谈员：如果计划从事财会的职业，你觉得你现在的学历和经验是否准备好了？

小　张：这些资历肯定还不行，我爸妈说找个老会计先学，带我一段时间。

访谈员：在财会行业，跟老会计学，也需要找熟人吗？

小　　张：我感觉直系亲属吧，能手把手地带。如果你也是托熟人找一个老会计，人家是不会手把手地教你的。我在会计师事务所学了两个月我知道，人家都是特别老的会计，你就是看眼色行事，根本不会手把手地带你。刚开始我们去了就是什么也不干，就光给人家叠凭证啊，订啊，缝啊，粘啊，就干杂活。我还是找的关系，我姨是老师，她的学生也是大学毕业当了会计，在会计师事务所，然后我就跟人家学，还照顾我一些，还让我坐在电脑前做账啊，因为里面也是很多刚毕业的，像我这样的学员，但整天坐在那根本就没人管，你愿意就看别人做，不愿意就一直坐在那。还是直系亲属好一点，可以手把手地带你，做错还会给你指出来。像我们这样人家就不管你，你做对也不说，做错也不说。

访谈员：你觉得做财会对学历有什么要求？

小　　张：我感觉没有。因为我好多同学，我们班的几个同学，我们几个学习的人，而且是有会计证的，没有做会计，而以前那些不学习的，现在他们考了会计证了，又成了会计了，人家也是有关系或者社会途径，比如舅舅啦，或者是在哪个公司啊，可以弄进去，给他们做了会计了，像我们这样正儿八经学会了会计的，有会计证的人，都还没有找到一个合适自己的工作。当时在学校不学习的、捣蛋的，有几个现在生活得还可以吧。所以说，现在社会关系挺重要的。

访谈员：像你们这门专业，是在学校就能学到，还是实践锻炼更重要一些？

小　　张：实践更多吧，因为在学校学的东西，出来以后80%都用不上。每个企业的会计还都不一样。很早以前，为什么会说一些孕妇她们不上班在家里自学会计，自己报考，有了会计证就可以自己上班了。反正实践性还是比较强的。在大学里面学到的东西深是深一些，但是没有实践，如果不能上手操作，你还是不会。在学校学到的只是一些表面的知识，出来之后还是不会。现在很多企业都是电算化，很方便。

访谈员：我再补充问一下，你第一个职业理想是老师，因为你们学校那个教学方式对你影响很大，那你的家里人、亲戚朋友有没有对你有所影响？

小　　张：有，我姨的闺女就当的教师。她当时学的就不是师范，我姐学的英语，我当时英语也挺好的，她毕业之后就去当的英语老师，就挺好的。
访谈员：好在哪？比如几个方面，工资待遇、工作稳定性或者是一个女生当老师的话，别人听起来感觉怎么样？
小　　张：当时我记得我去小学当老师的第一天，校长就跟我说，一个女孩子以后肯定要谈婚论嫁的，别人问起来，认为你是医生、老师，会感觉特别伟大，但要是说你是一个服务员的话，各方面素质就没有那么高大上啊。这是我第一天上班那个校长跟我说的第一句话。这句话很打动我，因为在人们的价值观念里，老师、医生这样的职业还是能够得到别人的认可、尊重。
访谈员：你看这个问卷里有七个类型的选项，你觉得哪一个在你的职业理想里更占主导作用？
小　　张：这个吧，助人、为社会服务的职业。
访谈员：好的，访谈结束了，谢谢你的参与和支持！

个案2：女，21岁，中专学历，中国社会科学院研究生院物业公司会服人员

时　　间：2015年1月30日上午11：08
地　　点：中国社会科学院研究生院
访谈员：戈艳霞

访谈员：你好！我是中国社会科学院研究生院的研究生，最近在做一个关于职业理想和教育经历的研究。主要想了解一下你之前的职业理想和教育经历。我想和你做个简短的访谈，可以吗？
小　　段：可以。
访谈员：你的学历是？
小　　段：中专，幼师。
访谈员：你为什么想学幼师而不是想学其他的？比如说中小学老师。
小　　段：老师要想往上教的话，文化程度得高，首先你得爱学习，我那会儿不太爱学习，幼师呢，教小孩主要也不是看的文化程度，主要还是娱乐、玩儿。

访谈员：你之前就一直想做一名幼师吗？你在初中的时候也是这样想的吗？

小　段：初中没想那么多，是毕了业以后。

访谈员：初中的时候你有没有想过以后干点什么？

小　段：那时候也没好好上学，每天也不好好学习。

访谈员：那你那时候有没有想过将来做点什么？比如做老师、军人、演员之类的，不是一想而过的，是那种认真考虑过的。

小　段：我从小就喜欢唱歌，我就想当音乐老师，到初中的时候，就有过这样一个念想，音乐课上比较喜欢学，就想长大以后当个音乐老师。我们在上幼师的时候也有这个专业，当然也不是就学这个，上幼师就包括弹琴、音乐、舞蹈，都有，主要就是学声乐、舞蹈和美术这三个专业。

访谈员：所以其实幼师所学的知识和你之前想做一名音乐老师有一定的联系，是吗？

小　段：对，有一定的联系。

访谈员：音乐老师也有很多种，比如像你刚才所说的幼师，还有高中音乐老师、大学音乐老师这些，你初中的时候知道这些吗？

小　段：初中的时候没有往那么远的地方想。没有接触过大学音乐老师，当时就单纯地这么想，就是感觉对这方面挺感兴趣的。另外，也是根据自己的学习情况定的。因为现在上学都看分数的，按照我的成绩上专科，毕业以后可以当一名幼师。

访谈员：如果从这个专业的角度来讲，做一名音乐老师需要积累很多音乐专业方面的知识，比如声乐知识。你在幼师所学的虽然也包含这些知识，但在幼师里面学的这个知识和如果你再努力一把去大学专门学音乐之间，你觉得有差别吗？

小　段：肯定有差别。在幼师里面也不单单就学声乐，还有其他的课程，如果你继续上大学，专门学声乐这个专业，肯定是有一定差别的。

访谈员：你当时的理想是从事音乐这方面的工作，是否激励你做更多的努力呢？

小　段：其实以前初中也专门上过这种课，在声乐特长班。

访谈员：你上了多长时间？

小　　段：上了有差不多一年吧。
访谈员：那你参加的是艺术类高考还是普通高考呢？
小　　段：艺术类的。
访谈员：上艺术类特长班是不是需要花很多钱？
小　　段：是的，那个需要花很多钱。
访谈员：那你高考的时候是音乐专业课的分数还是基础知识的分数的问题导致你高考分数相对来说不理想的？
小　　段：基础知识。
访谈员：是基础知识这方面太放松了吗？
小　　段：对，基础知识这方面太过放松了。
访谈员：当时要考一个不错的学校学音乐，对基础知识的要求你清楚吗？
小　　段：肯定是清楚的，因为要考一个比较好的音乐学校，基础知识首先要掌握得扎实，如果没有扎实的基础知识，好的学校是不那么容易考的。
访谈员：你高考之后选专科，应该还有其他音乐相关的专业可以选，为什么没有选其他的专业而选择了幼师这个专业呢？
小　　段：因为我本身也比较喜欢小孩子。我之前在幼儿园干过好几年了。
访谈员：是中专毕业之后吗？
小　　段：嗯，中专毕业之后干了有两年。
访谈员：你选择做幼师，是因为你本身的兴趣爱好吗？
小　　段：对，我的性格也是比较开朗的，也比较喜欢和孩子接触。
访谈员：那你现在做什么工作？
小　　段：会服，出来闯荡一年，过完年就回去。
访谈员：这个职业你觉得和你之前所学的知识有联系吗？
小　　段：没联系。
访谈员：你觉得现在这个职业对人的学历、专业技能有要求吗？
小　　段：其实也需要一些技能，做会服要给领导服务，首先形象要好，领导来了，怎么服务、怎么安排都需要掌握。
访谈员：还是需要一些处理事情的能力，对吗？
小　　段：对。
访谈员：除了你现在做的工作和之前想做的工作，你还有其他的想做的工作吗？

小　　段：没有，我还是对幼师一直挺感兴趣的，我打算过年回家之后继续做幼师。

访谈员：你做了一年多的幼师吗？在你们家那边吗？

小　　段：对，一年多，在我们家乡那边，教小孩子唱歌跳舞。不过现在幼儿园的小孩子学的东西也挺多的，现在家长对孩子也很重视的，幼儿园的孩子的学习压力也挺大的。

访谈员：那你有没有压力呢？

小　　段：你选择了这个行业，肯定是有压力的，因为幼师是和小孩子接触，有时候也需要看怎么教，怎么让他们在幼儿园开心快乐，不管干什么，都需要一定的专业技能。

访谈员：那你觉得这些专业技能是从学校里学到的多呢，还是从个人的亲身实践中得到的多呢？

小　　段：还是亲身实践中得到的多。因为在学校和在社会中毕竟是不一样的，出了学校真正在这个社会上接触的时候，肯定是不一样的。

访谈员：你是经过专业训练的幼师，你有幼师的执业证，别人不是专科毕业的，也没有相关的教育学的经历，你觉得你和这些人比的话，在做这件事的时候，优势在哪里、差别在哪里？你觉得学历重要吗？

小　　段：有时候也没有关系，也要看自己的能力，也不是光靠学历的，上班虽然也要看学历，但我觉得能力比较多一些。

访谈员：你觉得在什么职业中学历的影响大一些，在什么职业中专业技能的影响更大一些？你可以举一些例子吗？

小　　段：比如说高级白领，对学历的要求就更高一些，但比如我们幼师，就是需要积累经验，怎么抓住小孩的心理，还是需要一些专业技能的。

访谈员：这些是需要在和小孩的接触过程中才能学到吗？

小　　段：对，要跟小孩沟通，看用什么样的方式去哄他。比如有的小孩不喜欢上学，就要看用什么样的方式去哄，让他高高兴兴地来上学。

访谈员：也就是说这个沟通技能、教导技能、引导技能是从和小孩接触的实践中得到，对吗？

小　　段：对。

访谈员：学历没有太大影响，对吗？

小　段：对。

访谈员：除此之外，还有其他的因素吗？比如说你父母对这个事情怎么看的？他们会不会影响你选择？

小　段：不会，他们尊重我的想法，看我喜欢做什么，想选什么专业，完全看我自己的想法。

访谈员：你的父母对你的选择没有一点看法吗？

小　段：没有，他们完全看我的想法。

访谈员：你父母是做什么的？

小　段：做生意的。

访谈员：什么生意？

小　段：卖羊汤的。

访谈员：他们对你有什么职业期望吗？

小　段：没有，他们完全看我的兴趣爱好，我喜欢什么就选择什么，没有太多过问。

访谈员：你身边的亲戚或者好朋友之类的人对你自己将来工作的打算有没有什么影响？

小　段：没有，周围的亲戚朋友也都挺支持的，父母也都挺支持的，按照自己的兴趣爱好做事情。

访谈员：你家里的经济情况会不会对你的职业选择有影响？比如说你家里的经济情况怎么样？是比较宽裕呢，一般呢，还是比较紧张呢？

小　段：中等吧。

访谈员：你初中的时候在特长班学了一年，花了大概多少钱？

小　段：大概不到一万元吧，我们那儿没有超过一万元的。

访谈员：你是在市里还是在县里上的？

小　段：在县里，襄汾。

访谈员：当时你初中的时候的学费，尤其是这个特长班，你觉得经济压力大吗？

小　段：也还行吧。

访谈员：你们家几个孩子啊？

小　段：两个。

访谈员：你是老大还是老二？

小　　段：老二，还有一个姐姐。
访谈员：姐姐结婚了吗？
小　　段：结婚了。
访谈员：很早吗？还是在你上大学之前结的婚？
小　　段：在我上大学的时候结的。
访谈员：你姐姐是什么学历？
小　　段：高中毕业。
访谈员：她当初为什么没有考大学？距大学只有一步之遥了。
小　　段：我姐姐那会儿谈恋爱了，就结婚了。
访谈员：你觉得她有点可惜吗？
小　　段：也不可惜吧。
访谈员：为什么觉得不可惜呢？只有一步之遥了。
小　　段：也不是非要上大学，三百六十行，行行出状元，也不是非要上大学以后才能做什么，也不是学历高一些就可以过得更好一些，其实现在自己做点小生意也挺好的。
访谈员：你是否认同"读书无用"？
小　　段：不认同吧，一半一半吧。
访谈员：你能详细说说吗？现在社会上有一些"读书无用论"，就认为读书没有用，你刚才说是一半一半，你是怎么想的，能具体说一说吗？
小　　段：我觉得读书肯定用处大一些，多一点知识，学历高一些，找工作肯定更加好找，但是你上了学以后进入社会不一定可以适应得好。
访谈员：意思是上了学进入社会也不一定能发展得好，对吗？
小　　段：对。因为现在这个社会光有学历是不够的，还得有能力。
访谈员：你觉得社会关系重要吗？
小　　段：也重要。找工作也是要靠关系的。
访谈员：初中的时候为什么没有好好学习？
小　　段：肯定也有想过要好好学习，但学不进去。
访谈员：是对学习不感兴趣还是因为之前没有学会，再学就比较吃力？
小　　段：也有一些关系。
访谈员：是两样都占呢？还是其中的一种呢？

小　　段：两样都占。以前没有好好学习，落下的功课比较多，后面学起来就比较吃力。

访谈员：你是从什么时候开始不好好学习的？

小　　段：好像是初中的时候。

访谈员：当时是为什么突然就不好好学习了？是什么事情影响你了吗？

小　　段：青春期叛逆吧，当时也小，不懂事。

访谈员：你认为学历不是很重要，技能更重要一些，是这样吗？

小　　段：是的。

访谈员：这个问卷里有一个你初中的职业理想更倾向于哪一种，有七个选项，你觉得哪一个类型对你来说是占主导的？可能每一种都会有一点，但选出一个更占主导作用的选项。

小　　段：我觉得是这个（能赚钱的职业）。因为就其他选项来说，当时也没想那么多。那时就是那个想法，也没多想，以后如果找工作就要找赚钱多的。

访谈员：今天的访谈就到这里吧，谢谢你的参与和支持！

个案3：女，35岁，初中学历，中国社会科学院研究生院物业公司中层管理人员

时　　间：2015年3月30日上午9：30

地　　点：中国社会科学院研究生院

访谈员：戈艳霞

访谈员：你好！我是中国社会科学院研究生院的研究生，最近在做一个关于职业理想和教育经历的研究。主要了解一下你之前是否有过职业理想，是什么样的职业理想，它是否影响你的教育计划。关于这方面的情况，我想和你做个简短的访谈，可以吗？

小　　赵：可以，我听了你访谈她俩，觉得这个很重要，很有意义。

访谈员：我是想找不同的受教育程度的人了解一下，我想看一看他们之前有没有职业理想，是不是他们的职业理想本来就很低，所以导致他们的受教育程度就很低。

小　　赵：跟这个有关系，也跟后来与社会接触有关系。我就先不看题目了，就比如说我，我是初中毕业，我是家里的老大，有弟弟妹

妹，就没上过高中，也跟我的性格有关系，我这个人特别好强，小学总是考第一，上了初中之后总是考不了第一，自信心就受挫了，我知道自己是什么样，所以就不想上了。我们那会儿必须是成绩好的才上得了中专，成绩不好的才上高中，因为上中专几年后就可以给家里工作挣钱了，一想到自己肯定上不了中专，上高中又要花那么多钱，就不上了，之后就上班了。来北京那会儿的工作是中央空调的销售，这就需要很多专业知识，制冷量、制热量，还有技术参数什么的。别人都是上了几年大学学的暖通专业才干的这个，就比较适合做这个。虽然我那时候也有一些业绩，但明显地感觉到自己有些吃力，后来因为生孩子就辞了这份工作，其实我现在有点后悔，如果我一直做下去，肯定要比现在好。后来我就选我能干的，就像你所说的，就因为底子薄，所以选择的比较低，我就干的保洁，我现在也是在公司负责保洁这一方面。保洁就属于比较低端好了解的工作，会干了就负责管理了，后来就发现还有很多需要继续学习的，我还在见面会上说过这方面的问题，我就学的继续教育人力资源管理这方面。我学这个也是通过我工作发现如果你没有大专的毕业证，你想考注册物业管理师是不可能的，如果你需要这个，就必须接受继续教育了。所以跟你的工作肯定是有关系的，如果我没有从事管理这方面的工作，我就不会去想这些了。

访谈员：你初中的时候想过自己会从事这方面的工作吗？

小　赵：小的时候谈理想谈梦想都是不切实际的，刚刚不上学的时候也确实想过当老师，后来没有当老师。我们那会儿讲究民办教师和公办教师，我姑姑以前是民办教师后来转正了，她想让我去给她代课，后来没去成。

访谈员：为什么没去成？

小　赵：好像是我姑父那会儿没什么事，就去给她代课了，我就出去找了一份工作上班去了。可能也是觉得我比较小，怕我代不了。

访谈员：那会儿你多少岁？

小　赵：不到20岁。

访谈员：当时你想成为教师，你有没有想过要想当教师需要多少教育？

小　赵：当时就不知道这些。

附　录

访谈员：虽然有理想，但是也不清楚怎么去实现？你父母也不清楚情况吗？

小　赵：对，世代老农民嘛，这就和家庭背景很有关系了。现在我也有孩子了，如果我去教育我的孩子，我会通过社会上的东西给他讲一些事情。以前的父母就是"你能上，我就供你，你不能上，就下来"，不会给你引导未来是什么，我父母就是老实巴交的、地地道道的农民，从来不会想着做个规划。

访谈员：好像很多家庭都是这样。你之前想做教师是因为只能接触到教师这个行业吗？

小　赵：对，只知道教师，我那会儿还说过不上学了就去教学。其实我是一个挺想上进的人，教学的话也能学到一些东西。就是这样的想法，但后来没做成。

访谈员：你父母的受教育程度是怎样的？

小　赵：不高，那时候小学还是五年制，我爸爸小学毕业，我妈妈读到小学三年级。

访谈员：他们除了务农之外，还有其他工作吗？

小　赵：没有，前几年还时兴村子里办小作坊，弄鞋垫、匝书包之类的，她会干点这样的工作。我爸就纯粹的卖力气，那会儿有筛石子的活儿，那是费力气的活儿，但挣得多，我爸不怕费力，就做那个活儿。建筑摊的活儿我爸不愿意做，他觉得是磨洋工，磨磨蹭蹭的，赚得不多，性格搁这儿呢。

访谈员：你父母的性格是怎样的？比如遇到问题的时候想法是积极的还是消极的？是计划一下怎么处理这件事情还是更喜欢用情绪表达？

小　赵：我爸可能更有计划一些，我妈会发一些小脾气。小时候的事记不太清了，长大之后，我妹妹结婚的事，我爸说得特别好，我妹妹回娘家之后就抱怨婆家怎么怎么不好，我爸就说你嫁的是这个人，不是那些事，看在这个人的面儿上，就忍着点呗。我爸对什么事看得都还挺开的，包括现在我爸的侄子侄女们有什么事都愿意和他说一说，都挺敬重他的。

访谈员：你爸爸是一个比较积极地处理事情比较有条理的人。

小　赵：算是比较有条理吧，这有点像是人不和命争一样，有些事情是无法改变的，但是他的性格还是比较积极的。

访谈员：你觉得你爸爸对你有影响吗？

· 229 ·

小　赵：有相当的影响。

访谈员：好的还是坏的？

小　赵：好的。我比较喜欢和我爸沟通。

访谈员：你觉得上学的目的是什么？

小　赵：我觉得我小时候就是因为上学的目的太绝对了，导致我没上多少年学。

访谈员：为什么说"太绝对了"呢？

小　赵：给自己的压力太大了，我小学的时候成绩特别好，经常考第一，也想着上学就必须考第一，我是农村的嘛，而且当时也看了很多农村小孩励志的故事，所以也想着自己要努力学习，将来出人头地，争一口气，如果不是这么要强的话，就踏踏实实给自己学知识的想法的话，就还能继续上学。

访谈员：你孩子多大了？

小　赵：我两个孩子，老大11岁了，上五年级。

访谈员：在这边上学吗？

小　赵：不，在老家，我老公在老家带着。

访谈员：我觉得你比起你父母那一代对教育是有更深刻的了解的。你觉得你的孩子上初中的时候在这个问题上会比你强吗？

小　赵：我觉得我的孩子在教育上会比我少走一些弯路。我跟其他家长的教育方式不太一样，我就怕孩子考第一，这次考了第九名。我听其他家长说自己孩子没考好，考了第九名，我没说话，我觉得第九名很好啊。名次都是次要的，现在教育改革也越来越人性化，我看过一个教育的新闻说海淀那边的小学实行"乐考"，就是去超市买一些东西，老师会问这个东西和那个东西加起来多少钱啊，学生来回答，这就算完成考试了。可能以后北京的小学阶段会逐步实行这种考试，取消笔试，这非常好，包括北京的孩子上午比较晚才上学，下午比较早就放学，减轻学生的压力，都很好。当然，家长给孩子报的兴趣班就另外单说了，我就觉得孩子挺累的，不要再在分数上苛求她。我就想对孩子进行全面教育，所以我经常在当当网上买一些书发回去，孩子现在也快到青春期了嘛，我要让孩子了解一些青春期的东西，她来北京这边的时候，带她去自然博物馆了解一些人体、动物之类的知识。现在的生活水平比以前好一些了,她能够更好地接触一些社会上的东西,我那会儿就只能是读书,不关心天下事,怎么说来着,对,就是"两耳不闻窗外事,一心只读圣贤书"。

访谈员:你对她将来的职业期望和受教育程度有什么期待?

小 赵:我不知道孩子的情况,因为我和孩子接触的时间还是比较少,我不知道她喜欢什么,这点我很苦恼。

访谈员:那你有没有什么倾向的职业?

小 赵:没有,我对她的工作不关心,我希望她快乐就行。我给孩子买了毛笔,让她练字,她不喜欢我也不会强求。我们村里有个大学生上学的时候学的音乐,放学回村里会组织电子琴特长班,我们孩子还跟着他学过一年电子琴,后来这个学生读了硕士,就没有再组织过。她喜欢什么,就去学,不喜欢也不去强求。现在她喜欢什么我不知道,比较苦恼。

访谈员:是因为你和她沟通少吗?还是说她自己没有明确?

小 赵:不是,是我不会发现,孩子还是很优秀的,只是我不会发现。孩子喜欢做饭,特别喜欢做饭。我买的烤箱,特别积极地跟我学烤蛋糕,9岁就会给她爸爸炒鸡蛋。

访谈员:两个孩子,一男一女吗?小的多大了?

小 赵:两个小女孩,小的6岁了。

访谈员:两个孩子和你一直都是这样分隔两地吗?

小 赵:对,我都是喂母乳,一周岁就放下了,然后来上班。老大懂点事了,小的到现在还是和她爸最亲。

访谈员:你赞同她做厨师这一行业吗?

小 赵:我觉得这不见得要作为一个职业,但可以当个爱好。她要是想做厨师我不会反对的,只要她愿意。在我现在这个层面,我只知道物业这个行业,各行各业高端的职业了解得特别少。就像当时我的父母不了解我们现在的这些行业一样的。我就实行民主,孩子也挺喜欢和我聊天的,她说我会尊重她,有什么想法都会找我沟通。最好不要非得强制她去做什么。包括上学,我只是告诉她上学是有用的,没有逼过她让她非得上大学。

访谈员:你跟我说的与我自己预想的是有偏差的,我预想的可能太理想化了,我预想的父母对子女的教育是有非常清晰的那种计划,当然，这可能是我的一种偏见，像你所说的，每个孩子都有自己的发展路径，最好不要去随便左右她。可是我又想，你现在对职业及其社会地位的了解程度是否会影响她的职业呢？比如她想做一名厨师，有可能会成为一名厨师，但社会地位是相对较低的，虽然挣的钱也不少，而且你做好了也会很好，但是成功的人就比较少。厨师互相都会很尊敬，但对于整体的社会关系来说，他们的社会地位可能相对较低。这个职业对应的社会地位相对较低是不是你觉得不见得就要做厨师的原因？

小　　赵：对，我也是这么想的。她的兴趣爱好我支持，女孩子嘛，将来成家也要做饭，我完全没想过她将来做什么职业。

访谈员：这里有几个选项，你初高中的时候更倾向于哪种职业期望类型，一共是七个类型，你觉得哪个是占主导的？类型1：能推动社会发展的职业；类型2：助人、为社会服务的职业；类型3：得到人们的高度评价的职业；类型4：受人尊敬的职业；类型5：能赚钱的职业；类型6：虽平凡，但有固定收入的职业；类型7：若不为人所用，就自谋职业。

小　　赵：是当时还是现在？

访谈员：初中吧。

小　　赵：就当时来说，受人尊敬的职业会更好一点吧。

访谈员：你对你的孩子的职业期望类型是什么？比如你的大女儿。

小　　赵：这个还真没想过，能赚钱这个可能不是最重要的；虽平凡，但有固定收入的职业我也会选；如果孩子有能力，自谋职业的话更好；能推动社会发展的职业就不是我能考虑得了的了，如果孩子有能力，可能会从事这方面的职业，如果孩子早早不上学，就只能从事这些为社会服务的职业了，而且他们同时要考虑赚钱的职业。就看他们自己将来历练到什么程度了。

访谈员：为什么很多人倾向于选择为社会服务的这个职业？

小　　赵：好从事啊，服务行业比较好进入，当你不能选择更高层次的职业的时候，服务行业至少能保证你有一碗饭吃。

访谈员：为什么现在农村的学生选择辍学的多了起来？

小　　赵：跟他家的家庭条件有关系，跟他身边的同学也有关系。我大姐家的儿子，也就是我外甥，17岁，初三就不上学了，就说到现在的教育机制了，孩子在学校实在是太累了，我们家孩子也是，早上六点多就起床，就那么小的孩子，大人起床都还很困难呢，是很辛苦的，如果真的不是为学所乐的话，上学真的是一件苦差事，而且家长也有推波助澜的作用，如果家长对孩子的学习能够支持和肯定的话，比如告诉孩子考得好不好都没有关系，那还行，如果没考好，再挨家长一顿批评，就更不爱学习了。还有农村很早辍学的孩子早早去打工挣钱了，可以不受学校的管制了，可以戴墨镜，穿着时髦，玩高级的手机，学校里的孩子就会很羡慕，一传十，十传百，很多孩子就会跟着辍学了。我当时上初中的时候就有这样的经历。

访 谈 员：现在这个社会不是有"读书无用论"嘛！

小　　赵：在初中这个阶段还看不到这么远，看到的只是眼前的不上学，可以玩儿了，可以自由了。我们那几个村和乡（镇）的孩子并在一起上初中，几个星期才能回来一次，一天上学的时间甚至超过12个小时，比上班还累。说句玩笑话，说一个俄罗斯人来中国学习，疑惑为什么中国人戴眼镜的这么多。应试教育惹的祸，教育体制的问题，不是批评，是确实有问题。现在家里面再穷也都能上得起学了，但为什么很多人这么早辍学？也就是说，第一，是社会上的引诱；第二，是教育体制的问题。就会产生"如果我能逃出学校该多好"的想法。但是，现在让你努力学习不是为了让你找一份工作，而是为了让你多一种选择。

访 谈 员：你觉得教育水平越高，选择的机会越大，对吗？你觉得念到哪个程度就够用了？

小　　赵：至少念到大学吧。我也接受了继续教育，学到的那些东西都是非常实用的，上了大学之后很多东西都是触类旁通的，如果没有学过就会很费劲。

访 谈 员：所以你觉得大学本科是合格线。

小　　赵：对。现在社会发展到这样的程度，大学生就会越来越多，你上的学越多，肯定选择就越多，就少走很多弯路。高中生刚开始可能会比大学生挣的钱多，但随着时间的推移，高中生永远也赶不上大学生了。

访 谈 员：大学生虽然工作晚，但是起点高，追赶的速度快；高中生虽然工作早，但是起点低，速度也慢，所以大学生更占优势。
小　赵：对，虽然不能以点带面，是有个案，但整体上是这样的。
访谈员：好的，你作为团队的管理者怎么看小张和小段的观点？
小　赵：年轻人的想法就是跟老一代的不一样，我们都比较传统，她们都比较彰显个性，可能跟教育方式也有关系，教育越来越进步，以后的教育可能也会更注重发展个人方面，学历可能就真的不是很重要，不也说了吗，美国那边每个人生下来就肯定有自己的长处，他不认为我比别人哪里差，看人家都会数到十了我还不会，他不会因为这个自卑，他会认为我肯定有一点会比你强，所以他们都非常自信。咱们的教育可能也会慢慢地发展个人的长处，不像早些时候小孩从幼儿园出来了都是方方正正的，都是一样的，多么有个性有棱角的孩子上了幼儿园磨炼个几年出来之后也得方方正正的，是吧？
访谈员：为什么小段和小张不是特别注重学历？
小　赵：她们不认为学历特别重要可能跟这个社会也有关系，你看刚才说的那个问题就挺现实，关系现在真的挺重要。你光有了学历，但没有关系，可能还是不好找工作。我不代表别人的想法，我个人太传统，我行我就行，我不行就是我不行，不会想到那种投机取巧托关系，就没有这个想法，但是你进入社会，社会是什么样的，你不能扭转社会，每个人就是社会车轮上的一粒沙，你扭转不了，你只能随着它走。你看你怎么为人处世啊，所以说你的社会经验还是挺重要的。而且，这不是你能从书本上学到的。以前就有一位同事跟我说，说你可以让孩子去学《三字经》，但是你要告诉孩子，你可以学《三字经》中孝顺的那一方面，但是真正的服服帖帖地我对谁好的那些不要学，等孩子学了这些、认同了这些之后，他将来到了社会上傻子一个，我对你们都那么好，为什么你们都这样，善对恶，孩子会有不能接受现实的这样一种想法。我记得有一句话大概意思是，我本带着如此纯净心灵的身体来到这个世界旋涡中，被撞得遍体鳞伤。你觉得有的时候这个事情就是好的，就应该这么走，但是在这个社会上为人处世的时候并不见得你是对的，你要处处受挫。这就不是书本上能学到的，这就得像她刚才说的，需要闯荡一年。也许闯荡一年。也不是必须经历什么大风大浪，大圈子也好，小圈子也好，经过一段时间的磨合她可能就会了解一些社会上的东西，学校可能就没有这种教育。

访谈员：是不是因为我们没有办法接触到更多的东西？我们必须走出来到外面去接触，但是对于那些家庭条件好的孩子，他在他的圈子里是可以接触到这些东西的，但对于我们来说，我们的家庭没有办法给我们这些，所以我们需要走出来去接触，去学习如何为人处世。还有一点，你刚才说到的现在的学校教育，小学和初中教育，教育孩子要对别人好，而到了社会上他对别人很好，但别人却不那样对他，他自己会怀疑过去学的知识。

小　赵：对啊，五讲四美三热爱。上学那会儿就讲思想美、品德美、拾金不昧啊，等等，可是等你到了社会上之后根本就不是那么回事啊，就觉得很受伤啊。

访谈员：你觉得问题出在哪儿了？

小　赵：人的本性是好的，可传统的东西、美好的东西到了社会上不见得都行得通。咱们说大体是好的，可总是会有一些扭曲的东西，比如说我们的自行车放在车棚怎么会丢了呢？我的那个包就放在那儿，一会儿一回头我的包怎么就没了呢？对不对，你上学的时候会学这些东西吗？没有人会教你这些东西，孩子防范的意识是特别差的。刚看的那个法制频道，那个小姑娘在家呢，那个邻居知道她妈妈出去买东西了，就把小姑娘骗到他们家去了，他对这个小姑娘实施猥亵什么的，小姑娘就大喊大叫，他旁边就有一个菜窖，直接就把小姑娘推到菜窖里去了，多残忍啊。一定也要教给孩子一些防范的知识，不能让他相信这个世界上一切的东西都是美好的。一些打工族，尤其是像我这样不在家的，你不能时时刻刻对孩子言传身教，孩子得到的一些东西就很片面。比如说我今天遇到什么事儿了，我可以回家去跟孩子念叨念叨，无形中就告诉了孩子一些社会的现实，但如果说我没有这个条件去跟孩子念叨，那就只能等孩子将来自己去慢慢地体会、去了解这些东西，这是一个很漫长的过程。

访谈员：我注意到，昨天看的这个选职业期望类型的，有一类学生就选为社会服务的职业，还有选能赚钱的，还有选若不为人所用，就自谋职业的这类学生，他升学的概率比较小。
小　　赵：那他认为文化知识不是第一重要的。
访谈员：有两类孩子，一类孩子喜欢受人尊敬、获得高度评价，另一类孩子是我要助人、为社会服务，前头这些学生他的升学率会高一些，后面这些是低的，自谋职业、自己赚钱的更低。你认为是什么原因导致了这样的结果？
小　　赵：和家庭有关系吧，比如说受人尊敬的，假如他们家条件好一点，可能会成为上层人士，会了解上层人士的生活，可能很奢华啊或者受人尊敬，他会不会也就向往，家里的底子也好一点。城市的这些升学率高一些，农村的升学率低一些。跟这个可能也有关系。说到助人，可能会向一些弱势群体伸出援手，他可能能够接触到弱势群体，他也可能就包含在弱势群体里面。
访谈员：我觉得她们两个和我之前访问的那些还是很不一样的。她们不重视学习，她们都会觉得技能更重要一些，早早就离开学校了，因为就我们现在这个环境来说，她们一旦离开学校就很难再回去了，很难再续上了，教育上也就这样了。
小　　赵：她们没有意识到可能还是因为经验不足吧，她们没有看到，没有到我这个年龄，像到我这个年龄，我已经意识到了，我意识到了我需要从一些专业课上去了解一些东西充实自己，好多道理我是明白的，但是要我表达就会磕磕巴巴的，为什么？因为我了解的理论的东西比较少。这个表达也是一样，如果你脑子里面有东西，你就能说出来，有些事情你体会得再深，你脑子里没东西，不能够妙语连珠地把它表达出来，以后各方面都会受影响。我们现在不是做物业嘛，我们算是管理层，如果说你自己表达不好，咱们说实际的，你可能也得不到领导的赏识，你跟底下的员工的沟通也不太顺畅。
访谈员：嗯，沟通能力很重要。你觉得学历重要吗？
小　　赵：是呀，你的沟通能力的底子肯定是需要通过学习去获得啊。
访谈员：嗯，就是学习可以提高沟通能力，或者说能够让你用更准确的思路去表达你的想法。你觉得学历会对你跟上层沟通有帮助，你会用他们能够听得懂、更认可的方式去表达吗？
小　　赵：对。

访谈员：跟下级呢？

小　赵：跟下级也是一样啊，可以把想法跟他们表达清楚啊。说白了，你的学历到了一定层次之后，你的表达能力更强了，有内涵了，肚子里有东西了，说出来的东西人家就比较认可了，你没有这个学历，你根本就不了解这些，你可能跟领导、跟下级找不到共同语言。如果我不学习这些理论知识，虽然说我可以对这个事情在实践中有所启悟，但是我只是有所启悟，不能把它很好地表达出来。如果我学了理论知识，我就能把我体会到的东西更准确地表达出来。表达是一方面，分析问题也是一方面。

访谈员：你觉得跟下级沟通的时候，专业知识重要吗？

小　赵：跟他们沟通可能就不需要非讲一些专业知识了，但是你学的一些东西是有助于你去跟他们沟通的。你看，比如说这个《管理学理论与应用》，这个就告诉你怎么去沟通，我专门把这几页的内容标注出来，比如，平和的性格，你时刻要提醒自己不能跟他们发脾气，要好好说，跟他们讲事情不要那么急躁，这不就是要提升你的内涵修养吗？这不是说要你跟他们讲一些专业的东西，那天我就说统计你就得选这些东西吧，一说我就知道有这些东西，如果我没有学统计的那些东西，我可能就说不出那些话来，跟你沟通的时候我说出来统计，你可能就知道我学过这个东西。跟领导、同事、下边的人沟通的时候，要说一些东西的时候，我可能也要让自己在脑子里搜索一些东西，这件事我怎么说他能够更明白一些。你看，这书上也都告诉我们怎么做。你看这个是不是对你有帮助，就这一段话，职业生涯习惯。我在上学那会儿，比如说在初中那会儿，就不知道怎么去选择自己的职业生涯，也不知道什么叫职业生涯，我如果想选什么工作，我现在应该怎么做，当时就没有那个想法，到了什么学历之后就能够很好地为自己做一个未来的规划，当时就说什么叫未来，不知道。现在找个工作，都要求至少是什么样的学历，我虽然是学了继续教育的，但很多一看是继续教育是不行的，但是考证还是让考的，可也是不如全日制的，全日制的是正儿八经地去学了，还是有很大差别的，你没有这个学历很多就把你拒之门外了。

访谈员：现在这种制度，确实是客观情况。

小　　赵：你把各种数据统计好了，比如农村和城市的是否会出现偏差啊，再提一些建议，孩子不知道职业规划什么时候开始，家长该怎样去引导，你可以提一些建议。你看像这个职业选择，说是毕业生非常关注的问题，是不是家长也应该注意，我从什么时候开始适当引导孩子，等到毕业再留意这些问题是不是就有点晚了，非得等到硕士的时候才注意吗？说是现在硕士博士一大把，但毕竟还是少数，大多数还是比较普通的学历水平，咱们要从小给孩子灌输一个将来想做什么的思想。

访谈员：像这第一点，要了解自己，评估自身的优势和弱点，像你所说的，要到一定年龄之后再了解评估自己，之前就先不要考虑这些，就尽情拓展自己，选择的时候结合自身的实际情况，优势、弱点。很多受教育程度低的人都没有什么规划，没有什么理想，但他们现在状态很好。这本书就很适合给要进行职业选择的人看，太早的可能还不能对自身做评估，可能会评估错，因为有些潜能还没有发挥出来。职业规划很重要，可以带小孩去做职业体验，比如厨师、飞行员之类的。

小　　赵：我的孩子已经开始进行职业体验了，冬天没什么事，弄点冻鱼，老跟我老公在集市上卖鱼。

访谈员：这也是一种锻炼，也挺好的。今天的访谈就到这里吧，谢谢你的参与和支持！

个案4：男，31岁，大专学历，中国社会科学院研究生院附近某酒店的网络管理员

时　　间：2015年1月20日上午8:00
地　　点：中国社会科学院研究生院
访谈员：戈艳霞

访谈员：你好！我是中国社会科学院研究生院的研究生，最近在做一个关于职业理想和教育经历的研究。主要了解一下你之前是否有过职业理想，是什么样的职业理想，它是否影响你的教育计划。关于这方面的情况，我想和你做个简短的访谈，可以吗？

小　　伟：可以啊。

访谈员：以前你有没有写过关于"长大后你最想成为什么"的作文或者人生规划？

小　伟：写过，长大后我最想成为医生。我的人生规划就是考上医学院，然后从事医学相关的工作。

访谈员：那是什么时候的事？小学、初中还是高中？

小　伟：高中。

访谈员：你为什么想成为医生，你觉得这个职业好在哪里？

小　伟：医生这个职业能够救死扶伤，能减少人的痛苦。

访谈员：你的职业期望是否受到他人的影响？是因为你的父母或者亲戚里有人从事这样的职业吗？还是受到其他人的影响？他和你是什么关系？是什么样的事情影响了你？

小　伟：期望从高考那时候改变了。第一志愿是想学医，但是没有录取，后来学了计算机。我的亲戚从事医生的工作，我感觉很了不起，什么都懂，是我的一个姐姐。所有的亲戚都很尊敬她，这影响了我。

访谈员：你初中和高中时，主要居住的地方是在农村，还是县城，抑或是城市？

小　伟：家一直都是农村的。

访谈员：父母的职业是？

小　伟：父母都是农民。

访谈员：你家在村里的社会地位、经济条件是否影响你的职业理想？

小　伟：家庭社会地位和经济条件影响职业理想。

访谈员：你的职业理想是否随之调整过？是否还受到其他的影响？

小　伟：职业理想之后就变成与计算机网络相关的，受到其他方方面面的影响。

访谈员：父母受教育程度、政治身份？

小　伟：父母都没什么文化，普通农民。

访谈员：父母的性格、处事方式？

小　伟：父母比较随和，从来不要求孩子什么。

访谈员：你可以从生命历程的角度总结一下你的职业期望是如何产生、形成和逐渐明确的吗？包括受到什么因素的影响，如何调整的？

小　伟：职业期望与所学专业知识有很大关系，也受家庭生活条件约束。

自从上了大学，开始学习计算机网络，那是 2004 年，感觉网络也很时尚、很神奇，慢慢地就进入这个行业了。由于学历不够没能找到好的工作，刚开始去做网络销售，然后做软件开发，开发非常吃力，后来就从事了 IBM 服务器技术支持和销售，加上之前对软件和网络很熟悉，再后来去了一个公司负责网站整体运营，因为父亲出车祸又不得不放弃工作，半年后到一家酒店工作负责酒店网络营销，其实这期间负责了很多软件如 OA、用友、智能餐饮、智能客房、酒店中软系统等。

访 谈 员：你觉得你初中时的职业理想更倾向于以下哪个类型？类型 1：能推动社会发展的职业；类型 2：助人、为社会服务的职业；类型 3：得到人们的高度评价的职业；类型 4：受人尊敬的职业；类型 5：能赚钱的职业；类型 6：虽平凡，但有固定收入的职业；类型 7：若不为人所用，就自谋职业。

小　　伟：这个吧——类型 4：受人尊敬的职业。

访 谈 员：你当时是否有教育期望？当时希望自己的学历提升到什么程度？

小　　伟：希望能学更多东西。由于家庭条件不是很富裕，所以希望短时间内学习更多的内容，不把时间浪费。

访 谈 员：你觉得你上学的目的是什么？

小　　伟：当时觉得考上大学了家里人有面子。多年工作以后，不这么认为了，觉得上学要学会常识性内容，要结合一个人的兴趣去培养，国外的孩子在上大学的时候就身价几千万，在国内很少吧，值得去思考教育方式。

访 谈 员：你当时是否知道，要实现自己的职业理想，需要多高的受教育程度？

小　　伟：当时不知道，就是一个想法。不过我感觉最初的想法才是一个人最重要的信念，"想"比什么都重要。

访 谈 员：你对职业的期望影响你对教育的期望吗？如果是，请你具体说说你的职业期望是怎样影响你的教育期望的。

小　　伟：我的职业期望由医生变成计算机技术人员，是教育改变了我的职业期望。这跟家庭条件有一定关系吧。

访 谈 员：在你的教育历程中，你觉得哪些因素决定了你是否继续接受教育，以及接受哪种类型的教育？

小　伟：社会需要决定我继续接受教育。

访谈员：你个人的主观价值倾向，比如职业期望，是否影响你和家庭的教育决策？

小　伟：没有影响。

访谈员：你当时是否想过，怎样做才能实现自己的职业理想？请叙述你的实现路径。

小　伟：学一技之长能够挣钱然后才有能力去学习想学的。工作期间去北京电大学习，希望能接受一线城市的教育。

访谈员：你是否会为了实现自己的职业理想而更加努力学习，或者争取考上更好的重点高中、重点大学？

小　伟：有努力。只是之后的理想变成与网络相关的。最初的医生理想就搁置了。

访谈员：你心中的职业理想是否激励你学习更努力，是否有利于你的升学？在升学与否以及选择学校、专业时，你是否将你的职业理想考虑进去，再做决策？职业期望是否影响你的升学和教育轨道转换？

小　伟：本应有利于学习的，但是职业期望也与其他方面原因相关联。

访谈员：请你总结一下你的职业期望在你的教育历程中的作用，职业期望对你的学习动力和各教育阶段的升学和路径转换的影响。

小　伟：职业期望是一个人的奋斗目标，也是灵魂所在；职业期望引领一个人向前，是一种累并快乐着的感觉。

访谈员：好的，访谈结束了，谢谢你的参与和支持！

个案5：男，30岁，大专学历，中国社会科学院研究生院附近某汽车公司职员

时　间：2015年1月20日上午8：00
地　点：中国社会科学院研究生院
访谈员：戈艳霞

访谈员：你好！我是中国社会科学院研究生院的研究生，最近在做一个关于职业理想和教育经历的研究。主要了解一下你之前是否有过职业理想，是什么样的职业理想，它是否影响你的教育计划。关于

这方面的情况，我想和你做个简短的访谈，可以吗？
小　　志：可以啊。
访谈员：以前你有没有写过关于"长大后你最想成为什么"的作文或者人生规划？
小　　志：有。
访谈员：当时你写的想成为什么？
小　　志：警察，不知道该如何实现，也没想过如何才能实现。我们那里那么偏僻闭塞，谁能知道呢？那里信息闭塞，对很多孩子都是非常不利的。因为知道的少，没有办法制定好的努力目标，也不知道该如何去实现。这是一种非常隐蔽的可怕的事。
访谈员：那是什么时候的事？小学、初中还是高中？
小　　志：初中。
访谈员：你为什么想成为警察？你觉得这个职业好在哪里？
小　　志：推理破案很好玩。
访谈员：你初中之前，主要生活在农村还是城市？
小　　志：农村。
访谈员：你父母的职业是什么？
小　　志：农民。
访谈员：你的职业期望是否受到他人的影响？是因为你的父母或者亲戚从事这样的职业吗？还是受到谁的影响？他和你是什么关系？是什么样的事情影响了你？
小　　志：受推理小说及电视剧影响。
访谈员：你的职业理想是否调整过？
小　　志：长大后就把小时候的梦想丢弃了。
访谈员：你的家庭社会地位、经济条件是否影响你的职业理想？是否还受到其他方面的影响？比如，父母的职业、受教育程度、政治身份？父母的性格、处事方式？母亲和父亲的影响力？
小　　志：我认为理想就是理想，不受现实影响。因为理想不一定必须实现。但是不管什么条件，只要我愿意，我都可以朝理想努力。我父母也没有说过希望我长大了做什么职业，我就是顺其自然的。不好的地方，就是要在黑暗中摸索；好的地方，就是没那么大压力。我现在觉得挺好的，所以，也没多少失落。我没朝这个目标努力啊，一直都是顺其自然的。只是心中对美好的一种憧憬，但是觉得理想与现实无关，现实还是要顺其自然的。

访谈员：你讲到你"没朝这个目标努力，一直都是顺其自然的"，为什么没有想着朝目标努力一下，是什么因素阻碍了吗？

小　志：能力问题吧。

访谈员：你说的能力是指智力、体力，还是包括经济社会资源和社会关系？

小　志：综合能力，自身、环境、经济、家庭背景，所有的一切。

访谈员：你放弃了当警察的理想，然后就没有什么职业理想了吗？大部分情况下都是"顺其自然"？

小　志：算是吧。其实现在想想，以前都是糊里糊涂地活呢。

访谈员：那你觉得我们的人生需要做职业规划吗？

小　志：需要，我觉得职业规划挺重要的，我觉得最大的转折点就是报大学专业吧，或者高中分文理科，开始也没什么区别啊。

访谈员：父母的视野和社会关系是否影响子女的职业选择？

小　志：父母见识对职业选择有影响。我媳妇儿她爸让她学建筑设计，因为她爸就是这个行业的，结果她的工作就不错。

访谈员：请你从生命历程的角度总结一下你的职业期望是如何产生、形成和逐渐明确的，包括受到什么因素的影响，如何调整的。

小　志：人都是被逼出来的吧。

访谈员：你觉得你初中时的职业理想更倾向于以下哪个类型？类型1：能推动社会发展的职业；类型2：助人、为社会服务的职业；类型3：得到人们的高度评价的职业；类型4：受人尊敬的职业；类型5：能赚钱的职业；类型6：虽平凡，但有固定收入的职业；类型7：若不为人所用，就自谋职业。

小　志：这个吧——类型4：受人尊敬的职业。

访谈员：你当时是否对自己的教育有期望？当时希望自己有多高的学历？

小　志：有，上完大学。

访谈员：你觉得你上学的目的是什么？

小　志：有个好的前途，可我到现在都没明白怎么做才能有个好前途。但是我觉得，要选择适合自己的行业，而不是盲目的理想。成功需要天时地利人和。选择不对，努力白费。每个人都有自己的特长，有时候自己也发现不了。刚毕业那会儿，我就想着踏踏实实地工作。结果，工作一年多，也没感觉有什么前途。就想着自己做生意，后来没经验，位置没选好，就失败了。

访谈员：你当时是否知道，要实现自己的职业理想，需要多高的受教育程度？

小　志：不知道。

访谈员：你对职业的期望是否影响你对教育的期望？

小　志：我可以说真的不影响吗？目前看来也并没有影响。

访谈员：当然可以。在你的教育历程中，你觉得哪些因素决定了你是否继续接受教育，以及接受哪种类型的教育？

小　志：经济问题。

访谈员：当时是否想过，怎样做才能实现自己的职业理想？

小　志：当时还小，什么都不懂。

访谈员：你是否会为了实现自己的职业理想而更加努力学习，或者争取考上更好的重点高中、重点大学？

小　志：很明显，我没有。

访谈员：你心中的职业理想是否激励你学习更努力，是否有利于你的升学？

小　志：很明显，我没有。

访谈员：最后，请你总结一下你的职业期望在你的教育历程中的作用。

小　志：这个真没有。话说这个问题要是想改善，从基础教育做起是最有效果的。如果老师们有这个意识，及时发现每个学生的特长，给出合理的建议，我想就能从根本上解决很多问题。我的特长算是有发展了吧，将来我的孩子啊，还是得走走看看，我主要是想看他自己喜欢什么，就做什么。或者我有意识地慢慢引导，而不是强迫他去做什么。

访谈员：好的，谢谢你的参与和支持，访谈结束了！

个案6：男，25岁，中国社会科学院研究生院硕士研究生

时　间：2015年1月15日上午9：00

地　点：中国社会科学院研究生院

访谈员：戈艳霞

访谈员：你好！我最近在做一个关于职业理想和教育经历的研究。主要了解一下你之前是否有过职业理想，是什么样的职业理想，它是否影响你的教育计划。关于这方面的情况，我想和你做个简短的访谈，可以吗？

小　闫：可以。

访谈员：从第一个问题，按顺序来吧。

访谈员：以前你有没有写过关于"长大后你最想成为什么"的作文或者人生规划？

小　闫：我小学写过这样的文章，好像是你最想做什么，我当时写的是成为一名军人。

访谈员：为什么呀？

小　闫：因为小时候经常看军旅题材的影视剧，最喜欢看的就是八路军打鬼子，所以受这个影响很大，这是小学的时候。

访谈员：有没有受到你的父母、亲戚朋友的影响呢？

小　闫：有影响，我特别喜欢看穿军装的人，而且我们家做生意，跟军队上有生意上的往来，我特别喜欢跟他们在一起，并且我亲戚也有当兵的。

访谈员：你为什么喜欢跟他们在一起？

小　闫：就感觉当兵可以扛枪打仗，这是最原始的想法，他们给我的印象就是绿军装很威风很霸气，让人羡慕，这是小学时候的想法，初中的时候还有这个想法，差一点辍学去当兵。

访谈员：你为什么差一点呢？别人阻挠？

小　闫：对，我妈妈阻挠，说咱们家没有关系，你当兵回来没有办法安排就业，所以我就去读高中了。我舅舅当过兵，参加过对越自卫反击战，所以我一直很崇拜他。我感觉这是一个从心理上或者文化上的影响，因为小时候特别喜欢看军旅作品，以至于也希望自己像他们一样保卫国家，当时就是这种简单的想法，一直到初中吧。

访谈员：你父母对这件事是什么态度呢？

小　闫：那时候是支持的，说当兵多好啊，有前途，像你舅舅一样当个军官，当时就是这个想法。改变的话，应该是高中，高中改变应该

245

是受我们班主任的影响。因为我读的文科，我们班主任是教思想政治的，他对时事政治很关注，而且我们班主任是一个关心国家大事的人，我自己也很喜欢看报纸看新闻，到高中我的这种想法就更强烈了，没事我就去看一些时事新闻。我们高中班主任也很喜欢我，有意无意地在这方面送我一些资料，比如说给点报纸、期刊之类的。因为当时我比较关心时事嘛，所以到高中我就转变了，也受一些客观因素的影响，一是近视，二是身高不够，感觉自己只能做后勤兵，不能做野战兵。

访谈员：你当时还是想着去当兵？

小　闫：对，到后来发现自己不具备这个实际条件了，就转变了，就想走仕途也是不错的，做个好官，造福一方百姓，当时也是想得特别简单。当时因为受老师的影响，就想从政，所以抱着这个想法，觉得就需要功利地考一个二本以上的高校，在大学入党，做学生干部，然后按部就班地考公务员，当时就是这种想法，特别特别强烈。就是抱着这种青春的躁动，奔向了大学生活。这大学四年，有过得充实的时候，也有颓废的时候。大学荒废了有一年半吧，而且发现从政的话自己劣势还是很多的，觉得自己还是适合走学术道路，做大学教授吧，所以就想一定要考一个"985"院校的硕士研究生，再读一个博士，将来以这个名牌"985"硕士的名义做跳板去考北大的博士，当时就是这么想的，以后还是去一所高校当大学老师，教书育人，所以大二就开始转变，就一直在做各种努力。当时很喜欢历史，就想考历史专业，专业课程达到中等偏上就可以了，就希望考一所人文气息比较浓的高校，考北大读个博士，再当个老师，正好实现北大梦。然后第一志愿落榜了，当时就想研究生梦想破灭了，那还是去考公务员吧，结果稀里糊涂的，我联系了大概有80所高校吧，最后拿到了几所高校的录取通知书，这个博士梦又点燃了。来到社科院一开始期望挺大的，后来受各方面影响，主要是经济方面的影响，读博的想法就慢慢减弱，以后先到高校做行政吧，将来再读在职博士，转到教学科研岗。现在找工作就是以这个为目标。

访谈员：一个方向还是两个方向？

小　闫：一个方向，进高校做行政。

访谈员：你不是说想做公务员吗？

小　闫：大学就转变了。我考过公务员，但全是裸考，就是圆一下心中的梦吧，初中的时候就有这种梦想，一直都没有考过，所以就尝试了一次，放现在就是想进高校，所以即使是进高校，我也是先工作一两年，等有经济基础了我肯定是要考博的。最终梦想还是当大学教师。一直在努力，研究生阶段是比较明确的。

访谈员：那你最近找工作都是找的什么样的工作？

小　闫：高校。

访谈员：高校行政？

小　闫：对。现在有一个东华大学，我已经走到第四关了，我在那边实习也实习过了，现在就看不太准，元旦的时候给那边老师发短信了，老师说我们推荐你了，但后面的情况我们就不能掌控了，就要看能不能通过，通过以后会先有一个性格测试，那个应该没问题，然后是专家评审会议投票，投票表决，这两关过了的话，基本上就定了。

访谈员：行政岗吗？负责什么呀？

小　闫：很轻松的一个工作，倾向于要一个男生，但是也得看自己的情况，也不能把所有希望都压到一处，所以我还在准备别的，而且我去上海已经花了四五千了，倾注了很多的物力、人力和财力。走到这一步没办法，就一直走下去。前几天也报了一个南开大学的行政岗，也是把我所有的经历能写上的都写上了，专门准备的导师推荐信。

访谈员：你导师给你弄的？

小　闫：我自己弄的，我打印出来让他签字。做了两份，一份是企业行政岗的推荐信，另一份是高校行政岗的推荐信。

访谈员：你觉得相对于别人，你的准备充足吗？

小　闫：相对于别人，我觉得我的准备是比较充足的。因为自从确立进高校做行政再考博之后，我就开始做准备，行政岗第一个要求你的学生干部经历，我把这个经历弄得是比较丰富了，可能是职位上比较欠缺，没有做到学生会主席、团委副书记，但是我感觉已经足够了，能拿到的学生荣誉我基本上已经拿到了，除了国家奖学金之外。再者就是高校的实践经验和事业单位的实践经验，去年我还专门去国企的行政岗实习了三个月，跟高校的行政岗是相通的嘛，在研究生院做了半年的课程助理，相当于变相的助教，相关的不相关的，反正经验是比较丰富的了。能力锻炼得可能还与人家理想的要求有一定差距，但能力、经历、荣誉、门槛，该具备的都具备了。

访谈员：听你的描述，你的职业期望一直在引导着你的教育、对自己的投资和训练，是这样吗？

小　闫：职业期望就是我怎样去努力，确立路径，一步一步去实现，把它分成几个目标，第一个是能力的积累，第二个是经验的积累，第三个就是关系的积累吧，我也想尝试第三个，但失败了。

访谈员：你说你小时候受军旅作品的影响很大，是影视剧的形式还是书籍的形式啊？

小　闫：影视剧的形式。那会儿电视已经很普遍了，电影还不普遍，主要就是看电视，看露天电影。再者那会儿比较喜欢历史，尤其是看到近现代这段历史就想着将来一定要做一个军人，保家卫国。其实现在当大学老师的想法也是和小时候的经历相连的，小时候一直喜欢看历史作品，有一定的积累。现在想一想，我至少转变过三次，当时想考公务员也是在大学，就想着一定要入党，要当学生干部，要拿奖学金，一定要有实践经验。但最后没去走公务员这条路。

访谈员：为什么？

小　闫：因为感觉还是不适合我吧。当时在我们班，我被公认为最想考公务员最想进入体制内的，但报名的时候我却去考研了，大家都挺失望的。我感觉自己不太适合，所以就调整了。

访谈员：你父母是做什么的？

小　闫：他们是个体工商户。

访谈员：他们对你的职业期望和教育有没有影响？

小　闫：有，他们的想法也转变很多，刚开始想让我子承父业做生意，后来想让我从政，再后来他们发现我做什么都行，就让我自己去折腾了。儿孙自有儿孙福嘛，妈妈就说妈妈相信你，相信你无论选择什么都是正确的，孩子你就大胆地往前闯吧。我妈妈说，咱们家的这个家庭出身，无论你做什么都没有人会去帮你，你只能一步一步往上走。所以每做一个选择我都是充分考虑的。读博的话，是因为制度改革，我考研的时候问过很多人，读研究生第一，是公费的；第二，也发生活费；第三，不但可以做课题，还可以做调研，丰富各方面的研究。但当我读研究生的时候发现，这三项没有一项能够满足我。

访谈员：是因为没有了还是标准太低？

小　闫：太低，真的影响到基本的正常生活。我读研究生基本上是自己兼职挣钱养活自己。赵姐（小赵）是不是因为家里穷才不上学的啊？我记得她是这样说的。但是她现在把自考专科拿下了，不知道现在是不是在自考本科。我不读博就是因为经济上太贫乏了，收入太少，不足以养家糊口。

访谈员：养家糊口？你不是一个人吗？

小　闫：现在不是一个人了，我有女朋友啦。

访谈员：现在你们补贴是多少？

小　闫：500元，但之前是200元，包括买书，都不给报销。

访谈员：你一个月要花多少钱？

小　闫：现在比较多，之前一个月500元我就能生活。

访谈员：你一个人的时候吗？

小　闫：对。

访谈员：现在呢？

小　闫：现在不行，你看找工作、求职，这两天花了应该有五六千元了。

访谈员：就是求职期间？

小　闫：对，求职期间是非常时期吧，即使不谈恋爱，一个月也得花至少三四千元，因为交通成本啊，住宿啊，饮食啊，出了宿舍你发现除了空气是免费的，其他全是收费的。其实家庭对我是有影响的，如果家庭条件再宽裕一点的话，我就会选择考博。但我不想再给他们增加额外的负担。

访谈员：你父母在思想上也没有阻挠你，拖你的后腿？

小　闫：我妈一直是很支持我读博的，包括去高校做行政也好，考公务员也好，我父母都是很支持的。因为我之前跟他们阐释过这三个选择，每个选择我都给他们阐释了足够多的优势和足够多的劣势，都已经分析得很明白了。当时我也根据老师的说法和我个人的实际情况，成功的三要素嘛，能力、关系和机遇，我没有关系，我只能在各方面提高自己的能力，包括实习经验、成绩、学生干部经历、各种荣誉，当机遇出现的时候，最起码我有这个敲门砖，有迈过门槛的机会，所以就是这样了。还有其他什么问题吗？

访谈员：我看看啊。你觉得你初中时的职业理想更倾向于以下哪个类型？类型1：能推动社会发展的职业；类型2：助人、为社会服务的职业；类型3：得到人们的高度评价的职业；类型4：受人尊敬的职业；类型5：能赚钱的职业；类型6：虽平凡，但有固定收入的职业；类型7：若不为人所用，就自谋职业。

小　闫：初中的时候我的职业期望应该是第一个，推动社会发展型的。

访谈员：高中的时候呢？

小　闫：高中的时候还是这个想法，推动社会发展型的，包括现在也是，无论做什么，我都希望自己能有正能量。

访谈员：你能不能再总结一下你的职业期望受什么因素影响，主要的成因。

小　闫：第一个是生活的经历，生活环境、人际交往，包括你接触的人和经历的事，对你的思想和价值观的形成都有很大的影响，是决定你职业期望的一个很重要的因素。再者就是经济基础，任何的职业期望都要建立在相应的经济基础之上。第三点就是家庭背景，如果你有足够强大的家庭背景，你在制定职业期望的时候会非常坚定。比如说你想从政，如果你有这方面的关系的话，肯定你会选择从政。如果你父母经商的话，你的职业期望就会是做生意。如果你的父母是高校教师的话，那么你的圈子就是高校、学术圈子。这样的家庭背景能够帮助你少走很多弯路，甚至会有捷径，还能较早进入门槛，进入门槛之后发展也很快。当然了，这点对我不存在。我选择的三个职业期望都和我的家庭背景没有关系，我们家就是普普通通的老百姓。

访谈员：你上初中的时候有没有想过学历要达到什么程度？

小　闫：想过。当时想的是我大学毕业就可以了，因为那会儿就有考公务员的想法，就想赶紧大学毕业我就可以考公务员了，我那会儿迫不及待地想考公务员。

访谈员：你觉得上学的目的是什么？有几个目的？

附　录

小　闫：上学的目的有三个吧，第一个就是能力的积累；第二是达到你职业目标的硬性条件；第三就是父母的期望吧，父母都希望自己的孩子的学历越高越好。

访谈员：那你有没有问过你父母上学是为了什么，为什么让你上学？

小　闫：他们都是当时的高中毕业生，离大学只有一步之遥了。我父亲说当时是奶奶家实在太穷了，我妈妈说她是考试发挥失常，她每次都是第一名，但是一高考就发挥失常，复读了两年，就被我大舅妈劝退了。当时我外婆和外公就想把我妈妈培养成大学生，就感觉我妈妈是当大学生的料，但确实没考上，有遗憾，就弥补一下父母的遗憾吧，实现一下他们的理想，而且我父母也知道在现在这个社会没有文化是不行的，所以也很重视。我姐也是大学毕业生。

访谈员：你父母是党员吗？或者有什么职务没有？

小　闫：个体工商户，没有职务，我妈妈十几年前有机会入党，但是她没入。

访谈员：我加几个问题，你刚才的话提醒了我。你父母是不是性格积极乐观，遇到问题会主动解决的人？

小　闫：对，应该是。因人而异吧，我爸比较悲观，但积极消极都有。

访谈员：你觉得是你母亲对你影响大还是父亲呢？

小　闫：我感觉是自己对自己影响大吧。因为我感觉自己很有想法，在大的方面、大事上很少受他人影响，小事上还是会受别人的影响。我现在的想法初中就有了。

访谈员：你是一个很有想法而且知道怎么去实现的人。

小　闫：对，所以我在这又把我的人生经历回味了一下。自从2001年我听说过公务员，我就立志一定要考公务员，当时我才14岁。高中的时候我们班谈人生理想，我就站在讲台上讲我将来一定要从政，当一名好官，当年我16岁。14岁我就要考公务员，16岁我就敢把这个想法公之于众，18岁我逢人就说我要考公务员，就抱着这样的想法考入大学，开始了入党历程和学生干部锻炼。到现在我都觉得我这三个理想是相互交叉的，一旦大环境变化，我就能迅速做出改变，不会墨守成规。

访谈员：我相信你能做得很好，因为你内心的想法非常坚定。

小　　闫：在我对公务员了解得很深入的时候，好多人还不知道公务员为何物呢，因为在 2005 年、2006 年的时候我就在关注公务员的考试。

访谈员：天哪，你是从哪儿得到的这些信息呢？

小　　闫：因为我就是特别喜欢看报纸，当时我爸妈就订报纸，我第一次看报纸应该是 1997 年、1998 年，小的时候就喜欢看报纸。

访谈员：你看哪种报纸？

小　　闫：我看过的报刊应该不下 50 种。

访谈员：你初中的时候看的是什么报？

小　　闫：当时我们家订的是生活类的，叫《燕赵晚报》，它也有时事政治这方面的新闻，我初中的时候还经常去县里的电话亭看免费的《世界新闻报》《环球时报》《参考消息》这种，一旦被我发现有《人民日报》我也会看，我买一份报纸，我要看十份报纸。特别喜欢看时事政治新闻。高中的时候，比较有限，就看看《人民日报》啦，《环球》啦，《参考消息》啦，但上大学的时候我有两年是在报刊室里度过的，早上进去晚上出来，各种报纸和期刊我看了很多，包括《人民日报》《光明日报》《环球时报》《经济参考报》《中国商报》《国际金融报》《中国经济导报》《中国航空报》，还有《中国青年报》《北京日报》，很多很多，包括经济类的，还有《文汇报》，我自己还订过香港的报纸。

访谈员：你觉得报纸跟书籍相比的话，有什么优点让你这么痴迷？

小　　闫：我当时对网络不太感兴趣，不太喜欢玩游戏也不喜欢上网，通过报纸就可以获得最新的消息。我在大二之前给自己定了一个目标，就是在我买电脑之前每个星期只上两天网，其他时间获取信息基本上是从报纸上得到的，而且当时我有一个小本子，我会把有用的信息摘下来。

访谈员：什么是有用的信息？你都会摘什么？

小　　闫：摘得最多的就是感觉写得很好的文段和比较有用的信息。

访谈员：什么样的信息在你那里是有用的？

小　　闫：一类是名人格言，另一类是有利于申论写作的句子，比如实现经济又好又快发展、由粗放型经济向集约型经济转变、权为民所谋、情为民所系之类的话。有些高中时就知道，大学的时候也积累了很多，我现在还在吃大学的底子，研究生的时候我看得很少，大学时候的表现用的全是高中时候的知识。

访谈员：你为什么读研究生的时候看报纸就很少了？

小　闫：读研究生的时候看了大量的书籍，读研也还是想搞学术的，我看了应该有上百本的学术书籍吧。没有考博是因为我读硕期间没有一篇科研成果，这也是我最大的遗憾。我研一的时候也跟导师探讨过这个问题，但是我导师回绝了，另一个没有考博的原因就是和导师有分歧，分歧很大，他给我规划的道路我感觉不适合我。

访谈员：他给你规划的是什么道路？

小　闫：他给我规划的是纯历史事件研究，而我想做的是经世致用的研究，就是要和时事热点联系在一起的。原因是，第一，我很有兴趣；第二，我之前看的那些时事新闻是有积累的。一个是兴趣，另一个是能力，这两点做我想做的研究我感觉自己都具备，但是老师给我规划的路线这两点我都不具备，这是最要命的分歧。

访谈员：我觉得你可以做一名专家，做纯学术研究的学者就是在象牙塔里专门做学术，而专家是能够解决问题的，能够经世济民，解决实际问题的，这些叫专家。我觉得你可以做专家。

小　闫：对，我是两条路都走，进高校做行政和做学术两手抓，既要在学术上有所建树，又要在行政上有所发展进步。还是有目标的，但是不是野心哦，只是目标。在高校从基层做到中层领导，25 年足够了。

访谈员：什么意思？25 年的教育吗？

小　闫：25 年的工作经历，达到我人生职业规划的顶峰，到大学我能做到一个院长或者处长就可以了。这就是我的终极目标，这样就可以了，我将来肯定是要读博的，人家一定是会看学术的。

访谈员：你觉得你的职业期望影响你的教育期望吗？

小　闫：影响，无论是考公务员还是进高校做行政、搞学术，都影响。因为如果考公务员就是大学本科，如果进高校做行政就是硕士，如果搞学术就是博士。

访谈员：在一些硬性约束之下，比如你们家的家庭背景、家庭收入，还有你的成绩之外，你的主观因素是否会影响你更加努力地去学习？

小　闫：对，因为我感觉我还是一个比较上进的人，我的性格、价值取向、个人经历对我还是有影响的,这是一个多维度的影响,不是一个单一因素,全都影响着我。

访谈员:基本上谈完了。谈谈你的工作找得怎么样吧,就是东华那个。

小　闫:我基本给你说说吧,起薪5700元,发13个月的工资,每年工作九个半月,有两个半月的假期,不解决户口,上海是积分制,前些日子我还在算我的积分,2014年是72分可以落户,我算了算我的是69分。

访谈员:怎么算啊?

小　闫:第一个是硕士研究生学历,第二个是毕业学校,咱们属于二类,不能加最高分,硕士研究生加24分,如果你硕士研究生毕业,加上你是"985"高校而且是中科院在沪机构,这就是一类;还有就是其他"211"高校和其他国家级科研机构,非在沪的是二类机构;第三个就是英语四六级,我六级没过,但是我过四级了,这个就是二类;第四个就是获得优秀学生干部、校级研究生荣誉的,这两个我都有,这个我可以加满分;第五个是否有促进上海市经济发展的重点学科,是否符合促进上海市经济社会发展的人才需求,我这个不符合,不能加分。再者就是最高学历期间是否获得过"挑战杯"、航模大赛奖项,这个我没有,我大学有过,这个不满足。此外就是是否在教育、卫生、科技机构实习过,这个我符合,因为我进的是东华大学,而且它在松江区。

访谈员:需要排队吗?

小　闫:不用排队,积分够了就可以落户。

访谈员:好的,祝你顺利!访谈结束了,谢谢你的参与和支持!

个案7:女,32岁,中国社会科学院研究生院博士研究生

时　间:2015年1月15日晚上7:00
地　点:中国社会科学院研究生院
访谈员:戈艳霞

访谈员:你好!我最近在做一个关于职业理想和教育经历的研究。主要了解一下你之前是否有过职业理想,是什么样的职业理想,它是否影响你的教育计划。关于这方面的情况,我想和你做个简短的访

谈，可以吗？
小　　沈：可以。我自己看一下这个访谈提纲。
访谈员：好的。
访谈员：以前你有没有写过关于"长大后你最想成为什么"的作文或者人生规划？
小　　沈：想不起来作文写的什么了，但小学三年级的时候，有人问过我想做什么，我当时回答的是我想当天文学家，我还知道当时我为什么想做天文学家，因为学课文读了张衡数星星，觉得很有意思。但是上初中的时候我就变了。
访谈员：上初中的时候变成什么了？
小　　沈：上初中的时候，看电视演《法网柔情》，那时候就想当个律师，高中的时候也想。
访谈员：高中的时候还是想当律师？
小　　沈：对。
访谈员：你的职业理想都是从课本或者电视剧中来的，你的家庭、你的父母的职业或者你的亲戚朋友的职业对你有没有影响？
小　　沈：对我没有任何影响。
访谈员：那对你追求这个理想有没有影响？
小　　沈：我没追求过这个梦想，就是我想做，但是我觉得距离很遥远，所以我也没追求。
访谈员：你觉得你初中时的职业理想更倾向于以下哪个类型？类型1：能推动社会发展的职业；类型2：助人、为社会服务的职业；类型3：得到人们的高度评价的职业；类型4：受人尊敬的职业；类型5：能赚钱的职业；类型6：虽平凡，但有固定收入的职业；类型7：若不为人所用，就自谋职业。
小　　沈：最多选几个？
访谈员：选一个，选出一个主导性的类型。
小　　沈：得到人们的高度评价的职业。
访谈员：好。你初中和高中的时候也会这样想吗？你刚才说的是你现在的情况吗？
小　　沈：不，我觉得这个东西是无形中主导着我，我倒没有明确地想过这个问题。

访谈员：如果我穿越时空回到你初中的时候去采访你，你会这样说吗？
小　沈：我想应该是的。
访谈员：你第一个职业期望是天文学家，第二个是律师，你觉得这两种职业的职业类型是否和你期望得到的那种职业类型是比较吻合的呢？
小　沈：哦，那非常吻合啊。但为什么我走到了这一步呢？这两个职业期望我都没有实现。
访谈员：接着问一下你对职业的期望是否影响你对教育的期望和投入？
小　沈：没有，确实没有。我是觉得在学习的过程中有成就感。
访谈员：你在初中的时候有没有想过将来你获得多高的学历？
小　沈：有啊，但我没有想过上多少年学。初中的时候大家都想上中专，我就想上高中，就想上大学，因为我还不太了解更高的层次。
访谈员：你为什么想上大学？上大学意味着什么吗？
小　沈：那时候也没想那么多，就想着能带来好名声，还是受人尊敬。嗯，但好在哪儿我也不清楚，就是不太想那么快地去工作，我想再多读几年书。可能也是因为那时候的教育，我觉得这是分年龄段的，在1980年代初的人里，他可能不是很明确，但到了90后、00后，家长对孩子的灌输已经很明确了，学的东西也比我们多，我感觉那时候还是因为接触的东西少，我对职业的分类都不清楚，所以我也不知道我去做什么，只知道我需要再充实一下自己。
访谈员：你觉得上学的目的是什么？
小　沈：这个得分阶段吧，指哪个阶段呢？
访谈员：就初中阶段和高中阶段吧。
小　沈：初中就是不想那么早去工作啊，高中阶段好好学习是因为想上好大学啊。你还不如问我想报什么志愿呢。
访谈员：哦，好，那你想报什么志愿呢？你大学的时候学的什么啊？
小　沈：我上高一的时候，老师问我将来想做什么，我说我想当律师，那时候我还是想当律师呢，但是后来高考分数也达不到法律专业的那个分数线，所以后来就学了师范，但实际上那时候我根本就不想当老师。后来我发现我不适合做律师，我想做律师是受电视剧的误导了。

访谈员：为什么呢？

小　沈：我感觉律师需要具备的一些素质我不具备，还想做记者，也都是受电视剧的影响。后来学的师范学了四年也没想过当老师，但读了研究生之后没办法只能当老师，现在觉得当老师也挺好的。我的职业理想和我走的路根本不一样。

访谈员：就你具体的职业理想来看，似乎对你的后期教育没有太大影响，没什么联系，但是从你倾向的职业类型来看，你希望受到尊敬，你的职业理想还都是在这个大范围之内的。

小　沈：对，从来没有想过做生意。就想做一个从事社会工作的人，之前想做一个自然科学工作者，其实还是想促进社会进步，也有这种意思。

访谈员：刚才七个职业期望类型里，每个选项多多少少都会有一点共通，但有的多一些，有的少一些，就是选择一个主导性的因素。

小　沈：也许从类型上看，类型对受教育有影响。因为要受人尊敬的话，必须在学识上超过别人，只有继续接受教育了。

访谈员：最后问一个评价性的问题，你觉得你的职业类型在你过去接受教育的过程中发挥作用了吗？或者说它影响你了吗？

小　沈：接受教育的年限吗？

访谈员：年限，还有类型。

小　沈：分数不够啊。这不是你选的，这得结合自己的分数和能力啊，如果不考虑分数的话，我想选中文。

访谈员：为什么想学中文呢？

小　沈：当时喜欢文学，想当语文老师。但实际上后来发现我对经济更感兴趣，读了大学以后才发现，但那时候我不是很了解，那时候报志愿都不是很了解，大家报志愿都可傻了，老师让你报什么就报什么。

访谈员：你的父母是什么职业啊？

小　沈：我的父母是农民啊，我的家庭条件也很一般啊，但在我上初中、高中的时候他们对我的职业选择的影响并不大啊，可能我比较另类吧。电视和书籍对我的影响真的很大。可能每个人关注的点不一样。

访谈员：在其他的案例里，我也发现电视的影响很大。

小　　沈：对，不只是我，我姐姐她姨的儿子，也就是她表弟，她表弟和我年龄差不多，他家条件挺不错的，在我上初中的时候，我姐姐也问过我想做什么，我说想做律师，我姐姐说你怎么也想做律师啊，我表弟也想做律师，你们怎么都想做律师啊。其实我当时就想，肯定是看电视看的，当时电视上就放律师的电视剧，特别帅。

访谈员：真是影响挺大的。

小　　沈：看言情小说影响了我的爱情观。

访谈员：真的吗？

小　　沈：怎么不影响啊，看琼瑶啊，当时就很流行琼瑶，我就觉得初恋在高中或者什么阶段，经过磨难，打不走骂不走的才是真正的爱情，一个人一直追求另一个人才是真爱，可哪有那回事儿啊，在大学明明就是追两天追不上就赶紧换人嘛，但是那时候就相信，相信灰姑娘会变成白雪公主啊。这全是瞎扯啊，你说这是不是有影响啊，使我不能正确面对我第一段感情的失败。

访谈员：这么痴情呀，谢谢你。

小　　沈：延伸一下，其实你不应该仅局限于高中，因为作为有意识的选择的话，高中之前我可能还处于无意识状态，可能是潜意识在引导我，但我自己也分辨不出来我的潜意识我就走到这一步了，在我读硕士研究生和读博士研究生这个阶段是我非常清晰地自我选择的过程，这时候我比较明确我为什么会接受教育，我为什么会选择这个学校，或者其他，这时候我是比较清楚的，这时候接受教育的年限和我的职业期望的关系就非常大了。

访谈员：好的，谢谢你的建议！时间不早了，今天的访谈就到这里吧，谢谢！

个案8：女，32岁，中国社会科学院研究生院博士研究生

时　　间：2015年1月16日晚上8：00
地　　点：中国社会科学院研究生院
访谈员：戈艳霞

访谈员：你好！我最近在做一个关于职业理想和教育经历的研究。主要了

解一下你之前是否有过职业理想，是什么样的职业理想，它是否影响你的教育计划。关于这方面的情况，我想和你做个简短的访谈，可以吗？

小　　梅：可以。

访谈员：小时候你有没有写过"长大后想成为什么"这样的作文？

小　　梅：写过。

访谈员：你当时写的什么？

小　　梅：老师啊。

访谈员：是你内心想要成为的人吗？

小　　梅：不是啊，是因为我对其他职业都不知道。

访谈员：这是小学的时候吗？还是初中或高中？

小　　梅：小学。初中的时候就没有人问这种事情了。

访谈员：你为什么想成为老师啊？是因为你不了解其他职业吗？

小　　梅：对，不了解其他的职业，我们家就是开小商店的，算不上职业。

访谈员：不是固定的那种，是吗？

小　　梅：对，不是机关里的那种。

访谈员：在当时的环境下，你觉得老师这个职业跟别的职业相比好在哪儿？

小　　梅：当时真的是因为对其他职业不了解，就觉得老师每个月可以拿固定的钱，可以按时上下班，开小商店的话，只要有人来就要卖东西，我妈就觉得不好，过年的时候会非常忙，我妈还是觉得固定时间上班的比较好，到点就下班。

访谈员：那亲戚从事的职业对你有没有影响啊？

小　　梅：你是说还是小时候吗？

访谈员：对，还是回到小时候那个时间。

小　　梅：因为农村的小孩大部分不知道其他的职业，如果是女孩子的话就会觉得老师这个职业就挺好的。

访谈员：你家那会儿是在农村、县城还是城市里面？

小　　梅：不是农村，也不是县城，算是乡镇，就是在县下面的镇，医院、学校、林场、粮场都在我们那里。

访谈员：你看，这里有几个选项，你看一下你当时的职业理想更倾向于哪种类型？哪一个更占主导？类型1：能推动社会发展的职业；类型 2：助人、为社会服务的职业；类型 3：得到人们的高度评价的职业；类型 4：受人尊敬的职业；类型 5：能赚钱的职业；类型 6：虽平凡，但有固定收入的职业；类型 7：若不为人所用，就自谋职业。

小　　梅：你是说初中的时候吗？

访谈员：嗯，对。

小　　梅：初中的时候还没有想法，高中的时候因为看过一些杂书，有过这样的想法。

访谈员：那你初中的时候会选哪个？

小　　梅：第三个吧。

访谈员：那你高中的时候呢？

小　　梅：那就挣钱的行业。

访谈员：为什么是赚钱的行业呢？

小　　梅：高中的时候看过一些名人传记，像比尔·盖茨这样的，又出名又有钱。

访谈员：这个就是看书看的吗？还是说你身边有一些事情影响了你？

小　　梅：没有，小县城也没有什么事情影响我。

访谈员：你初中时候的职业期望有没有影响你对教育的期望呢？比如你想当老师，你会想着多读几年书吗？

小　　梅：我初中的时候就不以老师为职业理想了。那个只是小学的时候。

访谈员：那你初中的时候有什么职业理想？

小　　梅：没有，当时就想着找个好工作，但是至于好工作是什么，我也不清楚。反正大概就是技术类的、工程师这样的吧。

访谈员：那你有没有想过自己打算上多少年学？自己最高应该念到什么程度？

小　　梅：没有。

访谈员：那你觉得上学的目的是什么啊？

小　　梅：找好工作。

访谈员：你想当老师，后来想做工程师，你是否知道要多高的受教育程度？

小　　梅：因为读研究生流行起来也是大学毕业以后的事情，我应该比你年长，我们那一代属于大学扩招的第二批，那时候研究生就突然热起来，等到你们那时候就已经热了很多年了。我们那时候就是刚热起来，大家好像都要念。

访谈员：你初中升高中的最主要的原因是什么？

小　梅：当时学习好的话就有两个选择，一个是读中专，有那种师范类的中专，毕业就可以去我们那里当小学老师；还有一个就是上高中，大家都觉得念高中竞争很激烈，不一定能考上大学，大家都觉得很多小孩初中学习挺好，上了高中成绩就不行了。

访谈员：那你为什么选择读普通高中？

小　梅：那时候就已经不以老师为目标了嘛，家里人也觉得念高中可以。还有一个原因，念中专的人很多都是在教育系统里有关系，他们毕业之后工作有保障，很多人就会去念邮电学校或者师范学校。我还有个同学，学习很好，初中毕业以后就去了高职，读的医护，毕业以后就去了我们县里的医院当医生，就是因为他们家有亲戚可以把她安排在医院里面。一般像家里有关系的这种通常会很早就业，就随便念个高中，像我们高中那些同学，他们在县里，那些同学如果家里有人在警察、邮电系统之类的，就会去长春市随便念一个专科什么的，有很多专科，比如警校专科、财会专科，然后就会回到县里面的机关系统里。

访谈员：你大学学的什么专业啊？

小　梅：物理。

访谈员：你为什么选物理啊？

小　梅：当时也是赶时髦，我选的光学，不知道是物理，就觉得应该和工程师很接近，后来才知道是物理系的光学。

访谈员：你的职业期望有没有影响你对教育的追求？

小　梅：有啊，我大学毕业就想做金融，所以从理工科转到了经济这边，但又觉得金融竞争很激烈，我又考的数量经济，我以为数量经济和金融很接近。

访谈员：你回想一下，在你的教育历程中，有哪些因素影响着你？比如在每个转换的阶段，什么决定了你升学或者不升学，选择职业型的教育还是学术型的教育？

小　梅：高中升大学的时候没有什么职业目标，所以我的选择就是错误的嘛，我觉得我帮我弟选的就很成功。他当时大学毕业找工作就很顺利，我觉得就是因为专业选得很成功。光学这种对口的工作就是很模糊的，我的同学毕业之后也没有都做物理，很多都去做知识产权代理。我觉得如果不跨学科学经济的话，去做知识产权代理也可以。我本来读硕士是因为想读金融，但是也没有转过去，毕业以后就进了科研行业，进了科研行业之后就觉得应该再读个博士。

访谈员：你的职业期望在你考大学的时候有没有激励你努力学习？

小　　梅：我学习很努力啊，我高中的时候变了很多，很努力。我初中的时候过得很快乐，学习时间很少，成绩也还行。初中是走读，可以住在家里，高中是第一次住校，住在13个人的宿舍里，吃不好也睡不好，就很痛苦。高中一个班50多个人，初中的时候都是小地方的，大家都相互认识，你学习成绩好一点的话，人家就会觉得你什么都很好；高中的时候都是各个县城的同学，一下就变得默默无闻了，再加上生活也不习惯，我第一年就过得很不适应，第二年就好了，我高中的成绩浮动也很大。

访谈员：当时激励你好好学习的是因为成绩好获得的那种满足感吗？

小　　梅：不是，就觉得不好好学习对不起爸爸妈妈，就要努力学习，但是特别在意这一点反而会影响你，你就只会去学习，对其他事情不怎么关注，其实反而就是落下了，是应该正常地生活的。

访谈员：在你初高中的时候你父母对你将来从事的职业有期望吗？

小　　梅：没有。他们当时觉得大夫很好，考大学的时候想让我当大夫，我也能上医科大学，但是我觉得当大夫整天和病人接触，心理压力会很大。当时我有两个明确不想考的专业，一个是医学，另一个是化学，学化学就会每天接触一些有毒药品。

访谈员：我发现你选专业都是从你的主观感受来的，是这样吗？

小　　梅：对。

访谈员：你父母觉得学医好在哪儿呢？

小　　梅：就是受人尊敬和收入高啊。你没有想过当医生吗？或者家里人想过？

访谈员：我没有想过，我妈倒有想过让我学医。但是我现在真的很尊重医生，因为他们心理和技术上的水平都需要比较高，一个人能当大夫应该是各方面素质都要很好的。而且他们这个职业确实挺高尚的，救死扶伤。
小　　梅：对，确实是这样，关键是赚钱也非常多。我们高中同学就是在长春买的最好的楼，买了两辆很好的车。
访谈员：你觉得职业期望对你的教育历程有影响吗，比如升学、教育路径的转换？
小　　梅：我觉得博士这个就像你说的，为了改变职业路径才来念的。博士就是因为你已经进入这个科研行业了，就会觉得如果要继续走下去就应该读个博士。
访谈员：初中升高中有两个选择，一个是读中专，另一个是读高中，你初中的职业期望在这个转换过程中对你是否有影响？
小　　梅：影响不大。
访谈员：你高中时候的职业期望对你选大学和选专业有什么影响吗？
小　　梅：也影响不大。
访谈员：那你觉得什么对你有影响呢？
小　　梅：当时高中报志愿的时候我给我们副校长打了一个电话，他是一个非常让人敬爱的老师，他也不认识我，我也不太认识他，就是因为不知道报什么专业，就给他打了一个电话，我就选了几个大学，包括北京理工大学、吉林大学，老师就说吉林大学挺好的，我在提前批中选的大学，提前批录取了，后面就没有机会了，职业的原因倒是没有，就是因为选学校。
访谈员：就是为了选一个好一点的大学，是这样吗？
访谈员：是的。
访谈员：好的，时间不早了，今天的访谈就到这里吧，谢谢！

个案9：男，22岁，初中学历，某快递公司快递员

时　　间：2015年1月12日上午11：00
地　　点：中国社会科学院研究生院
访谈员：戈艳霞

访谈员：你好！我是中国社会科学院研究生院的研究生，最近在做一个关于职业理想和教育经历的研究。主要了解一下你之前是否有过职业理想，是什么样的职业理想，它是否影响你的教育计划。关于

这方面的情况，我想和你做个简短的访谈，可以吗？
小　　天：可以。
访谈员：以前你有没有写过关于"长大后你最想成为什么"的作文或者人生规划？
小　　天：写过。
访谈员：那是什么时候的事？小学、初中还是高中？
小　　天：初中，做数控机床，造模具。我初中的时候，想过将来做数控机床，造模具。那会儿有一次看电视上播德国的数控机床，就那么一个小机器，什么零件啊，模具啊，各种形状的，都能造出来，感觉特别牛。
访谈员：你为什么想成为数控机床师，你觉得这个职业好在哪里？
小　　天：这职业不也是什么未来十大吃香职业吗？
访谈员：你的职业期望是否受到他人的影响？是因为你的父母或者亲戚里有人从事这样的职业吗？还是受到其他人的影响？他和你是什么关系？是什么样的事情影响了你？
小　　天：我大伯家的孩子也是做模具的，一个月两三千块钱工资，也不很累，这行你学透了，好找工作，工资也挺高。这年头还是技术在身的职业吃香。
访谈员：你初中和高中时，主要居住的地方是在农村，还是县城，抑或是城市？
小　　天：家一直都是农村。
访谈员：父母的职业是？
小　　天：父母都是农民。
访谈员：你的职业理想是否调整过？是否还受到其他的影响？
小　　天：职业理想之后就变了，受到很多方面的影响。调整过两次吧。初中那会儿想做数控机床师嘛，后来学不到技术，就算了。去职业技术学校学了3个月，教得不行，就不上了。那学校就是骗人的嘛，说得挺好，教得太差。只给你讲理论，实际操作也特别基础，那老师也不行，学的那点太少，还不扎实，找工作根本不够用的。白浪费时间不说，还烧钱呢。不如出去找个活儿干，早点挣钱呢。后来初中同学说快递挣钱，我就想干快递。这个也没啥要求，就是起早贪黑，天天在外面跑，累，挣得多也值。

访谈员：父母受教育程度、政治身份？

小　天：父母都没啥文化，农民。

访谈员：父母是否给过你一些建议？

小　天：我父母啥也不懂，对我将来做什么没有要求，也对我的职业期望没有影响。我们那个小地方，比较落后、闭塞。家里老人都对孩子没啥要求，他们都不知道有啥职业，也不知道怎么做能实现。村里都这样，很普遍。

访谈员：你是通过什么渠道了解各种职业的？这对你自己想从事的职业有什么影响？

小　天：从小在村里长大，职业理想就很少，因为自己知道的太少了。初中二年级之前，我基本上是不懂事的。家里也没人给你指点指点。十五六岁的时候，过年亲戚从外面打工回来，说外面怎么怎么好，才有点了解了，觉得外面挺好的。我来北京打工，虽说也没见过什么大场面，肯定比以前知道的多，见识过了。我觉得影响职业理想最大的一个因素就是见识了，见识广了，自然就知道哪个职业好。在出来之前，很多职业我都没听说过。不过现在知道也晚了。

访谈员：你觉得你初中时的职业理想更倾向于以下哪个类型？类型1：能推动社会发展的职业；类型2：助人、为社会服务的职业；类型3：得到人们的高度评价的职业；类型4：受人尊敬的职业；类型5：能赚钱的职业；类型6：虽平凡，但有固定收入的职业；类型7：若不为人所用，就自谋职业。

小　天：这个吧——类型5：能赚钱的职业。

访谈员：好的，访谈结束了，谢谢你的参与和支持！

个案10：女，25岁，中国社会科学院研究生院硕士研究生

时　间：2015年1月15日晚上8:00
地　点：中国社会科学院研究生院
访谈员：戈艳霞

访谈员：你好！我最近在做一个关于职业理想和教育经历的研究。主要了

解一下你之前是否有过职业理想，是什么样的职业理想，它是否影响你的教育计划。关于这方面的情况，我想和你做个简短的访谈，可以吗？

小　　辉：可以。

访谈员：小时候你有没有写过"长大后想成为什么"这样的作文？

小　　辉：写过。

访谈员：你当时写的什么？

小　　辉：老师啊。

访谈员：这是小学的时候吗？还是初中、高中？

小　　辉：小学。

访谈员：你为什么想成为老师啊？是因为你不了解其他职业吗？

小　　辉：差不多吧。小时候在村里生活环境闭塞，除了农民、工人、老师外，也不知道其他的职业，在知道的职业里选好，就是老师呗。

访谈员：在当时的环境下，你觉得老师这个职业跟别的职业相比好在哪儿？

小　　辉：农民天天就是下地除草、打药，冬天没事干就打麻将；工人就是给人搬水泥袋、铁块的，太脏太累了；教师干干净净的，教课挺轻松的，工作稳定，还受人尊敬，觉得挺好啊。

访谈员：后来还是想当老师吗？有没有新的职业理想？为什么会发生转变？有过几次转变？

小　　辉：调整过三次吧。小时候在村里知道的少，就是简单地想当老师，但到高中我就很清楚、很现实了。那会儿我家搬到县城了，在城中心开的店，我们也在店里住，见得多了，了解得多了，对职业就非常明确了。那会儿看着有客人是"吃财政饭"的，像老师、公务员啊，穿得都很干净讲究，说话也文明，就感觉很喜欢；有的客人就不讲究穿着打扮，衣服又旧又脏的，说话也爱带脏字，骂街什么的，挺讨人厌的。我就想做公办教师或者公务员吧，反正是要入编制，吃财政饭。那会儿我爸妈听人说，我们县有优惠，大学生回县给财政编、安排工作，一本和二本不用花钱就能安排工作，专科掏3万元。我那会儿就立志一定要考上本科。后来就去上了个师范本科，但是，从小县城里出来了，就不想回去了。干了几年的家教，也干烦了，就换了。那会儿金融很热，高级白领嘛，高端、大气，挣钱还多，我就想转行做个理财规划师。理财规划师需要你的专业是金融或者经济，我就立志考金融硕士，还考了一些证券从业资格证啊，银行从业资格证的。后来，我感觉自己不具备强大的心理素质，所以我就转变为想当一名大学老师，好好教书育人。

访谈员：你小时候生活在城市、乡镇，还是农村？

小　辉：12岁之前跟着我姥姥生活在农村，两面都是山的那种，半山村吧。12岁以后我到了父母身边，在县城生活。

访谈员：你姥姥有工作吗？

小　辉：她下地干活，农民。

访谈员：你父母的职业是什么？

小　辉：我爸爸自学机械维修，开了一个摩托车修理铺，后来卖摩托车；我妈妈身体不太好，一直没怎么工作，在家做饭收拾家。

访谈员：你父母给过你建议吗？对你有影响吗？

小　辉：我父母对我的职业期望也有影响。他们一直都很鼓励我，希望我能进步。之前他们希望我在县城当个老师、医生或者公务员什么的。而且，我也是从我父母那里，还有来我们店的客人那里，明确自己的职业期望的。后来想去银行工作，做个理财规划师，也跟我父母有点儿关系。那会儿我爸一个朋友的亲戚在省银行是个头儿，说银行挣得多，找找关系也许能去。这对我坚定这个职业期望是有非常积极的影响的。我要是知道去不了的话，我肯定也就放弃这个职业期望了。

访谈员：你能结合你的情况，谈谈影响职业理想的主要因素有哪些吗？

小　辉：我觉得对于我们这种从小在犄角旮旯的小村里长大的，你的见识，你父母的见识，对你的职业期望影响很大，因为小地方嘛，好职业少，还是种地的、盖房班的、做小买卖的多，什么高级白领啊，几乎就没有。你要是不出去，或者没有人跟你讲，你就不知道这些职业啊，不知道自然也不会想着将来做这个职业。所以说，对于小地方的孩子来讲，见识非常非常重要。不过，这不是说小孩应该早点辍学出去打工啊。更准确地说，父母的见识更重要，因为他能指导孩子啊，就能让孩子少走些弯路，也能避免孩子早早辍学。

访谈员：你对自己的教育有期望吗？希望自己能有多高的学历？

小　辉：现在希望读完博士吧。

访谈员：你自己对教育水平的要求是否与职业理想有关系？你能结合你的情况谈谈想法吗？

小　辉：有，因为想当大学老师，没有博士学位怎么可能当大学老师呢？我觉得职业期望和教育水平是相互影响的。就说我吧，我觉得我是个挺有上进心的人。我的教育水平每提高一个阶段，我都在变化我的职业期望，往上提高吧。我好像很不安于现状，每一次升学，都要提高一下职业期望。而且，我每次调整职业期望也是根据我教育水平的变化调整的，教育水平高了嘛，职业期望也应该更高点。因为职业期望比现实高，要跳一跳才能够到，我就会比较努力地学习，或是继续考研，或是考各种资格证。我在学习教育上的努力，差不多都是根据我的职业期望来做的。

访谈员：你看，这里有一些选项，你看一下你当时的职业理想更倾向于哪种类型？哪一个更占主导？类型1：能推动社会发展的职业；类型2：助人、为社会服务的职业；类型3：得到人们的高度评价的职业；类型4：受人尊敬的职业；类型5：能赚钱的职业；类型6：虽平凡，但有固定收入的职业；类型7：若不为人所用，就自谋职业。

小　辉：你是说初中的时候吗？

访谈员：嗯，对。

小　辉：第四个吧——受人尊敬的职业。

访谈员：好的，时间不早了，今天的访谈就到这里吧，谢谢！

索 引

C

辍学　1，15，60，66，67，71，83，145，167，200，232，233，245，267

D

代际社会流动　2，12，58，196
读书无用论　80，226，233

F

反贫困治理　3
扶贫先扶志　196

J

教育投资　3，15，17，18，22，43～46，48～51，54，75，76，78～80，82，140，143，166，171，189～191，195，196
教育分流　9，15，50，80，140，141，144～149，151，167，174，191，194，195，197，200，203

教育成就　2，3，14，15，34，43～47，50，75，78，80～82，94，95，106，111，117，119，121，123，126，127，131，143，145，169～172，189，191，192，195，196，200，201，203，204

L

理性选择范式　109

M

马太效应　196

P

贫富差距　196～198

Q

青少年发展　33，37，107～109，111，137～139，193，199，205

S

社会流动　1～3，5，12～14，44，58，140，196～198，202～204，213

社会转型 12，41

社会地位 3，12，17，21，26，31，33，34，46，48，54，59，63，81～83，108，140，142～145，152，157，160，163，171～173，196，198，204，205，232，239，242

社会公平 197

社会发展 27～29，42，58，86～97，99～101，103，106，118，120，121，137，148，150，153，155，167，175～178，180，192，194，214，232，233，240，243，250，254，255，259，265，268

生命历程 2，3，12，15，17，33，35，38～43，48，50，54，64，78，80，82，100，108，169，171，190，191，199～202，204，205，239，243

社会习俗 110

生态系统理论 2，3，15，29～31，36，111，190

X

选择理论 1，10

行为决策 1，10

Z

职业期望 1～3，5，6，8～12，14～18，20～23，25～38，42～54，57～70，72，73，75～109，111～116，118～121，123～125，127～130，132，133，137，138，140～169，171～178，180～185，188～198，200，204，213～215，225，231，232，235，239～244，248，250，253，256～258，260～265，267，268

职业价值观 5，10～12，18～20，25～27，35，36，109，111，201～205

职业认知 81，141，196

后 记

《分化的逻辑：职业期望、教育获得与社会流动》一书是在充分地理论分析和实践总结，反复地修改、补充和完善中完成的。五年来，我一直走访调研，查阅文献，咨询专家，反复思考论证，修改完善，投入了大量研究精力，终成此作。

职业的社会价值观念研究在当代中国社会起步较晚。自改革开放以来，伴随着市场经济的高速发展和职业类型的多样化，大众的职业价值观发生了从"崇尚军人、公务员"到"崇尚商人、网红"的重大转变。职业价值观的转变也深刻影响了人们的职业定位和教育获得。研究职业价值观及其对教育获得的影响，有利于加深理解转型时期中国代际社会流动的发生机制和时代特征。然而，理论界几乎忽略了文化和价值观念对教育获得和代际社会流动的影响。在灿若星河的社会流动研究文献里，有关职业价值观与教育获得的研究寥若晨星。因此，本书旨在通过提出基于价值观的职业选择、教育获得来纠正这种疏忽，并以社会发展政策科学研究为基础提出具有积极意义的政策建议。

关注弱势群体的发展，关注底层社会的生活，是我一直以来秉承的学术理念和学术价值观。18岁时的考学使我有机会从一个偏僻而贫穷的乡村走进大城市。之后，一路不断自我勉励和勤奋读书，才有了今天的机会和成就。教育的功能是伟大的，它使人们有机会跨越出身、城乡、阶层等有形和无形的障碍实现社会身份转变以及个人价值。个人对发展的志向和期望使得这一切都有了内在动力。正因如此，我对职业期望和教育总是抱有一种神圣的情怀。深刻的个人经历和体验促使我义无反顾地选择了这个研究议题。2015年开始，围绕青少年的职业价值观和教育状况，多次与青少年开展访谈工作。调查发现，青少年在职业认知、职业定位和职业期望上普遍较为匮乏，这一现象及其对教育获得和社会地位获得的长期负面影响令人担忧。在这样的现实背景下，本书在相关研究的基础上，尝试从价值观的视角出发，将职业期望特征引入教育获得模型，来揭示职业期望通过教育分流过程影响代际社会流动的内在机制，并运用国内有代表性的纵向调查数据，采用计量方法进行经验检验。该研究为理解我国转型时期的代际社会流动提供了一个价值观的视角，具有重要的理论价值和实践意义。此外，本书还提供了一个有关职业期望的社会系统分析和经验解读，方便读者感知和理解职业期望在社会研究领域的丰富内涵。

这项研究也是第一次向读者展示了生命历程中从教育到职业过渡过程中，二者相互影响又相互促进的复杂且重要的关系，具有探索性的研究价值。同时，该项研究紧扣时代问题，试图回答为什么当前农村出现辍学潮，对阻断贫困代际传递，促进代际社会流动提出了一个新的干预策略。此外，研究内容中增加了丰富的访谈材料，方便大众阅读和了解相关信息。同时，也呼吁更多的人关注贫困少年的身心发展，帮助他们克服困难，实现人生理想。

本书从开始到完成历经五年，几易其稿，今天能够顺利出版，凝聚了很多人的心血和努力，也得到了很多老师、朋友和业界同人的鼎力相助。首先，感谢中国社会科学院社会发展战略研究院学术委员会的张翼研究员、葛道顺研究员、房连泉研究员给予的点评和指导意见，感谢人口与劳动经济研究所的王广州研究员、张车伟研究员、高文书研究员、李玉柱副研究员，感谢清华大学社会学系的李强教授、北京大学社会学系的陆杰华教授、河北大学经济学院的王金营教授。感谢南开大学原新教授在书稿撰写和修改过程中给予的建议和帮助。其次，我要感谢一群特别的人。他们用自己的亲身经历支持和启发了这项研究。特别感谢文中的被访者，没有他们的参与，这项研究不可能顺利完成。感谢他们对职业期望和教育问题的关心和热情。感谢他们对社会科学研究的信任和投入，感谢他们愿意敞开心扉分享自己曾经的职业理想和教育经历。尤其感谢为我介绍访谈对象的赵桂平女士，没有她的牵线搭桥，我将很难顺利进入初中和高中受教育程度群体开展访谈。在书稿出版之际，这些被访者仍然在自己的岗位上努力，为自己的理想奋斗。小梅和小沈顺利进入大学任教，教书育人。小闫最终没有去高校做辅导员，而是选择了公务员的职业道路，去北京农村做了村干部。可以看到，期望在无形之中引导着我们的努力方向，影响着我们的生命历程和发展轨迹。再次，感谢北京大学中国社会科学调查中心中国家庭追踪调查项目组给予的数据支持。最后，特别感谢编辑和匿审学者提供的诸多修订意见，感谢柯宓博士、张立龙博士、张彬斌博士、李超博士、史毅博士对本书提出的建设性意见，使得该论著得以丰富完善。

感谢家人一直以来的支持和鼓励。

第九批《中国社会科学博士后文库》专家推荐表 1

《中国社会科学博士后文库》由中国社会科学院与全国博士后管理委员会共同设立，旨在集中推出选题立意高、成果质量高、真正反映当前我国哲学社会科学领域博士后研究最高学术水准的创新成果，充分发挥哲学社会科学优秀博士后科研成果和优秀博士后人才的引领示范作用，让《文库》著作真正成为时代的符号、学术的示范。

推荐专家姓名	张翼	电 话	
专业技术职务	二级研究员	研究专长	社会学
工作单位	中国社会科学院社会发展战略研究院	行政职务	院长
推荐成果名称	分化的逻辑：职业期望、教育获得与社会流动		
成果作者姓名	戈艳霞		

（对书稿的学术创新、理论价值、现实意义、政治理论倾向及是否具有出版价值等方面做出全面评价，并指出其不足之处）

戈艳霞博士的新著《分化的逻辑：职业期望、教育获得与社会流动》，从理论与实践、宏观与微观、质性与量化、思想观念与行动决策上，系统全面地分析了职业期望及其在教育获得和代际社会流动中发挥的作用，并阐释了相关的政策意义。作者在广泛阅读相关理论文献与深入挖掘访谈材料和追踪调查数据的基础上，认真地分析了青少年职业期望的形成发展规律，并深入分析了其在教育获得和代际社会流动中发挥的引导作用，提出了不少具有重要理论价值和政策意义的新观点、新见解。如作者从职业价值观的视角对教育获得和代际社会流动机制提出一种全新的解释，丰富和发展了社会流动研究，具有重要的理论价值和政策价值，同时也体现出作者的探索创新精神。论著的另一个特点是，作者对青少年的职业期望的社会形成模式进行了探索，也有其独到之处，体现了可贵的创新意识、探索精神和责任意识。此外，作者基于研究结论提出，在阻断贫困代际传递的反贫困工作实践中，有必要将职业期望纳入政策干预的视野，具有积极的政策效应。戈艳霞博士集数年心血与积淀，完成了这部专著的撰写。本书的出版有助于更系统全面地了解青少年的职业期望状况及其潜在的经济社会影响。最后，希望戈艳霞博士的论著能够早日顺利出版。

签字：

2019 年 12 月 25 日

说明：该推荐表须由具有正高级专业技术职务的同行专家填写，并由推荐人亲自签字，一旦推荐，须承担个人信誉责任。如推荐书稿入选《文库》，推荐专家姓名及推荐意见将印入著作。

第九批《中国社会科学博士后文库》专家推荐表 2

《中国社会科学博士后文库》由中国社会科学院与全国博士后管理委员会共同设立，旨在集中推出选题立意高、成果质量高、真正反映当前我国哲学社会科学领域博士后研究最高学术水准的创新成果，充分发挥哲学社会科学优秀博士后科研成果和优秀博士后人才的引领示范作用，让《文库》著作真正成为时代的符号、学术的示范。

推荐专家姓名	李强	电　　话	
专业技术职务	教授	研究专长	社会学
工作单位	清华大学社会学系	行政职务	
推荐成果名称	分化的逻辑：职业期望、教育获得与社会流动		
成果作者姓名	戈艳霞		

（对书稿的学术创新、理论价值、现实意义、政治理论倾向及是否具有出版价值等方面做出全面评价，并指出其不足之处）

近年来，农村青少年自愿辍学率有升高趋势，带来的经济社会影响将是长期且恶劣的。戈艳霞博士的新著《分化的逻辑：职业期望、教育获得与社会流动》尝试从社会学的角度解释这一现象的形成原因及其长期影响。作者从价值观的视角出发，将职业期望特征引入教育获得模型，通过收集一手访谈资料，运用国内有代表性的纵向调查数据，采用质性分析与量化分析方法，揭示职业期望通过教育分流过程影响代际社会流动的内在机制，进而推动社会的发展。

该论著提炼出不少具有学理性的新表述和新观点，体现了作者的探索创新精神和学术创新力。比如，一方面，作者梳理总结了个人生命历程中职业期望从萌生、调适到稳定的发展规律以及影响因素，并比较了代际群体差异，丰富了职业价值观的社会学理论研究，有助于读者了解青少年职业期望的前沿动态。另一方面，作者分析了青少年的职业期望在后期的教育获得和代际社会流动中发挥的引导作用，不仅丰富了社会流动研究，而且为改善代际社会流动、阻断贫困代际传递提出了新的政策建议。该论著为反映新时代社会心态和社会流动前沿动态、丰富和完善新时代社会流动理论研究做出了积极贡献。最后，希望该论著能够早日顺利出版。

签字：（签名）

2019 年 12 月 25 日

说明：该推荐表须由具有正高级专业技术职务的同行专家填写，并由推荐人亲自签字，一旦推荐，须承担个人信誉责任。如推荐书稿入选《文库》，推荐专家姓名及推荐意见将印入著作。